Die Kapitel „Hermann", „Das Heilige Römische Reich", „Von Austerlitz nach Königgrätz" und „Geistesströmungen" stammen von HANNES LEIDINGER, die Abschnitte „Entzweit und verbunden", „Frontgemeinschaft", „Die dunkelsten Kapitel", „Trennende Gemeinsamkeiten" und „Selbstfindungen" hat VERENA MORITZ verfasst, die Kapitel „Kinowelten", „Tele-Visionen" und „Ersatzschlachten" KARIN MOSER.

LEIDINGER · MORITZ · MOSER
STREITBARE BRÜDER

Hannes Leidinger · Verena Moritz · Karin Moser

Streitbare Brüder

Österreich : Deutschland
Kurze Geschichte einer schwierigen Nachbarschaft

Residenz Verlag

Bibliografische Information der Deutschen Bibliothek
Die Deutsche Bibliothek verzeichnet diese Publikation in der
Deutschen Nationalbibliografie; detaillierte bibliografische
Daten sind im Internet über http://dnb.ddb.de abrufbar.

www.residenzverlag.at

© 2010 Residenz Verlag
im Niederösterreichischen Pressehaus
Druck- und Verlagsgesellschaft mbH
St. Pölten – Salzburg

Umschlaggestaltung: Joe P. Wannerer – www.boutiquebrutal.com
Umschlagbild: Filmarchiv Austria
Grafische Gestaltung/Satz: Joe P. Wannerer
unter Verwendung der Schriften Minion und Helvetica Neue
Gesamtherstellung: CPI Moravia

ISBN 978-3-7017-3180-0

Prolog 9

AUFTAKT
Hermann
Eine Vorgeschichte 17

KRÄFTE, MÄCHTE UND HERRSCHER
Das Heilige Römische Reich
Skizzen einer tausendjährigen gemeinsamen Vergangenheit 35

Von Austerlitz nach Königgrätz
Nations- und Staatswerdung 1789–1866 53

Entzweit und verbunden
Hohenzollernreich und Habsburgermonarchie 1866–1914 75

Frontgemeinschaft
Der Erste Weltkrieg 1914–1918 97

Die dunkelsten Kapitel
„Anschluss"-Bewegung und Nationalsozialismus 1918–1945 117

GEDANKEN UND GEFÜHLE
Geistesströmungen
Von der Reformation bis zur Moderne 145

Trennende Gemeinsamkeiten
Fremdenverkehr, Heimatklischees, Sprachwirklichkeit 165

Kinowelten
Eine Filmgeschichte 189

Tele-Visionen
50 Jahre Fernsehen 215

Ersatzschlachten
Sport und Gemeinschaft 235

SCHLUSSAKT
Selbstfindungen
Vom Beginn des Kalten Krieges bis zur Europäischen Union 253

Verwendete und weiterführende Literatur 277
Personenregister 294
Bildnachweis 298

PROLOG

„Eine sehr seltene Psychose"

OÖN-Karikatur: M. Pammesberger

„ICH MAG DIE DEUTSCHEN" – dieses Eingeständnis hat ihn nie-
dergestreckt, den typischen Österreicher. Jetzt liegt er auf der
Couch, beim „Seelendoktor", dem die Haare zu Berge stehen.
„Eine sehr seltene Psychose", heißt es in der Karikatur aus den
„Oberösterreichischen Nachrichten" vom 1. April 1994.

Ein Aprilscherz als kleiner Seitenhieb – ganz klein, versteht
sich, denn in der „hinterfotzigen" Alpenrepublik stichelt man sub-
til, hat nichts so gemeint, wie man es sagt. Und gerade so halb und
halb will man es ja auch schon deshalb, weil erstens, wo kämen
wir denn hin, den Finanzriesen jenseits der Grenze zu vergraulen, und zweitens, wer will schon genau wissen, wie selten die Psychose der „Germanophilie" in natura anzutreffen ist. Lieber nicht
in die Seele hineinhorchen. Die nächste Sommer- oder Wintersaison kommt bestimmt. Wer braucht schon ein verunsichertes
Gastgewerbe? Also lautet das Stück: „Piefke-Saga". Abhängig von
Konjunkturdaten und zugkräftigen Attraktionen der Tourismusindustrie ist es dasselbe Theater, Jahr für Jahr.

Derweil möchte so mancher den zahlenden „großen Bruder"
am liebsten von den Alpengipfeln direkt zum Mond schießen.
Dann freilich freut es umso mehr, wenn man zusehen darf,
wie vielleicht einer aus der Ex-DDR einem „Wessi" nicht nur
die Speckknödel serviert, sondern obendrein noch den Abort
putzt.

Na gut, jetzt geht es zu weit – man ist ja kein Unmensch. Die
Retourkutsche soll nicht zum Rachefeldzug ausarten. Und was
kann denn schon das arme, vom Kommunismus gezeichnete
„Ossi"-Stubenmädel dafür? So sieht der Österreicher sich und die
ganze Sache dann doch lieber im milderen Licht. Mit einer Einschränkung allerdings: Er neigt unverändert dazu, für die „Germanen" eine übergroße Portion Schadenfreude bereitzuhalten,
erst recht, wenn ihn der außer Tritt geratene Nachbar gerade als
„besseren Deutschen" hochleben lässt.

Der Konflikt sitzt tief und reicht weit zurück. War da nicht der
Hohenzollernkönig Friedrich, der „unserer" Maria Theresia einen

Zacken aus der Krone, genauer gesagt, ein Erbland aus der Monarchie gestibitzt hatte? Die „Landesmutter" jedenfalls wünschte dem Erzschuft dafür Tod und Teufel an den Hals. Aus der lebensfrohen „Resl" wurde die erbitterte Vergeltungsmatrone. Die Habsburger lernten schnell, dass einem die Berliner Herren das Leben so richtig vergällen konnten. Und das trug man dann in der k.k. Residenzstadt auch unverblümt zur Schau. 1866 etwa, nach der berühmten Schlacht von Königgrätz, als der Hofstaat in eine regelrechte Hysterie verfiel und selbst die „feinen Adelsdamen" einmal tüchtig auf die „Saupreußen" schimpften. Gegen die aber war kein Kraut gewachsen und mit deftigen Flüchen herzlich wenig auszurichten. Zähneknirschend fügte sich in den nachfolgenden Jahren das von der „Wirklichkeit" gedemütigte „Kakanien". Ein „waffenklirrendes Germanien" ging eigene Wege.

Was – nicht ohne Wiener Neidgefühl – entstand, war ein deutsches Kaiserreich der Hohenzollern, mit dem sich die Donaumonarchie schließlich, so die Propaganda, „in Nibelungentreue" zur Kampfgemeinschaft des Ersten Weltkrieges zusammenschloss. Von Einigkeit war hingegen hinter den Kulissen auch jetzt weder oben noch unten viel zu sehen. Während die k.u.k. Führung immer mehr unter die Fuchtel Kaiser Wilhelms und seiner Generäle geriet, platzte manchem österreichischen Soldaten im Feld der Kragen. „In die Ebene", schrieb einer von ihnen, „ergoß sich die deutsche Flut. So mögen die Hunnen gehaust haben. ... Es gab Stunden, da ich dieses Volk haßte; da ich mich schämte, deutsch sprechen zu müssen".

Die Ironie wollte es, dass 1938, bei der Angliederung Österreichs an das nationalsozialistische „Dritte Reich", die Waffenbrüderschaft von 1914/18 beschworen wurde, eine Parole, deren Widersprüche in der Wehrmacht Adolf Hitlers fortleben sollten. Der Zweite Weltkrieg brachte dann die trotz allem anschlussfreudigen Österreicher endgültig auf antideutschen Kurs – nicht zuletzt allerdings in der Hoffnung, sich dadurch vor der Mitverantwortung für die NS-Verbrechen drücken zu können.

Vor diesem Hintergrund wird das Verhältnis zwischen den „streitbaren Brüdern" in ein trüberes Licht gehüllt. Nicht immer ging es so heiter ab, wie es das Bild auf dem Buchcover andeutet. Die Illustration wurde – natürlich – nicht zufällig gewählt. Hinter filmischer Operettenhaftigkeit steht die Goebbelssche Zerstreuungspropaganda, die zu den „dunkelsten Kapiteln" einer gemeinsamen Vergangenheit führt.

Der Untertitel des vorliegenden Bandes verrät es, in einem Punkt gibt es keinen Zweifel: Für uns, drei Wiener Autoren mit verschiedenen (alt-)österreichischen Wurzeln, ist es ein Heimspiel. Wir erdreisten uns nicht, in die Trikots der gegnerischen Mannschaft zu schlüpfen oder die Gastgeber in fremden Stadien zu mimen. Vorwiegend einen anderen als den Blickwinkel der Alpenrepublik einzunehmen, erscheint uns unzulässig – ebenso sehr jedoch allzu parteiisches Verhalten. Auch das lag von Anfang an auf der Hand: Den „Gästen" soll Gerechtigkeit widerfahren. „Fairplay" ist angesagt.

Das Prinzip gilt durchgängig, nicht bloß beim Treffen auf dem „grünen Rasen". Im Übrigen steht natürlich fest: Wer würde angesichts des Themas auf die „Klassiker", die „Wunder" von Bern und Córdoba, verzichten? Dennoch verlassen wir den Fußballplatz und bekannteres Terrain, um unerschlossene Gebiete und unwegsames Gelände aufzusuchen. Von den „Urwäldern" Germaniens führt die Route aufwärts zu den Höhenkämmen des Geisteslebens und wieder hinab in die tiefsten Schluchten, Klüfte und Abgründe der Zeitgeschichte, über die mitunter gern hinweggesehen wurde. Genug nun aber von einer Landschaftsmetaphorik, die an bisweilen beschwerliche Reisen durch unterschiedliche Epochen erinnert.

Das Buch hat eine Struktur, die hoffentlich trägt und stabilisiert, ohne sich zu sehr ins Bewusstsein zu drängen. Um es knapp zu skizzieren: Die österreichische Nationswerdung findet im Wesentlichen nach 1945 statt, von „Bilateralität" kann streng genommen also erst in den letzten fünf bis sechs Dekaden die Rede sein. Andererseits gelangen wir mit der Gründung des wilhelminischen

Kaiserreichs bis ins 19. Jahrhundert. Wie sehr wäre unser Horizont aber eingeschränkt, wenn wir nicht darüber hinaus die gemeinsame Vergangenheit des „Heiligen Römischen Reiches", der germanischen Vorgeschichte und ihres Mythenpersonals ins Auge fassten. Es geht also um drei Zeitschienen: eine kurz-, eine mittel- und eine langfristige, wobei der Rückgriff auf alte Legenden und die Rezeption antiker Ereignisse einem Prolog gleicht, der bereits manches von dem andeutet, was folgen wird.

Inhaltlich wiederum lagert sich der „Stoff" – wenn man so sagen darf – in zwei Schichten ab. Die eine, tiefer liegende „Matrix" wird mit dem Etikett „Gedanken und Gefühle" versehen, bietet Kultur-, Geistes- und Mentalitätsgeschichtliches, beinhaltet Religion und Philosophie, Kunst und Wissenschaft, Film und Fernsehen, Sport und Reisen, Sprache und Kulinarisches. Die andere, weniger verdeckte Ebene ist dafür streckenweise sanierungsbedürftig. Unser Ziel musste es daher sein, bisweilen verödete „Königswege" der Historiographie zu „revitalisieren". Politisches und Militärisches, Wirtschaftliches und Soziales galt es dabei zusammenzufassen. Als Bezeichnung für diese „Schicht" findet der Titel „Kräfte, Mächte und Herrscher" Verwendung.

Zu streng wurden die Funde und Befunde einer solchen „archäologischen" Erkundung allerdings nicht getrennt, klassifiziert beziehungsweise typologisiert. Eine „integrative" Erzählung, die Verschiedenes vernetzt, die Literaten, „Dichter und Denker" etwa keineswegs „einhegt", sondern ihre Wortmeldungen im geeigneten Moment berücksichtigt, hatte höheren Stellenwert. Bei Weitem nicht alle Personen beziehungsweise Persönlichkeiten, die für das österreichisch-deutsche Verhältnis von Bedeutung sind, konnten daher genannt oder entsprechend zitiert werden. Keinen Anspruch auf Vollständigkeit erheben wir auch bei den verschiedenen Themenbereiche, die es hinsichtlich der beiderseitigen Beziehungen und Sichtweisen zu berücksichtigen gäbe. Nicht alles ließ sich in unserer hier vorgelegten „kurzen Geschichte" unterbringen. Wichtig waren vielmehr knapp gefasste epochenübergreifende

13

Darlegungen, Gegenwartsbezüge oder die Suche nach Ursachen und Anfängen von Konflikten. Der Beginn, das Auftauchen, die „Erstnennung" bestimmter Aspekte und Phänomene, Figuren und Herrschaftsformen half uns außerdem, die Reihenfolge der Kapitel festzulegen und der Chronologie als bevorzugter Orientierungshilfe der Geschichtsschreibung nach Erfordernis und „Maßgabe der Dinge" Rechnung zu tragen.

Vorweg sei noch angemerkt, dass wir im Zuge unseres Quellenstudiums und beim Verfassen der Texte einmal mehr erkennen mussten, wie wenig die einstigen „germanischen Brüder" und nunmehrigen „verfreundeten Nachbarn" im Grunde voneinander wissen. Mögen die folgenden Seiten – in aller Bescheidenheit und trotz selbst auferlegter Kürze – einen kleinen Beitrag zum besseren Verständnis leisten und über gängige Stereotypen hinauskommen.

AUFTAKT

HERMANN
Eine Vorgeschichte

Seit den Augusttagen des Jahres 1875 steht in Hiddesen bei Detmold der mehr als 20 Meter große Krieger Arminius, genannt Hermann der Cherusker, um mit Flügelhelm und gezogenem Schwert die tatsächlichen und – mehr noch – die vermeintlichen Feinde das Fürchten zu lehren.

Neue Grösse und alte Geschichten

Nach dem Jahr 2000 wurde es offensichtlich: Das vereinte Deutschland trat international nicht bloß als wirtschaftlicher Riese, sondern auch als politischer Machtfaktor wieder in Erscheinung. Vom „Ende der Nachkriegszeit" sprachen die Berliner Regierungsspitzen, von einer „Normalität", in der die Verbrechen des Nationalsozialismus nicht vergessen, aber für das Land keine täglich spürbare Last mehr sein sollten. Der Horizont weitete sich für jene, die bei ihrer Suche nach „nationaler Identität" den Blick auf die Geschichte lenken wollten. Bestrebungen, der Entstehung und Entwicklung eines spezifischen Zusammengehörigkeitsgefühl nachzuspüren, endeten keineswegs mit der Erkenntnis, dass Nationen oft „Erfindungen" jüngeren Datums sind und vor gut 200 Jahren kaum jemand eine klare Vorstellung vom „gemeinsamen Staat" hatte. Vielmehr bemühte man sich um eine entferntere Vergangenheit und um einen „Mythenschatz", der nicht ohne Grund im Giftschrank nationaler Stereotypen gelandet war. Zu sehr hafteten an den alten Legenden die „Krankheitserreger" kollektiver Verblendung und blindwütigen Hasses. Freund-Feind-Schemata waren damit etabliert, Bedrohungsängste geschürt und Überlegenheitsgefühle stimuliert worden.

Dennoch ist einer der „deutschesten aller Mythen" omnipräsent. Ein „Gedenkjahr 2009" wurde gar ausgerufen. In den Buchläden türmte sich die einschlägige Literatur. „Der Tag, an dem Deutschland entstand", lautete einer der gängigeren Titel. Parallel dazu informierte das Nachrichtenmagazin „Der Spiegel" im Dezember 2008 über die „Geburt der Deutschen". Die Coverstory erinnerte auf diese Weise an Begebenheiten vor 2000 Jahren, an den Cheruskerfürsten Arminius, der sich gegen seine ehemaligen Verbündeten, die Römer, wandte und mit einer Koalition aus germanischen Stämmen drei Legionen unter dem Kommando des kaiserlichen Legaten Publius Quinctilius Varus vernichtete. Um das Jahr 100 nach Christus erblickte der Historiker Tacitus in dem Gemetzel, das als „Schlacht im Teutoburger Wald" Berühmtheit erlangte, einen entscheidenden Schlag gegen das „Imperium Romanum". Dessen Eroberungspläne in den Gebieten rechts des Rheins und nördlich der Donau scheiterten. Arminius erschien als „Befreier Germaniens", die Niederlage des Varus, die man auf den 9. September des Jahres 9 nach Christus datieren zu können glaubte, galt als historischer Wendepunkt und Anfang der deutschen Geschichte. Diese ereignisgeschichtliche Deutung mit ihrer Langzeitwirkung bis in die Gegenwart zu würdigen, verlangt auch von der Presse eine Prise Ironie. Immerhin stärkte Arminius „das Bier gegen die Weinrebe, die germanischen Beinlinge gegen die Toga. Ohne ihn gäbe es heute vielleicht weder Currywurst noch Saumagen", resümierten die Spiegel-Journalisten, um ihren Themenschwerpunkt zur „Varus-Schlacht" dann jedoch mit ernsthafteren Überlegungen zu verknüpfen. „Vor allem aber", hieß es demnach abschließend, hätte sich ohne Arminius „nicht jener Zungenschlag so ausgebreitet, den auch die Kanzlerin" Angela Merkel „in ihrer Rede zum großen Jubiläum 2009 benutzen wird: die deutsche Sprache." (Der Spiegel, 15.12.2008)

Zweifelnde Forscher

Die Wissenschaft ist in Anbetracht derartiger Interpretationen allerdings geteilter Meinung. Peter Arens hält beispielsweise in seinem Buch „Kampf um Germanien" wenig von der Interpretation des Deutschen Historischen Museums in Berlin, das die Vernichtung römischer Legionen im Teutoburger Wald spektakulär als „Urknall" der deutschen Geschichte apostrophierte. Der Politikwissenschaftler Herfried Münkler bezeichnet solche Argumentationen in seiner Arbeit über „Die Deutschen und ihre Mythen" gleichfalls als „historisch fragwürdig". Zweifel bestehen dabei vor allem hinsichtlich der Kontinuitäten. Für den österreichischen Germanen- und Mittelalterspezialisten Herwig Wolfram führt zumindest kein direkter Weg zurück von den Deutschen zu ihren „germanischen Vorfahren". Deren Geschichte könne man aus historischer Sicht vor der Mitte des 7. nachchristlichen Jahrhunderts

enden lassen. Damals nämlich, so Wolfram, habe der Franken-
könig erkennen müssen, dass im „altbekannten Großraum" östlich
des Rheins nicht bloß germanische, sondern auch viele slawische
Völker siedelten.

Entschieden dagegen tritt der Althistoriker und Kulturwis-
senschaftler Alexander Demandt auf. Seiner Meinung nach ist die
Abstammung der Deutschen von den Germanen unbestreitbar
und daher weder romantische Träumerei noch eine humanisti-
sche oder historistische Fiktion. Zudem trage aus linguistischem
Blickwinkel die Wissenschaft von der deutschen Sprache legiti-
merweise den Namen „Germanistik". Hinzugefügt sei allerdings,
dass der sogenannten germanischen Sprachfamilie mit ihrem
gleichartigen Grundbestand an Stammwörtern und grammati-
schen Strukturen etwa auch die Briten, Niederländer und Skandi-
navier angehören.

Politische Grenzen oder Territorien decken sich ungeachtet aller ethnischen Reinheitsphantasien heute mit Sprachgemeinschaf-
ten meist ebensowenig wie vor Jahrtausenden. So verstand man
unter den Germanen und der „Germania" zu unterschiedlichen
Epochen durchaus verschiedene Regionen und Völker. Die vielen
Stämme zur Zeit des Arminius betrachteten sich keineswegs als
Einheit. Nicht selten trugen sie ihre Streitigkeiten untereinander
blutig aus. Das dürftig ausgeprägte Gemeinschaftsbewusstsein
manifestierte sich eher in Fremdbeschreibungen. Die Römer ho-
ben es hervor, und noch heute sind Begriffe wie „Germany" oder
„Germans" gewissermaßen dem Blick von außen geschuldet.

Verachtete Teutonen, glänzende Helden

Ins Visier nahm man „Germanen" auch im Mittelalter. Südländer
bezeichneten sie nun aber als „Teutonici". Der Vergleich mit den
„Kimbern und Teutonen", die einst über die Römer hergefallen
waren, galt jedoch als wenig schmeichelhaft und suggerierte zudem ein „teutonisches Wir-Gefühl", das erst allmählich entstand:
Vom fränkischen Ausdruck „theoda" für „Volk" ließ sich wohl auf

die „breite Masse" schließen, die „theodisce" (eine Vorform des Wortes „deutsch"), sprach. Die „einfachen Leute", die nicht das Latein der Gebildeten beherrschten, konnten sich ohne gemeinsame Schriftsprache und entsprechenden Alphabetisierungsgrad allerdings kaum untereinander verständigen. Zu groß waren die Unterschiede zwischen den Dialekten. Einigungskraft entfalteten deshalb vor allem das Königtum und die Institutionen des Heiligen Römischen Reiches.

In den nicht zuletzt auch von Slawen bevölkerten Reichsterritorien entstand bei den „Teutonici" aber immerhin ein Gefühl der Zusammengehörigkeit gegenüber anderen Ethnien. Eine herausragende Rolle spielte dabei außerdem der Papst, der die Fürsten aus den Gebieten nördlich der Alpen nicht selten als Gegenspieler betrachtete.

Die negative Haltung der italienischen Klein- und Stadtstaaten, die abfälligen Bemerkungen ihrer Einwohner über die „kulturlosen Nordvölker" sowie die gespannten Beziehungen zwischen der weltlichen „teutonischen" und geistlichen „römischen" Macht trugen also zu den Anfängen der deutschen Nationsbildung bei. Verstärkt wurde sie danach durch Reformation und Humanismus. Abschriften der Tacitus-Texte fanden Beachtung: Die Geschichte von der Varus-Schlacht und ein positives Germanenbild verschmolzen in der beginnenden Glaubensspaltung mit den Reden und Schriften der Reformatoren. Der siegreiche Cheruskerfürst vom Teutoburger Wald, dem Martin Luther herzlich zugetan war, wechselte den Namen. Arminius wurde eingedeutscht, „Hermann" und mit ihm ein wirkmächtiger Heros erfunden.

DER MYTHOS

Mit der Verherrlichung des Germanentums trat Arminius-Hermann als Einiger und Verteidiger der „Teutschen" auf. Bücher, Opern und Theaterstücke der Aufklärung idealisierten ihn. Im Gegenzug erhielt die aufgewertete und neu definierte Nation in Napoleon Bonaparte ihr großes Feindbild. Während des Kampfes gegen den „Franzosenkaiser" figurierte Hermann ebenso als Freiheitsheld wie im verklärten Geschichtsbild der Romantik. Die Ruhmeshalle Walhalla und die Berliner Nationalgalerie huldigten dem „Urahn", dem unangefochtenen Herrn des deutschen Mythenpersonals. Schließlich begann man ihn mit Siegfried aus dem im Donauland zwischen Passau und Wien zu Beginn des 13. Jahrhunderts entstandenen Nibelungenlied gleichzusetzen. „Plausible Parallelen" wurden ins Treffen geführt: Hatten nicht beide „Recken" einen Lindwurm besiegt? Glichen nicht auch die metallisch glitzernden und für unbesiegbar gehaltenen Marschformationen der römischen Heeresmacht einem fürchterlichen Drachen? Nach 1870/71, der Entstehung des Deutschen Reiches unter der Führung der Hohenzollern, pries man Arminius-Hermann-Siegfried und weihte ihm ein Denkmal. Seit den Augusttagen des Jahres 1875 steht nun bei Lippe-Detmold der mehr als 20 Meter große Krieger auf einem noch etwas höheren Sockel, um mit Flügelhelm und gezogenem, sieben Meter langem Schwert die tatsächlichen und – mehr noch – die vermeintlichen Feinde das Fürchten zu lehren. Gedroht wird mit der blanken Waffe des Cheruskers vor allem den „Welschen" – Frankreich und dem neuen, klerikalen Rom. Nicht zufällig blieben katholische Würdenträger der feierlichen Denkmalenthüllung im Fürstentum Lippe fern. Kaiser Wilhelm I. bestand ausdrücklich auf der Hervorhebung des Protestantismus. Der bereits voll in Gang befindliche „Kulturkampf" Preußen-Deutschlands gegen den „Ultramontanismus" des Vatikans erinnerte noch einmal an das „feste Band" zwischen Luther und Hermann.

Ansonsten ging es mit Letzterem eher bergab. Die martialischen Reden bei Jahrestagen und Gedenkfeiern anlässlich der Teutoburger Waldschlacht verhallten rasch. Der herbeigesehnte Nationalstaat war geschaffen und sehnte sich nach Weltgeltung. Hermann galt als Verteidiger „heimatlichen Bodens", die „germanische" Expansion, die wilhelminische und erst recht die um Vieles gewalttätigere nationalsozialistische, berauschte sich jedoch an Eroberungen.

Dennoch stand Siegfried-Hermann im Dienste des Militarismus für das Kriegerische, das, speziell in der Vorstellung des untergehenden „Dritten Reiches", wohl grausam und zerstörerisch, mörderisch und selbstmörderisch, niemals aber feige und trügerisch sein dürfe.

GEGENDARSTELLUNGEN

Den lebensverachtenden Vernichtungsphantasien der „braunen Götterdämmerung" verweigerte sich allerdings eine völlig konträre Lesart der antiken Stoffe. Vorhandene Texte berichteten auch über einen Arminius, der einst an der Seite des „Imperium Romanum" gestanden, von ihm in den Ritter- und Offiziersstand erhoben worden und schließlich heimtückisch abgefallen war. Auf dem Weg in die Winterquartiere mussten die Legionen des Varus erkennen, wie sich ihre einstigen germanischen Mitstreiter absetzten und ihnen in den Rücken oder – militärisch exakter – in die Flanken fielen. Hermann – der Verräter: Das war zumindest aus römischer Sicht eine nur zu berechtigte Interpretation.

Den Cheruskerfürsten als Ideal der Einigkeit zu betrachten, musste hingegen speziell aus germanischer Perspektive absurd wirken. Nicht einmal in der eigenen Familie konnte der spätere Nationalheld Deutschlands Harmonie finden. Seine Frau, die blonde Thusnelda, später von literarischen Adoranten „Tussi" genannt, hatte er geraubt. Der Schwiegervater gehörte schon deshalb zu Hermanns schärfsten Kontrahenten innerhalb des eigenen Stammes.

Hermann, der schließlich der Heimtücke seiner Verwandten zum Opfer fallen sollte, stand außerdem einer starken romfreundlichen Opposition gegenüber. Die Germanen waren in dieser Frage tief gespalten: Von der Koalition des Arminius wollte speziell der mächtige Markomannenkönig Marbod nichts wissen. Dabei hatte dieser früher sogar den Zorn des römischen Imperiums erregt. Kaiser Augustus musste jedoch aufgrund eines Aufstands in Pannonien von einer bereits geplanten Konfrontation mit der starken Streitmacht der Markomannen absehen. Statt einen Konflikt gewaltsam auszutragen, pflegte man an der Donau in den nachfolgenden Jahren im Wesentlichen gutnachbarschaftliche Beziehungen. Marbod verlor seine Herrschaft nicht durch die Römer, sondern durch Arminius, der ihn nach einem vergeblichen Bündnisangebot angriff, besiegte und ins „italienische" Exil trieb.

Ambivalenzen

Dass sich unter solchen Umständen auch die neuzeitliche Germanenrezeption nicht von allen Widersprüchen befreien konnte, beweisen unter anderem leichte Unstimmigkeiten in Forscherkreisen. Der Wiener Mediävist Herwig Wolfram findet es beispielsweise „schlimm, wenn norddeutsches Vorurteil auch die wissenschaftliche Wertung Marbods trübt". (Wolfram 125)

Die Abstimmungsprobleme zwischen Cheruskern und Markomannen wirkten im deutsch-österreichischen Verhältnis auf unterschiedlichen Ebenen nach. Selbst die mythisch gefestigte und überhöhte Nibelungentreue erschien brüchig. Berliner Professoren sprachen vor dem Hintergrund des Bündnisses zwischen Donaumonarchie und Hohenzollernreich im Ersten Weltkrieg wohl von der soldatischen Kameradschaft und Kampfbereitschaft. Gleichzeitig jedoch musste das Personal des Nibelungenliedes für zweifelhafte Zuschreibungen herhalten. Im Deutschen Reich assoziierte man demnach Preußen mit dem „waffengewaltigen, stolzgrimmigen" Hagen und das Habsburgerreich eher mit dem „sangesfrohen", im „Lied gewandten" Volker.

Schien man solcherart immerhin auf ein gemeinsames „Germanentum", „Volk" und „Heer" bauen zu können, erwies sich andererseits gerade das historische Erbe als belastend. Obwohl Österreich von Preußen im 19. Jahrhundert militärisch besiegt und als Führungsmacht aus dem deutschen Staatenbund verdrängt worden war, empfand es das im Kampf gegen den „Erbfeind Frankreich" entstandene Kaiserreich der Hohenzollern als engsten Partner im europäischen Kräftespiel. Die Niederlage von 1866 auf dem Schlachtfeld bei Königgrätz zum einen und die milden

Friedensbedingungen der Sieger zum anderen riefen ambivalente Gefühle hervor, die sich durch weitere Aspekte verfestigten: Das „Erzhaus", das Habsburgergeschlecht, hatte über Jahrhunderte auch die Königs- und Kaiserwürde im Heiligen Römischen Reich inne. Nun stand die „Casa d' Austria" als übernationale Dynastie, die sich zugleich immer noch „deutsch" fühlte, nur mehr an der Spitze eines Vielvölkerstaates, dessen deutschsprachige Bevölkerung wiederum zwischen Herrschaftsanspruch und Minderheitenängsten, Loyalität zur k.u.k. Monarchie und Bewunderung für das Hohenzollernreich schwankte.

Auf Hermann, das Symbol deutscher Einigung und protestantischer Papstfeindlichkeit, blickte man im katholischen und multiethnischen Österreich mit gemischten Gefühlen. Nicht ohne unterschwellige Kritik registrierten Wiener Zeitungen anlässlich der Detmolder Denkmalsenthüllung das „Feldgeschrei: Gegen Rom". An den Feierlichkeiten habe die Aristokratie, die Oberschicht, nicht aber das Volk, ja nicht einmal der deutsche Reichstag teilgenommen. Dem „Monument des Cheruskers", mit dem wohl Wilhelm I. gemeint sei, fehle zudem „durch und durch die künstlerische Idee". Auf dem Postament in Form eines Kuppelbaues wirke Hermann nicht tatkräftig, kampfeslustig und siegesbewusst, sondern lediglich ängstlich bemüht, das Gleichgewicht nicht zu verlieren. Das plumpe Machwerk erschien dem als „Romanus" zeichnenden Journalisten des „Illustrirten Wiener Extrablatts" daher als späte Rache des einst besiegten und getöteten Varus. (Illustrirtes Wiener Extrablatt, 18.8.1875)

Weniger hämisch, aber mit einem spezifisch österreichischen Unterton versah „Die Presse" ihre Kommentare. Am 16. August 1875 berief sie sich auf nationalliberale deutsche Blätter, in denen angesichts des „Hermann-Denkmals" der „weit verbreitete Gedanke ausgeführt" wurde, dass der „Nation von heute eigentlich doch das Interesse für so alte Geschichten wie die Teutoburger Schlacht abhanden gekommen sei". Schon am Vortag hatte das Feuilleton der „Presse" die „angemessene Verkörperung" des

„Cheruskerhelden in Erz und Stein" als Abschluss einer längeren Entwicklung beschrieben. Die „Wanderung der Arminsfigur" durch das Reich der Dichtung finde ihr Ende; die „Einheitsträume der Germanen und Arminen" seien nur noch von „kulturhistorischem" Interesse. (Die Presse, 15.8.1875 und 16.8.1875)

SCHÖNERER UND WOLF

Im Umfeld des niederösterreichischen Gutsbesitzers Georg Ritter von Schönerer blieb der Abgesang auf Hermann jedoch wirkungslos. Germanentümelei, Antikatholizismus und Preußenverehrung dienten hier dem Wunsch, das Hohenzollernreich durch den „Anschluss" der deutschen Teile Österreichs zu „vollenden". „Volksrecht bricht Staatsrecht", erklärten die „Alldeutschen" Schönerers, die einen rigorosen Antisemitismus an den Tag legten und der Dynastie von Wilhelm I., nicht aber dem „angestammten" habsburgischen Herrscherhaus den Vorzug gaben.

Die offen staatsfeindliche Haltung fand mehrheitlich jedoch kaum Zuspruch. Selbst Schönerianer gingen schließlich andere Wege. Einer von ihnen, der aus Nordböhmen stammende Redakteur Karl Hermann Wolf, gründete die massenwirksame Deutschradikale Partei und gab eine Loyalitätserklärung gegenüber dem k.u.k. Staat ab. Wolf, der vorrangig den tschechischen „Hauptfeind" ins Visier nahm, orientierte sich stärker an österreichischen Identifikationsfiguren. 1909, als sich die Schlacht im Teutoburger Wald zum 1900. Mal jährte, nahm seine Zeitung, die „Ostdeutsche Rundschau", wohl in einigen wenigen Kurznotizen auf das im September begangene „Hermann-Gedenken" Bezug; ansonsten konzentrierten sich die Deutschradikalen aber auf Geschehnisse vor 100 Jahren, auf den „Tiroler Freiheitskampf" unter Andreas Hofer und den 100. Todestag von Joseph Haydn.

Ganz anders begingen hingegen die „Alldeutschen" das Gedenken an die Varus-Schlacht. Das „Jubelfest" wurde mit der Veröffentlichung von Informationsschriften verbunden. In den Zeitungen der Schönerianer wurde über „Armins-Feiern" in Böhmen,

Niederösterreich, Salzburg, Tirol und Wien zum Teil ausführlich berichtet. Das „gezogene Schwert des Cheruskers", verkündeten die Festredner, sei eine Aufforderung an das „hart bedrängte deutsche Ostmarkvolk", rücksichtslose Nationalitäten- und keine „Staatenpolitik" zu betreiben. (Alldeutsches Tagblatt, 8.9.1909) Der Kult um Hermann, die „Leitfigur der deutschen Einheit", wurde um 1900 zum Gradmesser für den Wunsch nach der Vereinigung mit dem „großen Bruder". Noch waren es politische Splittergruppen, die sich unter „Armins Führung" außerhalb des Habsburgerstaates stellten. Die Mehrheit der national denkenden Deutschösterreicher bediente sich der mythischen Ahnen mit gebotener Vorsicht.

THEATERBLUT

Den Unterbau des Detmolder Denkmals „ziert ein Reliefbild" des Hohenzollernregenten, schrieb „Die Presse" 1875. Angesichts dieser Zuwendung zum „Preußentum" verwies das Blatt deshalb postwendend auf den Dichter Friedrich Gottlieb Klopstock. Dieser hatte dem gekrönten Haupt des Heiligen Römischen Reiches, dem „edlen und hochgesinnten" habsburgischen Kaiser Joseph II., ein Werk mit dem Titel „Hermanns Schlacht" zugedacht. Freilich waren schon früher einige literarische Schriften über den Cheruskerfürsten entstanden, die ihren Helden in einen anderen Deutungszusammenhang stellten, als der von der „Presse" hervorgehobene Klopstock es tat.

Dem Thema widmete sich in napoleonischer Zeit auch der aus Frankfurt an der Oder stammende Heinrich von Kleist, der im Befreiungskampf gegen den korsischen Tyrannen von den Patrioten Geschlossenheit und Einigkeit erwartete. Obwohl Kleist sein durchaus blutrünstiges Bühnenstück differenzierter anlegte, reduzierte die Öffentlichkeit sein erst Dekaden später aufgeführtes und zu Ehren gekommenes Drama auf den simplen Gegensatz zwischen Germanen, also Deutschen, und Römern, also – dem zeitgenössischen Konflikt entsprechend – Franzosen.

27

Wer aber, wurde unter diesen Bedingungen gefragt, sollte die unterschiedlichen „Vaterlandsbefreier" anführen? Obwohl noch aktuelle Arbeiten über Arminius und die Varus-Schlacht in den Cheruskern die Preußen und in den Sueben oder Markomannen die Österreicher erblicken, lassen Kleist-Biographen keinen Zweifel aufkommen: Marbod, der Zögerer, vertritt Norddeutschland, der Anführer und Befreier Hermann aber verkörpert Österreich. Von den Habsburgern, den ehemaligen Königen und Kaisern des Heiligen Römischen Reiches, erwartete Kleist 1808/09 den entscheidenden Impuls. Sie traten damals gegen Bonaparte an, nachdem sich die Rheinbundstaaten mit dem Korsen verbündet hatten und Preußen von Frankreich besiegt worden war. Der Dichter begab sich daher in die Donaumonarchie, wo er sein Stück aufgeführt wissen wollte. Die rasche Niederlage der österreichischen Truppen brachte die Pläne zum Scheitern.

Die Wiener Presse erinnerte an die Begebenheit allerdings ebenso wie der deutschnationale Schriftsteller, Journalist und Politiker Adam Müller-Guttenbrunn, der ab 1898 außerdem Direktor des Kaiserjubiläums-Stadttheaters war. In dieser Funktion setzte er Kleists „Hermannsschlacht" auf den Spielplan, um gleichzeitig gegen die deutsche Literaturforschung, die Hermann für Preußen beanspruchte, zu Felde zu ziehen: Unehrlich sei sie, beherrscht von „Schweifwedlern", die die geschichtliche Vergangenheit in ein „zeitgemässes" Verhältnis zu den Hohenzollern bringen wollten. Eine preußenfreundliche Haltung müsse überdies als „gewalttätige Deutung" zurückgewiesen werden. Gewissen „Herren" falle es zwar schwer, Kleists eigentliche Zuschreibungen zu akzeptieren. Dieser jedoch habe die Führung und die „Krone des neu aufgebauten, befreiten Germanien" eindeutig dem habsburgischen Kaiser Franz zugewiesen. Daher stehe unverrückbar fest: „Österreich ist Hermann und Preußen ist Marbod!" (Müller-Guttenbrunn 14) Ein paar Jahrzehnte später aber sollte eine konträre Zuschreibung erfolgen. 1934 präsentierte der österreichische konservativ-katholische Politiker Ernst Karl Winter vor dem Hintergrund der aktuellen politischen Situation, in der NS-Deutschland das kleine Nachbarland bedrängte, Marbod als friedliebenden Organisator und Hermann als aggressiven Eroberer. (Haider 212)

Von dieser österreichischen Umetikettierung konnte Müller-Guttenbrunn freilich noch nichts ahnen. Das Bestreben, auf der Bühne das wettzumachen, was bis 1866 auf politischem und militärischem Gebiet verloren ging, vermochte indes die Theaterbesucher der k.k. Haupt- und Residenzstadt nicht zu überzeugen. Kleists „Hermannsschlacht" – ohnehin kein Meisterwerk – wurde vom christlichsozialen Bürgermeister Wiens, Karl Lueger, rundweg als „Schandstück" abgelehnt. Müller-Gutenbrunn erlitt Schiffbruch. Er manövrierte sein Theater in den Konkurs. Lediglich die „Ostdeutsche Rundschau" würdigte später noch seine Bemühungen, die „Hermannsschlacht" als literarisch-historischen Besitz Österreichs zu verteidigen.

Darüber hinaus bot sich jedoch kaum Gelegenheit zum Schlagabtausch zwischen Berlin und Wien. Die „Hermannsschlacht" sollte bald als Sinnbild eines gemeinsamen Kampfes interpretiert werden. Das mit der Nibelungentreue beschworene Weltkriegsbündnis zwischen dem Habsburger- und dem Hohenzollernreich verlangte nach Einigkeit. Vor diesem Hintergrund kam es zu einer neuerlichen Aufführung des Stücks im Wiener Burgtheater. Ganz der patriotischen Grundstimmung verpflichtet, empfanden es manche Zeitungskritiker als „Hochpunkt der Kriegssaison" in einem Augenblick, da „uns der Feind" wieder „überfallen hat" und der augenblickliche „Kampf ums Daseinsrecht" offenbar neue Analogien nahe legte: „Wenn Hermann die Römer in den Morast lockt, denken wir unwillkürlich an Hindenburg und an die Sümpfe der Masurischen Seen", hieß es jetzt in der „Ostdeutschen Rundschau" mit Blick auf die Schlachten an der russischen Front. (12.12.1914) Nun also hatte man die Soldaten des Zarenreiches, die im Weltkrieg der Habsburgermonarchie und dem Deutschen Reich gegenüberstanden, zu Hermanns Widersachern gemacht.

Den martialischen Gesten und der strengen Zweiteilung in Gegner und Gefolge widersprach es allerdings, dass Hermanns Braut, „sein Thuschen", mit „dem römischen Legaten Venditius flirtete". Der „Neuen Freien Presse" fiel es schwer, sich damit anzufreunden. Andere Blätter gingen mit der künstlerischen Leistung noch härter ins Gericht: „Brav und vorzugsschülerhaft" sei sie gewesen, ganz „ohne Einfall und Leidenschaft". Das Publikum sah es offensichtlich ähnlich. Es „wurde ein wenig geklatscht, viel geräuspert, und ansonsten herrschte die gewisse Ehrfurcht vor der Langeweile." (Die Zeit, 11.12.1914)

Zwischen Gleichgültigkeit und Faszination

Arminius begeisterte auch in den folgenden Jahren anscheinend nur mehr mäßig. Als sich der Bürgermeister von Detmold 1933 an das von Josef Goebbels geleitete Reichspropagandaministerium mit dem Vorschlag wandte, das Hermannsdenkmal zur „offiziellen Wallfahrtsstätte der deutschen Nation" zu erheben, gab sich Berlin zurückhaltend. Dennoch kam der stramme Schwertträger zu höheren Ehren, wenn das „Dritte Reich" etwa die deutsche Einigkeit beschwor. Im März 1938 – Österreich war gerade „heim ins Reich" geholt worden – fand der Cherusker Eingang in eine Rede Adolf Hitlers. Der „Führer" zehrte offenbar von jenen deutschen Legenden, die schon sein Linzer Geschichtslehrer in den Schulunterricht eingestreut hatte.

„Armins Verteidigungsbereitschaft" passte später auch zur nationalsozialistischen Abwehrhaltung, als sich die alliierten Truppen am Ende des Zweiten Weltkrieges den deutschen Reichsgrenzen näherten. Zugleich stand Hermann für Führertum und Rassegedanken. Er ließ sich problemlos in die NS-Ideologie integrieren, erhielt aber keine Sonderstellung.

Im geteilten Deutschland nach 1945 scharte sich um das Detmolder Denkmal dann zumindest die FDP. In seinem Schatten trat sie für die Wiedervereinigung ein. Gab sich die BRD insgesamt ansonsten zurückhaltender, so verwies die DDR auf Marx und Engels, die dem Cheruskerfürsten durchaus positive Seiten abgewonnen hatten. Rom stand in ihrer Rezeption für den Privatbesitz, der germanische „Urkommunismus" für das Gemeineigentum. Parallelen wollte man in Ostberlin auch hinsichtlich der internationalen Lage sehen. Den „römischen Imperialismus" und seine germanischen Verbündeten verglichen SED-Kreise mit dem Verhältnis zwischen den USA und der BRD. (Münkler 179f.; Bendikowski 204–208)

Revolutionäres Feuer vermochte der ostdeutsche Staatssozialismus damit aber nicht zu entfachen. Die mythische Narration hatte an Anziehungskraft verloren. In der ersten Hälfte der 1980er-Jahre „dekonstruierte" der Regisseur und Theaterdirektor Claus Peymann Kleists „Hermannsschlacht". Der Held des Stückes verstrickte sich nun als antiimperialistischer Guerillero in die unerbittliche Logik des blutigen Schlachtens: Der „gerechte Krieg" zerstört die Ideale, die er retten will. Manche aber sahen in Peymanns Inszenierung und Neuinterpretation von Kleist einen Widerspruch zwischen einer Frieden stiftenden Intention und der Darstellung von Sadismus beziehungsweise Masochismus als universelle Phänomene.

Bei den Wiener Festwochen im Jahr 1984 überwog jedoch das Lob der Kritiker. Man betonte die ausgezeichnete Sprechkultur und das vorzügliche Ensemble. Der designierte Burgtheaterdirektor Claus Peymann, hieß es, werde in Wien hinkünftig für spritzige Aufführungen sorgen. Nicht alle klatschten allerdings Beifall. Leser der „Neuen Kronen Zeitung" warnten vor Peymann, der früher „eine Sammlung für die Baader-Meinhof-Terroristen veranstaltet" habe und nun einen „kulturellen Terrorakt" verübe, „wenn er, wie in der `Hermannsschlacht`, unsere Klassiker zerstört". (Neue Kronen Zeitung, 18.5.1984)

Für die Alpenrepublik, die nach 1945 zu ihrer eigenen nationalen Identität finden wollte, stellte Arminius-Hermann-Siegfried hingegen für gewöhnlich keine brauchbare „Sinnstiftungsressource" dar. Selbst in Deutschland führten der Fall der Berliner

Mauer und die deutsche Einheit zu keiner Revitalisierung der alten Mythen. Der „grimmig gegen den welschen Westen blickende Cheruskerfürst" ist „zum Ausflugsziel für Kind und Kegel aus nah und fern" geworden. Statt dem Nationalismus und Chauvinismus dient er der regionalen touristischen Vermarktung. Und das, meint der österreichische Mittelalterhistoriker Herwig Wolfram, sollte auch so bleiben. (Wolfram 122)

2000 Jahre nach der Varus-Schlacht und zwanzig Jahre nach der Wiedervereinigung stieß Hermann allerdings erneut auf größeres Interesse. Man huldigte der Gedenktags- und Anlasshistoriographie, befasste sich mit Überlieferungen, stummen Zeugen – Spuren und Resten. Knochen und Kriegsgerät sollten den Weg zum wahren Ort des blutigen Schlachtens im Teutoburger Wald weisen. Die Archäologie belebte zumindest den Lokalpatriotismus. Von Hermann ist zu hoffen, dass er in Erz und Stein an Ort und Stelle verharrt. Möge er nicht mehr „erwachen", sondern in Frieden ruhen!

KRÄFTE, MÄCHTE
UND HERRSCHER

DAS HEILIGE RÖMISCHE REICH
Skizzen einer tausendjährigen
gemeinsamen Vergangenheit

*Das Heilige Römische Reich wurde immer wieder neuen Be-
wertungen unterzogen. Heute ergibt sich für Deutschland und
Österreich die Notwendigkeit, diese entfernte Epoche als oft
verzerrt wahrgenommene und zum Teil folgenschwere, nichtsdestoweniger aber gemeinsame Vergangenheit zu betrachten.*

DIE URKUNDE

Einige Höfe wechselten den Besitzer – mit ihnen bebautes und unbebautes Land, Wiesen und Weiden, Wälder und Gebäude, Mühlen und Gewässer, bewegliche und unbewegliche Güter: Die Schenkung vom Allerheiligentag des Jahres 996 war kein spektakulärer Vorgang. Otto III., König und seit Kurzem Kaiser des Heiligen Römischen Reiches, zeigte sich dem Klerus, im konkreten Fall dem Bischof von Freising, gegenüber spendabel. Die enge Bindung an die Kirche entsprach gängiger Politik und christlichem Selbstverständnis. Die „imperiale Kanzlei", kein Großraumbüro einer gut ausgestatteten Behörde, sondern ein oder zwei Schreiber geistlichen Standes, agierte routinemäßig. Man hielt sich an Vorlagen, übliche Geschäftspraktiken, und wäre über die spätere Bedeutung gerade dieses Schriftstückes gewiss erstaunt gewesen.

Eine beiläufige Bemerkung, dass sich das übertragene Land in einer Gegend befinde, welche in der Volkssprache „Ostarrichi" heiße, sollte nämlich ungeahnte historische Wirkmacht entfalten. Nach dem Ende der Donaumonarchie und der nationalsozialistischen Schreckensherrschaft erhielt die Urkunde in der wieder erstandenen Alpenrepublik geradezu staatstragenden Charakter. Bundespräsident Karl Renner beschwor diesbezüglich am 27. Oktober 1946 den 950. Jahrestag Österreichs, eines nunmehr „kleineren Heimatlandes", das sich trotz der Sprachgemeinschaft mit den Deutschen auf seine Selbstständigkeit berufe. Während man auch in den Schulen der „Altehrwürdigkeit" des „Vaterlandes" gedachte, bemühte sich die Wissenschaft um zeitgemäße Deutungen. Der Historiker Alphons Lhotsky vertrat in einer Festrede die Ansicht, Donau- und Alpenländer, das Gebiet der österreichischen Republik, hätten sich schon im Laufe des Spätmittelalters zusammengeschlossen. Lhotsky gab einige Jahre danach zu verstehen, dass dieser langfristige, Jahrhunderte zurückreichende Staatsbildungsprozess etwas „Gesetzmäßiges" an sich habe. Der Zusammenschluss mit Böhmen und Ungarn in der Donaumonarchie müsse als „Intermezzo" begriffen werden, das „natürliche Ergebnis" von Geschehnissen des 13. bis 14. Jahrhunderts sei nach 1918 und nun, nach 1945, wieder zutage getreten.

Ein unter anderem der Mittelalterrezeption verpflichtetes Bekenntnis zum Kleinstaat hatte in der Zwischenkriegszeit vor allem der autoritäre „Ständestaat" abgegeben. Nun konnte es in modifizierter Form und unter veränderten politischen und ideologischen Rahmenbedingungen erneuert werden. Auch mit Hilfe der Sprachwissenschaft, der Archäologen, der Experten für die Ur- und Frühgeschichte sowie der Römer- und Völkerwanderungszeit grenzte sich die Zweite Republik noch klarer vom deutschen Nachbarn und einer gemeinsamen Vergangenheit ab. Dabei wurde betont, dass das österreichische Staatsgebiet, anders als das „freie Germanien", zum überwiegenden Teil, nämlich südlich der Donau, zum „Imperium Romanum" gehört hatte. In den Provinzen Rätien, Pannonien und vor allem Noricum kam es zur Romanisierung der hauptsächlich keltischen Bevölkerung. Das kulturelle Erbe dieser Epoche sollte unter Einbeziehung christlicher Einflüsse niemals ganz verschwinden, obwohl gerade das Donautal während der Völkerwanderung als Durchzugsgebiet fungierte. In rascher Folge lösten hier Stämme und Machtfaktoren einander ab. Hunnen, Ostgoten und Langobarden tauchten auf, danach Slawen, Awaren und Magyaren, die wiederum von Germanen, den unter fränkischer Oberhoheit stehenden Bajuwaren, schrittweise zurückgedrängt oder unterworfen wurden.

Die Forschung sprach von den „vielen Vätern Österreichs", wobei zur Einschränkung des Untersuchungs- und Kompetenzbereiches einmal mehr die aktuellen Staatsgrenzen dienten. Am Territorium der Zweiten Republik haftete die nationale Geschichtsschreibung. Jahrzehnte hindurch orientierten sich Standard- und Überblickswerke daran, obwohl es nicht an Skeptikern mangelte. Als die Wiener Regierung Kommissionen und Arbeitsgruppen ins Leben rief, um 1996 das tausendjährige Bestehen Österreichs zu feiern, diverse Veranstaltungen und eine große Schau zu organisieren, erachtete selbst der zum Leiter einer großen Länderausstellung berufene Historiker die „Ostarrichi-Urkunde" von 996 als wenig „jubiläumsverdächtig". Die Verantwortlichen charakterisierten ihre Arbeit deshalb als „kritisch-liebevolle Auseinandersetzung" mit verschiedenen Österreich-Begriffen, nationalen Mythen und „Seinsweisen". (Bruckmüller/Urbanitsch 3)

„RAUMPLURALISMUS"

Andere Geschichtsforscher fanden es hingegen bedenklich, der Bevölkerung den Eindruck zu vermitteln, Österreich sei zur Zeit von Otto III. formell gegründet worden. Von einer „übersteigerten Rückprojektion" war die Rede. Sogar die Bezeichnung „Österreichische Geschichte" bewertete man in diesem Zusammenhang als unpassend. Schließlich beziehe sich „Ostarrichi" zunächst nicht einmal auf die „Mark" jenes Geschlechtes, das unter dem Namen Babenberger Bekanntheit erlangte. Erst Mitte des 11. Jahrhunderts, im Zuge des Landesausbaus, wurden Zusammenhänge erkennbar. „Ostarrichi", ein Jahrhundert später auch „Austria" genannt, stand nun für die Markgrafschaft, die 1156 zum Herzogtum erhoben wurde. Das Land hatte seinen Namen, auch ohne Bezug zum Machthaber beziehungsweise Amtsträger – ein Vorgang, der sich auch in anderen Gebieten wiederholte. Als die Babenberger nach Süden ausgriffen und das benachbarte Herzogtum Steier ererbten, blieben die Länder – ungeachtet der gleichen Herrscherdynastie – getrennt.

Vor diesem geschichtlichen Hintergrund manifestierten sich in der Millenniumsfeier des Jahres 1996 nicht zufällig regionale Unterschiede. Abseits der vormaligen Babenbergerbesitzungen empfand man das Gedenkjahr vielfach eher als „Schmalspurjubiläum". Manche Bundesländer zeigten wenig Enthusiasmus. Zumindest andere Schwerpunkte wurden gesucht. Dem Fremdenverkehr verpflichtet, sollten etwa die Veranstaltungen in Tirol unter dem Motto „1000 Jahre Gastlichkeit" stehen.

Die These von der mittelalterlichen Nationsbildung spielte im Bewusstsein der Alpenrepublik eine untergeordnete Rolle.

„Österreich", das sich nach und nach in ein Gebiet östlich und westlich, „ob und unter" der Enns aufteilte, war zunächst eben einmal nur das Kernland der Babenberger.

Deren Erben, die aus der Schweiz stammenden Habsburger, betrachteten die Donau- und Alpenländer zwar bald als ihre wichtigste Machtbastion. Eine etappenweise erworbene Ländermasse blieb aber heterogen. Als gemeinsame Klammer erschien vor allem die habsburgische Dynastie, die sich nach der alten Babenbergermark benannte und damit zum „Haus Österreich" wurde. Sie kontrollierte Ober- und Niederösterreich, die Steiermark, Kärnten und Krain, Teile Istriens, Grafschaften im heutigen Vorarlberg und „vorderösterreichische" Gebiete in Südwestdeutschland.

Die „Herrschaft zu Österreich", so eine spätmittelalterliche Formulierung, fasste man dann innerhalb des „Sacrum Imperium", des Heiligen Römischen Reiches, zusammen: Auf dessen Territorien entstanden 1512 zehn größere Verwaltungseinheiten, unter ihnen der „österreichische Reichskreis", der allerdings kein ähnlich reges Leben wie der bayerische, fränkische oder schwäbische Kreis entwickelte.

Mit den Ansichten von Alphons Lhotsky ließen sich diese Entwicklungen kaum vereinbaren. Territorien des „Reichskreises" beziehungsweise der „Erblande" waren mit dem Staatsgebiet der Alpenrepublik nicht identisch. Südtirol, Krain, südwestdeutsche Gebiete, Teile Istriens und der Steiermark gingen bis nach dem Ersten Weltkrieg verloren. Salzburg hingegen blieb bis zum Beginn des 19. Jahrhunderts ein eigenständiges geistliches Fürstentum, das Burgenland gehörte bis 1921 zur magyarischen Einflusssphäre.

Hier hatten die Habsburger im Übrigen eine äußerst ambitionierte Politik betrieben. Als Nachfolger der jagellonischen Königsfamilie und im Kampf gegen das Osmanische Reich waren sie an die Spitze der entstehenden Donaumonarchie getreten, wobei Böhmen und seine Nebenländer zum Heiligen Römischen Reich, nicht aber zum österreichischen Reichskreis gehörten, während Ungarn überhaupt außerhalb des Sacrum Imperium stand.

Das komplizierte, aus einzelnen Teilen zusammengesetzte Herrschaftsgebilde der Habsburger änderte durch Heirat, Schenkung, Vererbung, Kauf, Tausch und Krieg seinen Umfang und seinen Charakter. Neben den Ländern in Südwestdeutschland, im Alpen-, Adria- und Donauraum sowie der damit verbundenen Kontrolle über eine mittelosteuropäische „Mesoregion" gewann die „Casa d' Austria" schließlich noch das zur überseeischen Kolonialmacht aufsteigende Königreich Spanien hinzu. Obwohl das Haus Österreich 1521/22 in einen iberischen und einen deutschen Zweig geteilt wurde, erhoben gemeinsame strategische Überlegungen und familiäre Verbindungen das Unternehmen Habsburg im 16. und 17. Jahrhundert zum dynastischen Weltsystem.

Unterschiedliche Raumkonzeptionen verknüpften sich mit verschiedenen Ansprüchen und Rechtstiteln, Funktionen und Besitzungen. Komplexe Netzwerke existierten nebeneinander, waren vielfach aber auch ineinander verflochten. Die Tatsache, dass die Habsburger als Könige und Kaiser seit 1438 mit nur kurzer Unterbrechung die Führung des Heiligen Römischen Reiches innehatten, vereinfachte die Sachlage auch nicht.

HERRSCHAFTSSTRUKTUREN

Durch die Abgrenzung von allem „Teutonischen" nahm die Alpenrepublik nach 1945 dann auch Abstand vom Sacrum Imperium – „deutscher Nation". Wer sich mit ihm beschäftigte, setzte sich bisweilen sogar dem Verdacht aus, dem rechten Lager anzugehören. Selbst bei rein wissenschaftlichen Debatten hielten sich österreichische Historiker zurück.

Frühere Streitigkeiten hatten dazu nicht unwesentlich beigetragen. In Preußen und im wilhelminischen Kaiserreich unter den Hohenzollern maß man das untergegangene Heilige Römische Reich am zeitgemäßen Ideal des einheitlichen Nationalstaates. Eine „borussische" Historikerschule machte vor diesem Hintergrund die kaiserlich-königlichen Instanzen für ein als schlecht befundenes vielsprachiges, internationales und föderales Gebilde weitgehend gleichgestellter Territorien verantwortlich. Den Zerfall des Reiches, so die geltende Meinung in Berlin, habe das „undeutsche" und „ultramontan-katholische" Österreich zu verantworten. In Wien beurteilte man indessen vor allem die spätere Reichsgeschichte ebenfalls eher negativ. Den „Spalt" zwischen Habsburgern und Imperium führte man hier aber auf die widerspenstigen Fürsten des Reichs zurück, die mit dessen Feinden, allen voran den Franzosen, koaliert hatten. Die Retrospektive kreiste um alte Konflikte und Verratsvorwürfe. Zugleich bediente sich der Disput neuzeitlicher Staatskonzeptionen. Dem untergegangenen Imperium wurde man unter diesen Bedingungen jedoch keineswegs gerecht. Schließlich basierte das Reichsgefüge auf den Prinzipien des Feudalwesens, von dem die Herrschergeschlechter, und nicht zuletzt die Habsburger, ihre Privilegien in hohem Maß ableiteten. Konkret bedeutete das zunächst einmal Landbesitz in einer weitgehend agrarisch geprägten, vormodernen Gesellschaft. Die Grundherrschaft stellte dabei allerdings nicht nur ökonomische Ressourcen sicher. Als lokaler Träger öffentlicher Aufgaben konzentrierten sich bei ihr neben der Wirtschaftsorganisation das Waffenmonopol, die Gerichtsbarkeit und das Abgabensystem.

Dezentrale Kräfte wurden charakteristisch, ein Prozess, der zudem durch das Ende der römischen Verwaltung und das germanische Gefolgschaftswesen in Gang gesetzt wurde: Man schloss sich einem bewährten Krieger an. Der konnte es zum Heerkönig bringen, verdankte seinen Einfluss aber weiterhin der personalen Bindung des Mannes an den Herrn, kaum hingegen der Stammesidentität und noch weniger einer Institution. Der Anführer untermauerte seine Vorrangstellung als Mitglied einer „erbcharismatischen Sippe" sowie durch religiöse Vorstellungen, die sich mit dem Übertritt zum Christentum im Gottesgnadentum manifestierten.

Gefestigt wurden die Personenverbände allerdings insbesondere durch die Vergabe von Lehen, im Mittellateinischen als

„feudum" bezeichnet. Der Monarch vergab sie in Form von Land und erwartete dafür das beeidete Versprechen von Treue und Heerfolge seiner Vasallen. Sie gewährten wiederum ihren Untertaten „Schutz und Schirm", falls sie sich gehorsam zeigten und zu Natural- beziehungsweise Robotleistungen bereit fanden. Diese Machtstrukturen litten unter einigen Unwägbarkeiten, etwa dem Streit über gebrochene, oft nicht schriftlich festgehaltene Vereinbarungen und Zusagen, der Rivalität zwischen Dynastien, Herren und Gefolgsleuten, ökonomischen Engpässen, mangelnden wirtschaftlichen Freiräumen und nicht zuletzt der Gefahr, zu wenig Güter unter dem eigenen Anhang verteilen zu können. Dennoch gelang es, den – wie man sich später ausdrückte – „Feudalismus" zu etablieren. Das Fundament legten insbesondere die fränkischen Karolinger. Ihre Macht, wenn auch des Öfteren mit gewaltsamen Mitteln aufrechterhalten, akzeptierte eine vorwiegend germanische sowie romanische Bevölkerung in einem beachtlichen Teil des kontinentalen Europa.

Unter Karl dem Großen fügte man darüber hinaus dem in Entstehung begriffenen Herrschaftskonzept noch eine weitere wichtige Komponente hinzu: Mit der Kaiserkrönung durch Papst Leo III. begründete Karl zu Weihnachten des Jahres 800 den Gedanken einer Wiederherstellung des Imperium Romanum. Der „Westen", geführt von den Karolingern, meldete sich gegenüber Ostrom, dem dominierenden Byzanz, zurück.

Trotz Maßnahmen und Reformen zur Stärkung der Zentralgewalt mussten Karls Nachfolger allerdings den Zerfall des karolingischen Reiches hinnehmen. Der Weg zum französischen Königtum wurde beschritten. Demgegenüber einigten sich die ostfränkischen Stammesherzöge, wenn auch nicht ohne Konflikte, letztlich auf eine sächsische Königsdynastie, der unter anderen Otto III. angehörte. Sein Großvater hatte dabei einen wesentlichen Beitrag zur Belebung karolingischer Traditionen geleistet. Italien wurde erneut in die politischen Strategien einbezogen. Mit der langobardischen und der fränkischen Königskrone verband Otto I.

962 die römische Kaiserwürde. Den Anspruch auf diesen Rang behaupteten auch seine Nachfolger aus anderen Herrschergeschlechtern bis 1806, bis zum Ende des Sacrum Romanum Imperium. Dass an der Wiege des neuen europäischen Machtgefüges in erster Linie Sachsen, Baiern, Franken und Schwaben gestanden hatten, verdeutlichte übrigens der ab dem 11. Jahrhundert in Gebrauch kommende Ausdruck „Regnum Teutonicum". Die Gründungsstämme entwickelten im Laufe der Zeit ein stärkeres Wir-Gefühl – auch und gerade gegenüber den anderen Ethnien in und außerhalb der sich immer wieder ändernden Reichsgrenzen. Nach und nach war von den „teutschen Königen" die Rede, zu Ende des Mittelalters und am Beginn der Neuzeit immer häufiger auch von „Teutschland". Ab dem 15. Jahrhundert verbreitete sich dann die Formel vom „Heiligen Römischen Reich Deutscher Nation".

ZENTRIFUGALKRÄFTE

Österreich und die „Casa d' Austria" vom Reich zu trennen, erscheint angesichts der Geschichte des Sacrum Imperium ausgeschlossen. Nichtsdestoweniger stellt keineswegs bloß die Alpenrepublik, sondern auch das vereinte Deutschland historische Betrachtungen in den Dienst aktueller Nationalgefühle. In breitenwirksameren Publikationen und Fernsehsendungen ist man tunlichst um Abschottung bemüht, wird Flurbereinigung auf Kosten einer komplexeren Vergangenheit betrieben. Die solcherart präsentierte „Selbst-Erfindung" der Deutschen kommt bisweilen fast ohne Habsburger und ihre Erbländer aus.

Die Wissenschaft unterzog indes das Heilige Römische Reich immer wieder neuen Bewertungen. Schon vor und erst recht nach Gründung des deutschen Nationalstaates 1871 betonten Historiker im Hohenzollernreich eher die Rolle der Ottonen, Salier und Staufer, während die Habsburger als Kaiser des Reichs in den Hintergrund rückten. Im Übrigen diente nicht nur dem Deutschen Kaiserreich, sondern auch dem „Dritten Reich" das heterogene Sacrum Imperium nur bedingt als Identifikationsfaktor. Negativ beurteilt wurde vor allem die Zeit nach 1648, die sich als Epoche „geschichtsunfähiger Staatlosigkeit" darstellte. (zit. nach Liebmann 11) Nach 1945 schien dann allein schon der Begriff „Reich" belastet. Die bundesrepublikanische Forschung wandte sich dem Thema nur zögerlich zu. Ab Mitte der 1950er-Jahre aber kam es zu einer Art Wiederentdeckung des „Alten Imperiums": „Die nun verstärkt einsetzende europäische Integration machte erstmalig die Vorstellung eines ‚Staatenverbundes' jenseits der gewohnten nationalstaatlichen Perspektive konkret denk- und fassbar. In diesem Kontext rückte auch das Alte Reich wieder ins Blickfeld, das die verfassungsinstitutionelle ‚Klammer' für eine Vielzahl zum Teil äußerst heterogener Herrschaftsstrukturen gebildet hatte und in dieser föderalen Dimension im Übrigen einen Bezugspunkt für das Staatsverständnis der ‚jungen' Bundesrepublik bot." (Liebmann 11) Im Nachkriegsösterreich wiederum setzte im Sinne der Distanz gegenüber Deutschland auch eine Marginalisierung des „Alten Reichs" ein. Nicht dieses wurde hier zum Bezugspunkt, sondern die Donaumonarchie. Österreichische „Annäherungen" an Europa blickten solcherart eher auf das Habsburgerreich zurück. In Deutschland ist indessen auch in unseren Tagen noch von „reichsüberdrüssigen" österreichischen Historikern die Rede. Man glaubt daran erinnern zu müssen, dass „das heutige Österreich in der Vergangenheit nicht nur ein Teil des Heiligen Römischen Reiches deutscher Nation war, sondern auch ein Teil Deutschlands". Strittig sei lediglich, „wann entscheidende Momente des Herauswachsens Österreichs aus dem Reich anzusetzen sind – 1495, 1530, 1620, 1648, 1683, 1714, 1740 oder 1783 – und wann Österreich aus Deutschland ausschied – 1806, 1848, 1866 oder 1945." (Klueting, Einleitung ohne Seitenzahl)

Auch solche Aufzählungen von Jahreszahlen sind zu ergänzen. Zusätzliche Vorschläge reichen noch weiter zurück, betreffen freilich aber wieder ein anderes Österreich. Dieses, heißt es, sei bereits 1156 aus dem Reich „herausgewachsen". Mit dem sogenannten „Privilegium minus", der Umwandlung der babenbergischen

Markgrafschaft „Ostarrichi" in ein Herzogtum, ließen sich Sonderrechte bezüglich der Erbfolge, der Lehnspflichten und der Gerichtsbarkeit ausmachen, über die in einem solchen Umfang kein
anderer Reichsfürst verfügt habe. Die bevorzugte Position äußere
sich erst recht in der Politik der Habsburger. Sie hätten sich mit
dem gefälschten „Privilegium maius" aus dem 14. Jahrhundert
weitere Vorrechte erschlichen, unter anderem den Erzherzogstitel,
den zu tragen sich das Haus Österreich als Inhaber der Reichskrone später selbst bestätigen konnte. Verwiesen wird überdies
auf die zahlreichen Besitzungen des Kaiserhauses, die sich entweder außerhalb der Reichsgrenzen befanden oder, wie im Fall von
Böhmen, nur bedingt in die Organisation beziehungsweise Jurisdiktion und überhaupt nicht in das Kirchensystem des Sacrum
Imperium integriert waren. Vermochte dieses nach allen Seiten
hin ausgreifende Machtgeflecht des „Erzhauses" überhaupt den
Bedürfnissen des Reiches gerecht zu werden? Die Frage nach der
Interessendivergenz stellte sich immer wieder.

Dem Vergleich mit Sachsen, Bayern, Hessen oder anderen deutschen Territorien, wird mitunter hinzugefügt, entziehe
sich Österreich ohnehin. Immerhin sei hier nach 1918 ein eigener Staat gebildet worden, lautet die Begründung, ohne freilich
zu berücksichtigen, dass die junge Republik nach dem Ende der
Habsburgermonarchie unverzüglich mit dem „großen Bruder"
einen gemeinsamen Nationalstaat bilden wollte. Die Anschlussbewegung erfasste die Bundesländer und spiegelte sich mit unterschiedlicher Intensität in den Programmen der einzelnen Parteien wider. „Hat man Lützen und Kolin, Leipzig und Königgrätz
geschlagen, wenn schon seit dem Privilegium minus die Tendenz
zur Loslösung das Hauptmotiv der österreichischen Geschichte
war?", fragte demnach 1936 der Historiker Otto Brunner mit Blick
auf einige berühmte Kriegsschauplätze der Neuzeit. (zit. nach
Scheutz/Strohmeyer 173) Der namhafte Wissenschaftler repräsentierte eine an den Universitäten der Alpenrepublik weit verbreitete
gesamtdeutsche Geschichtsauffassung. Vor dem Hintergrund der

NS-Herrschaft leistete man damit Vorarbeiten für die Negation der „ostmärkischen" Eigenstaatlichkeit zwischen 1938 und 1945.

Ungeachtet dessen betonte Brunner allerdings auch die mittel- und gesamteuropäische Dimension, die mit der „Casa d' Austria" verbunden war. Für die Forschung scheint es solcherart wichtig, die nur partiell miteinander verknüpften Regionen in ihrer Vielfalt und die verschiedenen Herrschaftsformen in ihrer unterschiedlichen zeitlichen Erstreckung mit Hilfe einer multiperspektivischen Historiographie zu erfassen. Dazu gehört aber auch die Bereitschaft, die Entwicklung des Heiligen Römischen Reiches als wirkmächtiges und bemerkenswert dauerhaftes Phänomen zu erkennen. Daraus ergibt sich heute für Deutschland und Österreich – zwei selbstständige Staaten innerhalb der Europäischen Union – die Notwendigkeit, entfernte Epochen als oft verzerrt wahrgenommen und zum Teil folgenschwere, nichtsdestoweniger aber gemeinsame Vergangenheit zu betrachten.

Allgemeine Tendenzen
Eine differenziertere Sichtweise unter Einbeziehung des historischen Kontexts relativiert schließlich auch die exponierte Stellung Österreichs in manchen Geschichtsdarstellungen: Das „Privilegium minus" beschränkte zwar die Heerfolge auf benachbarte Gebiete und verpflichtete den Herzog lediglich dann zum Besuch der Hoftage, wenn sie in Bayern stattfanden. Von solchen Zugeständnissen machten die Babenberger jedoch kaum Gebrauch: Zu sehr galten Kriegs- und Hoffahrten als Prestigeunternehmen. Die kaiserliche Macht zeigte sich keineswegs geschwächt. Das Gegenteil war vorläufig der Fall. Die Regelung beendete dynastische Konflikte und stärkte die Südostecke des Reichs, das unter den staufischen Herrschern intensiv Italienpolitik betrieb.

Langfristig leitete die Loslösung Österreichs von Bayern wiederum den Übergang von den Stammes- zu den Territorialherzogtümern ein. Parallel dazu schwächte der seit vielen Generationen während Kampf zwischen Papst und Kaiser, „Sacerdotium" und

„Imperium", letztlich beide Seiten. Die Staufer vermochten ihre Vasallen nur hinter sich zu halten, indem sie diese mit königlichen Vorrechten, sogenannten Regalien, ausstatteten. Die Reichsfürsten, nicht nur die Babenberger, erhielten mit der Gerichtsbarkeit, mit Münz- und Zollhoheit, Burgenbau und Städtegründungen den Status tatsächlicher Landesherren. Die Entwicklung zu einer Art Staatenbund begann, obwohl das Sacrum Imperium Bezugspunkt blieb. Es galt demnach auch als zeitloser und prinzipiell unproblematischer Rahmen für die spätmittelalterliche Hausmachtpolitik der führenden Dynastien. Die Habsburger fälschten sich mit dem „Privilegium maius" zwar nach oben, betrachteten sich aber gerade in diesem Zusammenhang als „Herz und Schild" des Reiches.

Dessen Reformierung brachte aus der Sicht der Beteiligten im Übrigen nicht immer die gewünschten Resultate. Das konfessionell gespaltene Imperium des 16. und 17. Jahrhunderts entwickelte sich nicht zum modernen Gemeinwesen. Die Staatenbildung vollzog sich in einzelnen Territorien, wobei das absolutistische Programm als zeitspezifisches Herrschaftsideal niemals ganz durchgesetzt werden konnte – am wenigsten im Heiligen Römischen Reich. Allen voran die Habsburger mussten das Scheitern derartiger Pläne erkennen.

Ein gegenläufiger Trend wurde erkennbar. Die Stände des Imperiums, die geistlichen und weltlichen Herren, Länder und Städte mit Sitz und Stimme beim Reichstag, emanzipierten sich gegenüber dem Kaiser, während es den Fürsten gelang, die Landstände ihrer eigenen Herrschaftsgebiete zurückzudrängen. (Mazohl-Wallnig 70)

KONTINUITÄT UND KONFLIKT

Vom „Ende des Imperiums" nach dem Dreißigjährigen Krieg, wie zeitweilig behauptet, konnte aber keine Rede sein. Gewiss gingen Territorien, vor allem die Schweiz und die Niederlande, verloren. Auch der Einfluss ausländischer Mächte gab dem Reich eher den

Charakter einer europäischen Friedensordnung als eines klar abgegrenzten politischen Gemeinwesens. Neben den Katholiken und den Lutheranern fanden nun auch die Calvinisten Anerkennung. Als Orientierung dienten die Vereinbarungen von 1555: Die Landesherren entschieden nach dem Grundsatz „Wer regiert, bestimmt die Religion" über den Glauben ihrer Untertanen. Der Westfälische Friede des Jahres 1648 erneuerte solcherart vielfach eher alte Prinzipien. Die innere Souveränität der Reichsstände sowie ihr Recht auf Bündnisse, die sich allerdings nicht gegen den Kaiser und das Imperium richten sollten, kennzeichneten beispielsweise keinen völligen Bruch mit der Tradition. Schließlich gestatteten schon die mittelalterlichen Gewohnheiten eine gewisse Handlungsfreiheit gegenüber fremden Mächten.

Auch in anderen Bereichen dominierte die Kontinuität. Das durch die „Goldene Bulle" des Jahres 1356 festgelegte und später mehrmals veränderte Kurfürstenkollegium übertrug in der Regel die mit dem Kaisertitel verbundene Königswürde vom Vater auf den Sohn. Es sicherte dadurch, mit kurzen Unterbrechungen, die habsburgische Vorrangstellung. Die kaiserliche Macht hatte also keineswegs ausgespielt. Auch die Feudalordnung blieb unangetastet. Noch im 18. Jahrhundert kamen die „Vasallen" am Wiener Hof in den Genuss der „Belehnung" durch den Kaiser. Einfluss übte dieser außerdem mittels imperialer Institutionen, insbesondere des Reichshofrats, aus. Als oberster Gerichtsherr sowie als Beschützer der Kirche und der schwächeren Herrschaften präsentierte sich das „Erzhaus" weiterhin als Machtfaktor. Hilfreich erwies sich in dieser Hinsicht auch die Tatsache, dass die Stände des Sacrum Imperium ab 1663 in Permanenz tagten. Der „Immerwährende Reichstag" schloss die Nebenregierung einer Gegenpartei, etwa der Kurfürsten, aus und nahm einer weitergehenden föderalistischen Tendenz die Spitze.

Wenn trotzdem von der „Reichsferne" der kaiserlichen Politik gesprochen wurde, so bezog sich die Kritik vor allem auf das Engagement der „Casa d' Austria" in ihren eigenen Besitzungen. Die

Kontrolle des Donauraumes und die Expansion nach Südosten sowie die partielle Vereinheitlichung der habsburgischen Länder-masse zur „Monarchia austriaca" versinnbildlichte das Hinaus-wachsen Österreichs aus dem Heiligen Römischen Reich. Dabei wurde oft übersehen, dass viele „teutsche" Dynastien nicht nur innerhalb des Sacrum Imperium agierten. „Kurhannover" etwa hatte durch die Personalunion mit Großbritannien seit 1714 eine Sonderstellung inne. Interessenkonflikte zwischen den „deutsch-stämmigen" Königen von England und ihrer für Reichsterritorien zuständigen Kanzlei blieben nicht aus. Auch anderswo verwisch-ten sich die Grenzen. Das „Pruzzenland" – einst vom Deutschen Orden erobert und bis ins 15. Jahrhundert Reichsgebiet – nahmen die Kurfürsten und Herren der Mark Brandenburg beispielsweise zunächst als polnisches Lehen in Empfang. 1660 erlangte es die volle Souveränität. Die Landesfürsten aus dem Hohenzollern-geschlecht nannten sich 1701 Könige „in" und später „von Preußen". Die Bezeichnung ging auf den Gesamtstaat über, ob-wohl das frühere Ordensgebiet seit Langem nicht mehr zum Reich gehörte. Anders als das Haus Österreich, wählte die Dynastie von Friedrich II., dem „großen" Gegenspieler der Habsburger, eine Namensgebung, die kaum auf das Imperium verwies.

Kaiser Karl VI. hatte indes andere Sorgen. Ohne männlichen Nachkommen konzentrierte er sich darauf, seiner Tochter Ma-ria Theresia die eigenen, für unteilbar und untrennbar erklärten Länder zu sichern. Die sogenannte Pragmatische Sanktion bestä-tigten dann auch die „Reichsstände" mehrheitlich, ohne letztlich im entscheidenden Moment Wort zu halten. In den Kriegen um das „österreichische Erbe", die unter Beteiligung aller Großmächte zu gesamteuropäischen Konflikten eskalierten, gingen sie von ur-sprünglichen Zusicherungen ab. Die tonangebenden Kräfte im Imperium erschwerten dessen Zusammenhalt. Speziell das Ver-hältnis zwischen den Hohenzollern und den Habsburgern erwies sich als schwere Belastung. Immerhin war es der Preußenkönig Friedrich II. gewesen, der kurz nach dem Tod Karls VI. das in habsburgischem Besitz befindliche Schlesien für sich reklamierte. Die kommenden Jahrzehnte blieben von militärischen Konflikten zwischen den Armeen Maria Theresias und Friedrichs bestimmt. Sie kosteten nicht nur unzählige Todesopfer, sondern verschlangen auch enorme Gelder. Dass viele Reformen, die etwa Maria Theresia für ihr Reich initiierte, nicht aus reiner Menschenliebe erdacht, sondern gerade in Hinblick auf die Erfordernisse des Krieges umgesetzt wurden, geriet später aus dem Blickfeld. Gebracht hatten all die Feldzüge der Habsburgerin wenig. Weder war es ihr gelungen, dem verhassten Hohenzollern Schlesien abspenstig zu machen, noch hatte sie dessen Reich in seinem Großmachtanspruch beschneiden können. Die Nachwelt machte aus den beiden das „Idealpaar" des preußisch-österreichischen beziehungsweise deutsch-österreichischen Gegensatzes. Dass Friedrich die junge Monarchin 1740 „überfallen" hatte, ließ sich nach 1945 auch auf das österreichische Selbstbild, 1938 lediglich Opfer preußisch-deutscher Aggression geworden zu sein, umlegen. Friedrich, der in Deutschland schon vor der nationalsozialistischen Machtergreifung zweifelhaften Heldenstatus erlangt hatte, wurde einer friedliebenden, mütterlichen Kaiserin gegenübergestellt, die genauso „harmlos" erschien, wie Österreich sich nach dem Zweiten Weltkrieg sehen wollte. Vor dem Anschluss im Jahr 1938 hatten manche indes eher Sympathien für den Preußenkönig empfunden. Solchen Präferenzen entsprechend war es in der Zwischenkriegszeit auch für den Direktor des Wiener Kriegsarchivs, Edmund Glaise von Horstenau, eine Selbstverständlichkeit, Akten mit Berichten über die homosexuellen Neigungen Friedrichs II. entweder verschwinden zu lassen oder aber an deutsche Dienststellen zu übergeben. (Pöhlmann 332)

Die Figur des „Alten Fritz", der viele Jahrzehnte als genialer Feldherr, aufgeschlossener Schöngeist und volksnaher sowie weiser Vater firmierte, wurde mittlerweile differenzierter betrachtet und von einigen Klischees befreit. Dazu gehört auch, dass der Preußenkönig immer und überall moralischer „Kraftquell" seiner Soldaten gewesen sei und in allen schweren Momenten Zuversicht ausgestrahlt habe. Demgemäß heißt es in einem aktuelleren Porträt des Kriegsherrn, das auch unbekanntere Seiten des Hohenzollern beleuchtet: „Die ersten Stunden nach der Niederlage bei Kolin 1757 verbrachte er damit, ziellos mit einem Stock Kreise in den Dreck zu malen, dann verließ er seine Armee mit der Begründung, dass er sich ausruhen müsse." Auch nach der Schlacht von Kunersdorf, drei Jahre später, verhielt sich Friedrich ganz gegen seinen sonstigen Ruf eines im Grunde energischen Mannes: Er verließ den Kampfschauplatz und meinte, die Katastrophe nicht überleben zu können. (Showalter 148).

Seinen Generälen gestand Friedrich solche Schwächen nicht zu. Während aber der Preußenkönig mit erfolglosen Feldherren hart ins Gericht ging und dabei auch Verwandte nicht schonte, verhielt sich Maria Theresia in solchen Fällen erstaunlich nachsichtig. Dabei hatte sie im Falle hocharistokratischen Versagens nicht zuletzt die finanziellen Kapazitäten der betreffenden Herren im Blick. Wenn diese auch am Schlachtfeld glücklos blieben, so erwiesen sich ihre Gelder für den Ausbau und die Modernisierung des Heeres doch als zu wichtig, um sie durch allzu heftige Kritik zu vergraulen. Dennoch erscheint die Milde der Kaiserin mitunter fragwürdig: „Alle Leistungskriterien traten in den Hintergrund, wenn es um Angehörige der engeren Familie ging. Karl von Lothringen, der Bruder ihres Mannes und der Gatte ihrer Schwester, durfte eine schwere Niederlage nach der anderen erleiden, ohne von seiner Schwägerin zur Verantwortung gezogen zu werden." (Kronenbitter 181)

Während sich Historiker bereits seit geraumer Zeit den vielen Facetten Friedrichs II. zuwenden und neue Perspektiven präsentieren, steht eine entstaubte, große Biographie über Maria Theresia noch aus. Ihr Verhältnis zum Heiligen Römischen Reich sollte darin eine entsprechende Rolle spielen.

Dass sich innerhalb des Sacrum Imperium die Kräfteverhältnisse veränderten, hatte freilich auch Auswirkungen auf die Politik ihres Sohnes Joseph II., des Kaisers des Heiligen Römischen

Reiches. Der Habsburger, der bei seinen Reformen nicht selten dem preußischen Vorbild nacheiferte, blickte in dieser Hinsicht und in Anbetracht seiner eigenen territorialen Begehrlichkeiten auf eher unerfreuliche Erfahrungen zurück. Als Joseph 1778/79 und 1785 Bayern in seinen Besitz bringen wollte, trat Friedrich II. als „Verteidiger des Reiches gegen die Gelüste des Kaisers" auf. Überdies hatte der Preußenkönig sich zum Fürsprecher der protestantischen Stände innerhalb des Reiches aufgeschwungen. Der „katholische Kaiser in Wien" sah sich nun einem „protestantischen Gegenkaiser in Berlin" gegenüber. (Clark 259f.)

Der habsburgische Führungsanspruch stand zur Disposition, nachdem sich schon Maria Theresias Gemahl und Josephs Vater Franz Stephan vergeblich bemüht hatte, das wankende Machtgefüge wieder ins Lot zu bringen. Durch eine Allianz zwischen Österreich und dem „Erzfeind" Frankreich war jedoch die Position Franz Stephans unter den „deutschen" Fürsten des Reichs eklatant verschlechtert worden. Als auch sein Sohn Joseph II. mit anfangs durchaus ehrgeizigen Reformprojekten scheiterte, ging es immer öfter nur mehr um die „Hausmacht", die Absicherung und gegebenenfalls Vergrößerung des eigenen Besitzstandes.

In Wien erkannte man allerdings auch, dass dem Haus Österreich im Kampf um den Titel der Kaiserwürde an sich kein wirklicher Rivale gegenüberstand. Die bayerischen Wittelsbacher, zwischen 1742 und 1745 kurzfristig an der Spitze des Sacrum Imperium, hatten einsehen müssen, dass es ihnen gegenüber der „Monarchia austriaca" an Potenzial fehlte. Für die Habsburger stand fest: Solange das Reich bestand, war es einer von ihnen, der die Krone trug.

Die echte Alternative stellte demgegenüber erst ein neues Zeitalter dar, dessen Ideen mit den französischen Revolutionsarmeen Verbreitung fanden. Die politischen, sozialen, geistigen und ökonomischen Fundamente des Feudalsystems verschwanden – und damit auch die Grundlagen eines erstaunlich dauerhaften Heiligen Römischen Reiches.

VON AUSTERLITZ NACH KÖNIGGRÄTZ
Nations- und Staatswerdung 1789–1866

*Am 3. Juli 1866 errangen die Preußen (re.) unter Generalstabs-
chef von Moltke über die Österreicher (li.) unter Ludwig von
Benedek den entscheidenden Sieg im preußisch-österreichischen
Krieg. Der auf „ewige Zeiten" geschlossene Deutsche Bund gehörte damit der Vergangenheit an.*

Stürmische Zeiten

Erklärung der Menschenrechte, Abschaffung der feudalen Privilegien, „aufgeklärte Vernunft" statt kirchliche Bevormundung, Republik statt Monarchie, allgemeine Wehrpflicht, politische Mitsprache, „Volkssouveränität", Verfassung, Wahlen, „Liberté, Égalité, Fraternité": Kein Stein blieb auf dem anderen. Unter den wuchtigen Schlägen der Französischen Revolution schien ein seit Menschengedenken bestehendes Gesellschaftsgebäude zusammenzubrechen. Realiter dauerte der Neu- und Umbau länger. Die „Grande Nation" desavouierte ihre hohen Werte durch den Terror der Jakobiner und die Eigeninteressen des Besitzbürgertums. Die demokratisch eingekleidete Militärdiktatur des Korsen Napoleon Bonaparte wandelte sich schließlich vom „Konsulat" zum Kaiserreich.

Aus der Sicht der alten Eliten war es die Machtergreifung der Parvenus: Ein ehemaliger Kadett an der Militärschule von Brienne verteilte als „Empereur" Kronen, Prinzentitel und Marschallstäbe unter Verwandten und Gefolgsleuten. Bonaparte, der Artillerieleutnant von einer eher bedeutungslosen Mittelmeerinsel, Joachim Murat und Jean-Baptiste Bernadotte, Söhne von Wirtsleuten und Kleinstadtadvokaten auf der einen Seite; auf der anderen Alexander I., der russische Zar aus dem alten Geschlecht der Romanows, und Franz II., Oberhaupt des „angestammten Erzhauses", der Donaumonarchie und des „tausendjährigen Heiligen Römischen Reiches". Zwei Welten standen sich Anfang Dezember 1805 bei Austerlitz in Mähren gegenüber. Hier musste eine Koalition europäischer Großmächte neuerlich die Überlegenheit der „Emporkömmlinge" hinnehmen. Russen und Österreicher unterlagen den „Revolutionsgenerälen", die den Habsburgern auf offenem Feld, beim Lagerfeuer, die Friedensbedingungen diktierten. Obwohl Frankreichs Soldaten auch die Ideen von 1789, etwa die Prinzipien des „Code civil", die gesetzliche Garantie von Rechtsgleichheit und persönlicher Freiheit, verbreiteten, empfanden viele die „Marseillaise" nun als imperialistischen Militärmarsch. Unter ihnen wohl auch Kaiser Franz, dem die Sieger in jenen nebligen, feuchtkalten Dezembertagen eröffnet hatten, dass er zahlreiche Territorien, darunter Tirol und Vorarlberg, abzugeben habe.

Nutznießer sollten dabei weniger die Franzosen als vielmehr die mit ihnen verbündeten Herrscher von Bayern, Württemberg und Baden sein. Sie griffen nach den westlichen Besitzungen der Habsburger, ließen sich von Bonaparte zu Königen oder Großherzögen aufwerten und banden sich noch enger an die augenblickliche Hegemonialmacht: Eine Allianz mit dem „korsischen Eroberer", der sogenannte Rheinbund, wurde vereinbart. Die Gründungsmitglieder der Konföderation, denen sich in der Folge noch weitere Staaten anschlossen, erklärten am 1. August 1806 ihren Austritt aus dem Heiligen Römischen Reich. Franz II., der 1804 die Ausrufung Napoleons zum Imperator der Franzosen mit der Annahme des Titels eines „erblichen Kaisers von Österreich" beantwortet hatte, sah keine Zukunft für das bereits arg lädierte Sacrum Imperium. Die Krone besäße ohne das Vertrauen der Kurfürsten und Fürsten keinen Wert, ließ er verlautbaren. Wer noch zu ihm halte, sei seiner Pflichten entbunden.

„Die Ereignisse um 1806 stellen", wie der Historiker Wolfgang Burgdorf meint, „den massivsten Bruch in der deutschen Geschichte vor 1945 dar." (Burgdorf 2) Zählebigen Klischees vom „sang- und klanglosen" Verschwinden des Reiches hält er eine Vielzahl von Reaktionen auf das Ende des Reiches entgegen, aus denen eine tiefe Erschütterung der Zeitgenossen spricht. Nichtsdestoweniger waren die meisten „teutschen" Regenten seit längerer Zeit nur noch auf ihre eigenen Interessen bedacht. Französische Terraingewinne am linken Rheinufer hatten zu einer Entschädigungspolitik geführt, die das Gefüge des alten Imperiums grundlegend veränderte. Mit dem sogenannten Reichsdeputationshauptschluss des Jahres 1803 waren 112 Reichsstände, darunter fast alle geistlichen Fürstentümer, von mächtigeren Monarchen geschluckt worden. Dem Episkopat blieben die kirchlichen Würden. Als Territorialherren hatten die Fürst-Bischöfe ausgedient – ebenso der Kaiser als Schutzpatron des Klerus und der kleineren weltlichen Herrschaften.

Zu den Gewinnern zählten hingegen die Hohenzollern. Die königliche Dynastie vermochte ihren Einflussbereich zu vergrößern, nachdem sie schon früh beschlossen hatte, nicht weiter mit Wien gegen die „Gefahren der Revolution" zu kämpfen. 1795 war es zum Separatfrieden zwischen Berlin und Paris gekommen. „Teutsche Solidarität" suchte man in diesen Tagen vergeblich, Preußen und Österreich gingen getrennte Wege. Der Versuch, dem „Feldherrngenie" aus Korsika militärisch Paroli zu bieten, missglückte danach beiden Mächten. In Verbindung mit Russland und Sachsen erlitt das Hohenzollernkönigreich 1806/07 eine vernichtende Niederlage. Nur knapp der völligen Auflösung entgangen, pflegte es seine Wunden und leitete notwendige Reformmaßnahmen ein. Unter solchen Umständen sah man sich in Berlin außerstande, dem Aufruf des Wiener Hofes an die „deutschen Völker" zum „nationalen Widerstand" Folge zu leisten.

Letztlich musste Österreich gleichfalls die Waffen strecken, und mit ihm die „Freiheitskämpfer" um Andreas Hofer. Speziell dessen Erhebung hatte sich bisweilen wie ein „Krieg der Leitsätze" ausgenommen – eine Konfrontation von sturer Glaubenstradition und aufklärerischem Neuerungseifer, den hauptsächlich die Münchner Regierungsspitzen an den Tag legten. Tirol, seit dem Spätmittelalter beim „Haus Österreich", erhob sich zwar gegen Bonaparte, mehr noch aber gegen die Wittelsbacher, mit denen die Habsburger über Jahrhunderte so manchen dynastischen Streit ausgefochten hatten. Entsprechend fühlten Hofers „Mander": Die Franzosen wurden als Feinde bekämpft, die Bayern, die „Leichenfledderer" im Schlepptau Napoleons, aber gehasst. Von „süddeutscher" Einigkeit war noch weniger zu spüren als von einer „gesamtdeutschen".

Der Bund

Ins Gespräch kamen die großen „Nationalgefühle" erst wieder, als der „Kaiser der Franzosen" vergeblich versuchte, das Zarenreich in die Knie zu zwingen. Mit dem Desaster des Russlandfeldzugs begann der Stern des Aufsteigers zu sinken. Preußen wechselte die Seiten, nach anfänglichem Zögern auch Österreich unter seinem bedeutendsten Staatsmann, dem aus Koblenz stammenden Klemens Wenzel Graf Metternich. In der „Völkerschlacht bei Leipzig" im Oktober 1813 triumphierte das Bündnis der Romanows, Hohenzollern und Habsburger über das napoleonische System. Der „Rheinbund" war damit Geschichte. Die Fähnchen richteten sich nach der neuen Windrichtung aus. Ihre Kehrtwendung erwies sich als profitabel. Rangerhöhungen unter Bonaparte wurden nicht rückgängig gemacht. Bayern blieb beispielsweise ein Königreich, auch wenn es Vorarlberg, Tirol und das bereits zwischen 1805 und 1809 zu Österreich gehörende Salzburg wieder an die Donaumonarchie verlor. Der Münchner Hof bewahrte sich größtmögliche Unabhängigkeit, ebenso andere Fürstenhäuser. Auch die Beseitigung der kirchlichen Territorialherrschaften machte man nicht rückgängig. Säkularisierung und gewisse Reformen in den einzelnen selbstständigen Ländern standen weitgehend außer Diskussion.

Obwohl der Wiener Kongress die Wiederherstellung alter Rechte anvisierte und die gerade gestiftete „Heilige Allianz" eine Partnerschaft der christlichen, vom Gottesgnadentum legitimierten Dynastien betonte, waren die Verhandlungen und Vereinbarungen von 1814/15 also nicht durchgängig von einem restaurativen Geist geprägt. Die neue, maßgeblich von Fürst Metternich geprägte Friedensordnung legte eher den Status quo, nicht den Status quo ante fest. Unter anderem trug man demgemäß dem „teutschen" Partikularismus Rechnung, ohne sich auf historische Legitimationen zu berufen und das Heilige Römische Reich wieder zu begründen.

Das entsprach ganz den habsburgischen Ansichten. Franz, nicht mehr der II. „heilige römische", sondern der I. „österreichische Kaiser", hatte durch seinen neuen Titel keine eigene Staatskonstruktion ins Leben gerufen. Allerdings stand spätestens seit 1804/06 außer Frage, dass der „Monarchia austriaca", den alpen- und donauländischen Besitzungen des „Erzhauses", Priorität eingeräumt wurde. Das „Alte Reich" und die mittelalterliche Universalherrschaft gehörten hingegen der Vergangenheit an. Nostalgie und Romantik mochten sich an Historischem begeistern, in der Realpolitik zählten andere Leitlinien: Das Sacrum Imperium hätte möglicherweise mit strafferen Organisationsformen erneuert werden können, eine Option, die weder von den schwächeren Staaten noch von den Großmächten geschätzt wurde. Mit dem oft bemühten Hinweis auf das Gleichgewicht der Kräfte erachtete man jedes stärkere, von zentralen Regierungsorganen gelenkte Deutschland unter preußisch-österreichischer Führung, wie es Berlin vorschwebte, als wenig wünschenswert.

Metternichs Konzeption, die föderative Lösung der mitteleuropäischen Verfassungsfrage, behielt daher Oberwasser. Mit dem im Juni 1815 geschaffenen „Deutschen Bund" entstand eine Mischform aus Staatenbund und Bundesstaat, ein selbstständiges Völkerrechtssubjekt, das gleichzeitig souveräne, rechtlich gleichgestellte Länder zusammenfasste. Der „Verein freier Fürsten und Städte" gab sich ein Gremium, den in Frankfurt residierenden Bundestag, der als ständige Gesandtenkonferenz unter österreichischem Vorsitz tagte und als wichtige Instanz der politischen Ordnung Europas insgesamt gelten konnte. Abgesehen vom russischen Einfluss und der Tatsache, dass die Habsburgermonarchie und das Hohenzollernkönigreich nur mit Teilen ihres Staatsgebietes zum Bund gehörten, befanden sich unter dessen Mitgliedern auch die Könige von England, Dänemark und den Niederlanden: Sie repräsentierten in Frankfurt ihre deutschen Besitzungen – Hannover, Holstein und Luxemburg.

„Vormärz"

Wie sehr sich das herrschende System dem Status quo verpflichtet fühlte, sollte sich bald zeigen. Nationale und liberale Strömungen hielt Metternich durch strengere Zensur- und Überwachungsmaßnahmen nieder. Diesbezügliche Regelungen hatte er mit preußischer Schützenhilfe in Frankfurt absegnen lassen. Der

„Deutsche Bund" wurde ein Instrument zur Unterdrückung der Einheits-, Verfassungs- und Demokratiebewegung, ein Vorgang, der einer europäischen Tendenz entsprach. In Frankreich kam es zur Einschränkung des Wahlrechts, im Zarenreich etablierte sich die Willkürherrschaft des Ministers Alexander Araktschejew, und sogar das liberalere Staatswesen Großbritanniens ging mit Kavallerieattacken gegen Protestkundgebungen vor. Verglichen mit Zentraleuropa schreckten die Engländer selbst vor drakonischen Strafen selten zurück. Sie sprachen – wenn auch nicht unbedingt aus rein politischen Gründen – wesentlich öfter Todesurteile aus als das „strenge" Preußen. Die Lage radikalisierte sich unterdessen durch ökonomische Krisen. In den 1840er-Jahren wurde etwa Irland wegen Verwaltungsfehlern und der Dynamik des freien Marktes von einer Hungerkatastrophe heimgesucht. Auch aus dem unter den Nachbarstaaten aufgeteilten Polen kamen solche Schreckensnachrichten.

Schlechte Lebens- und Arbeitsbedingungen kennzeichneten den Übergang vom Feudalismus zur Industrialisierung und zur kapitalistischen Wirtschaftsform. Armut ließ sich nicht mehr allein auf Einzelschicksale oder Ausnahmesituationen, auf Krankheit oder Missernten zurückführen. Die Pauperisierung als Massenphänomen war strukturell bedingt und betraf ganze Bevölkerungsgruppen, deren soziale Stellung bislang relativ sicher gewesen war. Handwerker und Kleinbauern verelendeten, ebenso Proletarier und Gewerbetreibende. Niedrige Löhne einerseits, hohe Preise und Steuern andererseits verschärften die Krise. Hinzu kam das Wohnungsproblem in stärker besiedelten Gebieten. Die wachsenden Ballungszentren verzeichneten eine enorme Bevölkerungsdichte – bei steigenden Mieten, selbst für bescheidene Quartiere. Armutsviertel und Hüttensiedlungen entstanden. 1846 lebten etwa 50 Prozent aller Einwohner Preußens am Existenzminimum. In bestimmten Regionen wandelte sich die Verzweiflung in Zorn. Der gewaltsam unterdrückte Aufstand schlesischer Weber erregte Aufmerksamkeit. Tumulte gehörten beinahe zum Alltag.

Hungerrevolten alleine vermochten das Machtgefüge jedoch nicht aus dem Gleichgewicht zu bringen. Bezugspunkt blieben die Ideen von 1789. Die Emanzipationsbewegung einer vor allem bürgerlichen Oberschicht und aufgeschlossenere Vertreter der Aristokratie fanden zusammen. Einst mit Napoleon verbündete „Rheinbundfürsten" gewährten Verfassungen und beschränkte politische Mitbestimmung. Im Hohenzollernreich konferierten die Delegierten des Vereinigten Landtages. Das war noch keine Vertretung des Volkes, sondern das Abbild der ständischen Ordnung. Während Liberale daher mit dem Verweis auf die Unruhe im Land Neuerungen einmahnten, ging den Konservativen der Zusammentritt aller Provinziallandtage fast schon zu weit. Nicht zuletzt der österreichische Staatskanzler Metternich betrachtete die Entwicklung mit Besorgnis, nachdem Preußens Bevollmächtigter beim Bundestag in Frankfurt Bereitschaft zu Veränderungen gezeigt hatte.

Während über Systemkorrekturen, die Sanierung zerrütteter Staatsfinanzen sowie „Wirtschaft- und Geistesfreiheit" verhandelt wurde, verschmolzen Initiativen von Ständerepräsentanten und Reformbemühungen „von oben" mit dem Protest der Straße. Neuerlich blickte man nach Frankreich, wo der Rücktritt des Königs erzwungen und die Republik ausgerufen worden war. Bald befand sich auch Mitteleuropa im Aufruhr. Demonstrationen und Barrikadenaufstände fegten im März 1848 das „System Metternich" hinweg. Der „Vormärz" war vorbei.

REVOLUTION

Schlagartig schienen sich die Hoffnungen der bisherigen Oppositionellen zu erfüllen. Die verbliebenen Elemente der Feudalstrukturen – Grundherrschaft und Patrimonialgerichtsbarkeit, Relikte von Hörigkeit, bisherige Abgaben- und Arbeitspflicht – verschwanden. Die Aufhebung des Untertanenverhältnisses und die „Grundentlastung" bildeten den Kern liberaler Wirtschaftsforderungen in einer immer noch weitgehend agrarisch geprägten Gesellschaft.

Eine Neugestaltung erfuhr das soziale Gefüge darüber hinaus durch politische und rechtliche Zugeständnisse. Mit der Pressefreiheit brach eine wahre Sturzflut an Zeitungen, Zeitschriften und Flugblättern los. In den Druckschriften ging es um nichts Anderes als um die Gesamtkonstruktion des zukünftigen Staatsgebäudes, um die von den Fürstenhäusern zugesagten „Konstitutionen". Auch Deutschland sollte nun ein starkes Fundament anstelle des lockeren Bundes bekommen. Schwarz, Rot und Gold wurden zu Modefarben der Revolutionssaison. Einst Erkennungsmerkmal antinapoleonischer Freikorps, waren sie von nationalen „Turnern" und Burschenschaftern in Ehren gehalten worden. Letztere hatte Metternich in die Schranken gewiesen. Nun zogen sie mit der „deutschen" Trikolore durch die Städte. Am Turm des Wiener Stephansdoms wehte sie ebenso wie am Gerüst der noch unvollendeten Schlosskuppel in Berlin. Preußens König Friedrich Wilhelm IV. versprach, sich fortan ganz der „deutschen Sache" zu widmen. Der Hohenzollernregent trug schwarz-rot-goldene Binden oder Schärpen, und das habsburgische Kaiserpaar legte selbst Hand an, um „den Dreifarb" an einem Fenster der Hofburg zu befestigen. Die österreichische Regierung folgte dem Trend angesichts der nationalen Unabhängigkeitsbewegungen in Italien und Ungarn sowie der tschechischen Absage an das „teutonische Einigungswerk". Böhmen hatte zum alten Heiligen Römischen Reich gehört. Seine slawische Bevölkerung kehrte unter ihren Wortführern nun „Germania" den Rücken zu. Nicht erst ab 1918 war in Wien vom „Anschluss an Deutschland" die Rede. Auch 1848 wollte sich ein verbleibender „Rest" der vom Zerfall bedrohten Donaumonarchie mit dem „großen Bruder" vereinigen.

In dieser Atmosphäre fanden allgemeine Wahlen statt, bei denen die Mehrheit der männlichen Bevölkerung aufgerufen war, durch Wahlmänner das zukünftige gesamtdeutsche Parlament zu bestimmen. In einer Phase weitgehender Desorientierung vertraute man dabei im Wesentlichen bekannten Autoritäten und

lokalen Honoratioren. Die „Nationalversammlung der Deutschen", die schließlich ab dem 18. Mai 1848 in der Frankfurter Paulskirche tagte, erschien unter diesen Bedingungen manchem Beobachter als eine Art gewähltes „Oberhaus".
Um dessen Zukunft stand es von Anfang an schlecht. Die Abgeordneten vertraten unterschiedliche Programme. Weder über das Regierungssystem noch über das Territorium des Staates herrschte Einigkeit. Wohl wählte man einen Habsburger, Erzherzog Johann, zum Reichsverweser; die Ehrenstellung und der Vorrang des „Hauses Österreich" besaßen in Wirklichkeit jedoch nicht einmal Symbolkraft. Das Kaiserhaus, an dessen Spitze Ende 1848 Franz Joseph I. trat, triumphierte mit Hilfe des Militärs schrittweise über Demokraten, Sozialreformer und Separatisten. Vom anschlusswilligen Überbleibsel einer untergehenden Donaumonarchie konnte nicht mehr die Rede sein. Die Bewahrung der österreichischen Eigenstaatlichkeit hatte man in den Wiener Ministerien schon bald wieder zur Causa prima gemacht. Als der Hof und die Generalität, unterstützt von der großen Kontinentalmacht, dem zarischen Russland, wieder fester im Sattel saßen, dominierte neuerlich die Tradition. Ganz inakzeptabel fand man daher den sogenannten „großdeutschen" Vorschlag der Paulskirche, deutsche und tschechische Gebiete der Habsburger in das zu gründende „Reich" aufzunehmen, ihre anderen Länder aber zu einer davon unabhängigen konstitutionellen Einheit zu vereinen. Eine nur noch durch den Monarchen in Personalunion zusammengehaltene Ländermasse widersprach völlig den Vorstellungen des „Erzhauses". Die „Monarchia austriaca" verstanden der junge Monarch Franz Joseph und sein neuer Ministerpräsident, Fürst Felix zu Schwarzenberg, als „festen Block" und Garant althergebrachter Fürstenherrschaft.

Einen „aus Dreck und Letten gebackenen Reif" lehnte indes Friedrich Wilhelm IV. ab. Auch er sah sich durch historische Rechte und himmlische Gewalten legitimiert, als Frankfurter Delegierte nach Berlin kamen und eine deutsche Kaiserkrone offerierten.

Unter Preußens Führung das „Reich" zu begründen, erwies sich vorläufig als unmöglich. Diese „kleindeutsche" Lösung – ohne Österreich – war nach Ansicht der Hohenzollern und ihrer Berater eine Angelegenheit der Hocharistokratie und speziell der durch göttliche Gnade gekrönten Häupter. Ihnen sollte die „Einheit Germaniens" anvertraut werden – und nicht den „Volksvertretern", den „Mensch-Esel-Hund-Schweine- und Katzen-Deputationen", so Friedrich Wilhelm gegenüber seinen Verwandten. (Clark 566) Die Nationalversammlung von Frankfurt unterlag den neuen Kräftekonstellationen. Nach der „Auflösung der Paulskirche" sprengte das Militär ein Rumpfparlament in Stuttgart.

Ein Freund Friedrich Wilhelms, Joseph von Radowitz, war nun berufen, Unionspläne – „engere" und „weitere", ohne und mit Österreich – auszuarbeiten. Die alte Dynastenrivalität kehrte auf die politische Bühne zurück. Bayern, Württemberg, Sachsen und Hannover misstrauten einem erstarkenden Preußen. Fast wäre es aufgrund eines lokalen Konfliktes zum Krieg zwischen den Herrscherhäusern gekommen, bevor 1851 der „Deutsche Bund" wiederhergestellt wurde.

Wien gab noch einmal die Linie vor. Seine Rückwärtsgewandtheit bekamen die Völker der Donaumonarchie ebenfalls zu spüren. Obwohl sie sich kooperationsfähig zeigten und ihre Verständigungsbestrebungen in einer gemeinsamen Verfassung gipfelten, verwarf Fürst Schwarzenberg das Ausgleichswerk. Ab 1852 agierten Franz Joseph und seine Minister frei von allen Zusagen und gesellschaftlichen Bindungen. Die Habsburger steuerten einen neoabsolutistischen Kurs, während die Hohenzollern eine oktroyierte Konstitution im konservativen Geist revidierten und „immerhin" ein ungleiches Dreiklassenwahlrecht zuließen. Angestammte Fürstengeschlechter verteidigten im Verband mit Bürokratie und Generalität solcherart ihre Positionen besser als zunächst erwartet. Reformträume platzten, Umsturzpläne scheiterten. Gegensätze zwischen den nationalen und demokratischen Kräften trugen zur weitgehenden Niederlage der Revolution gleichermaßen bei wie die Eigeninteressen verschiedener Gesellschaftsschichten in ganz Europa. Die Ereignisse im Gefolge von 1848 dienten schließlich als Anschauungsmaterial für die Klassenkampftheorien von Karl Marx und Friedrich Engels.

MACHTVERSCHIEBUNG

Die internationale Lage begünstigte kurzfristig Österreich. Russland hatte maßgeblichen Anteil an der Niederschlagung des ungarischen Aufstandes. Der Zar als Retter des Habsburgerthrones hielt gleichzeitig Berlin in Schach, gegen dessen Machtzuwachs sich auch andere Staaten wie Schweden, Frankreich und Großbritannien zur Wehr setzten.

Gerade London war jedoch bereits früher entscheidend daran beteiligt gewesen, die Position des Hohenzollernkönigreiches nachhaltig zu verbessern. Ihm hatten die Engländer nach dem Rückzug der „Casa d' Austria" aus Belgien die Kontrollfunktion an der Nordostgrenze Frankreichs zugedacht. Mit dem Wiener Kongress erhielt Preußen nicht bloß die nördliche Hälfte Sachsens und den schwedischen Teil Vorpommerns inklusive der Insel Rügen. Es gelangte auch in den Besitz eines breiten Landstreifens, der sich von Hannover im Norden und Osten bis zu den Niederlanden und Frankreich im Westen und Süden erstreckte. Für Berlin begann damit die „Wacht am Rhein" und, mindestens ebenso wichtig, eine bedeutende Machtverschiebung auf dem Territorium des früheren Heiligen Römischen Reiches: Während sich das Herrschaftsgebiet der Hohenzollern innerhalb des Deutschen Bundes vergrößerte, lag das Schwergewicht der Donaumonarchie außerhalb davon.

Wien verschlechterte indes seine Lage auf dem diplomatischen Parkett. Auslöser war der Krimkrieg, in dessen Verlauf zwischen 1853 und 1856 das expandierende Zarenreich auf die Türkei, Frankreich und Großbritannien traf. Die k.k. Regierung hielt dabei die Westmächte auf Distanz, drohte aber Russland sogar mit dem Krieg. Ohne neue Allianzen zu schmieden, stieß sie bisherige

Verbündete vor den Kopf. In Sankt Petersburg sprach man mit Blick auf die Waffenhilfe in den Jahren 1848/49 vom „Undank" Österreichs.

Indes bestand ungeachtet der Spannungen am Balkan noch keine existenzielle Feindschaft zwischen dem Habsburger- und dem Romanowimperium. Ausgerechnet Russland, dessen eigenes Konfliktmanagement durchaus zu wünschen übrig ließ, beklagte die mangelnde Bereitschaft Franz Josephs, Differenzen durch internationale Vermittlung beizulegen. Der Vorwurf bezog sich insbesondere auf die Auseinandersetzungen in Italien, wo die österreichische Hegemonie 1859 zusammenbrach. Die k.k. Heeresverbände verloren bei Magenta und Solferino gegen vereinte französisch-piemontesische Streitkräfte die Lombardei. Die dramatischen Ereignisse riefen Berlin auf den Plan, das folgendes Angebot unterbreitete: Sollten die Habsburger ein preußisches Kommando über die nichtösterreichischen Bundeskontingente akzeptieren, sei man zur militärischen Rückendeckung bereit. (Clark 584) Der Vorschlag drängte Franz Joseph zu raschen Verhandlungen mit dem Feind. Territoriale Zugeständnisse an den Gegner erschienen erträglicher als ein dominantes Preußen. Wien dachte in dieser Hinsicht nicht anders als Paris. Man beendete die Kampfhandlungen, schloss Frieden und brachte auf Kosten der Donaumonarchie den italienischen Einigungsprozess in Schwung.

Das Berliner Kriegsministerium befasste sich zur selben Zeit mit einer Heeresreform, die in den kommenden Jahren zu einer Belastungsprobe sowohl für die Krone als auch für den Landtag werden sollte. Die Abgeordneten lehnten entsprechende Gesetzesvorlagen ab, worauf der damalige König, Wilhelm I., mit dem Gedanken spielte, abzudanken. Ein energischer Ministerpräsident half dem Hohenzollernregenten in der verfahrenen Situation aus der Klemme. Seine Bereitschaft, notfalls auch gegen Konstitution und Volksvertreter zu regieren, rettete Wilhelm den Thron und ermöglichte letztlich auch die Stärkung des Militärs. Der entschlossene Premier stand von nun an im Mittelpunkt des Interesses: Otto von Bismarck sollte den Weg zum neuen „Deutschen Reich" gestalten.

POTENZIALE

„Nicht durch Reden und Majoritätsbeschlüsse werden die großen Fragen der Zeit entschieden", meinte Bismarck, „sondern durch Blut und Eisen." (zit. nach Allinson 24) Die bedrohlichen Worte konnten gerade in Wien ihre Wirkung keinesfalls verfehlen. Der neue starke Mann in Berlin sah die deutsche Einheit nicht als Werk friedlicher demokratischer Beratungen, sondern als Resultat einer – falls nötig – gewaltsamen Konfrontation mit möglichen Rivalen, allen voran der Donaumonarchie, der anderen Führungsmacht im Deutschen Bund.

Otto von Bismarck achtete dabei genau auf die Interessen des Hohenzollernstaates, der für große Anstrengungen und ambitionierte Ziele von Jahr zu Jahr besser gerüstet schien. Verglichen mit dem Habsburgerreich stiegen die Rüstungsausgaben wesentlich schneller. Gleiches galt für die Staatseinnahmen. Die Industrialisierung schritt unter Wilhelm I. rascher voran als unter Franz Joseph I. Nicht zuletzt das Ausmaß der Rohstoffgewinnung und das Voranschreiten des Eisenbahnbaus belegten die Diskrepanz zwischen den beiden größten Machtblöcken des Deutschen Bundes.

Bei genauerer Betrachtung zeigten sich jedoch enorme regionale Unterschiede. Vor allem in der Donaumonarchie verzeichnete man ein beträchtliches Gefälle zwischen den Potenzialen der Kronländer. Insgesamt dürften Vor- und Nachteile in den einzelnen Sektoren der preußischen und österreichischen Wirtschaft einander eher die Waage gehalten haben. Industrielle Ressourcen fielen bei einem kommenden Kräftemessen in der näheren Zukunft daher weniger ins Gewicht als Diplomatie und Motivation, Strategie und Militärkultur.

Noch diktierten allerdings nicht die Generäle, sondern die Politiker das Geschehen. Da aber auch sie seit längerer Zeit über

Wirtschaftsfragen stritten, mochte in der Öffentlichkeit der Eindruck entstehen, die Ökonomie bestimme die Entwicklungen. Der am 1. Jänner 1834 in Kraft getretene Deutsche Zollverein umfasste die Mehrzahl der Deutschen, die außerhalb Österreichs lebten. Das roch nach einer Hegemonie Berlins. Im Wiener Handelsministerium unter Karl Ludwig von Bruck zielte man auf den Beitritt der gesamten Donaumonarchie, die speziell in der Textilbranche die Nase vorne hatte. Herausgefordert sah sich zudem die ostelbische Landwirtschaft von der ungarischen Agrarproduktion, während umgekehrt die Industrie des Habsburgerreiches vom wirtschaftlichen Anschluss ebenso wenig hielt wie Preußen. Eine „großdeutsche" Lösung blieb außer Reichweite. Lediglich Kompromisse konnten erzielt werden – etwa die Meistbegünstigungsklausel, die den beiden Riesen im Deutschen Bund untersagte, Drittstaaten bei künftigen Verträgen günstigere Bedingungen zu gewähren.

Dem Königreich der Hohenzollern nutzten bei der Konfrontation mit dem Habsburgerreich ökonomische Faktoren seltener als politische. Wichtig war deshalb vor allem, dass Wilhelms Minister als Protagonisten einer gesamtdeutschen Politik auftraten. Eine starke Bundesstruktur entsprach ihren Vorstellungen. Österreich musste reagieren.

FÜRSTENTAG

In Bad Gastein versammelte sich 1863 Macht und Prominenz. Wilhelm I. weilte zur Kur in den Alpen, in seinem Windschatten Otto von Bismarck, stets bemüht, seinen Monarchen vor Unannehmlichkeiten zu schützen. Aus der Sicht des preußischen Premiers waren die „Vorsichtsmaßregeln" mehr als angebracht. Vor Ort tauchte nämlich ausgerechnet der österreichische Kaiser auf. Franz Joseph wollte mit seinem „Kollegen", dem Hohenzollernkönig, unter vier Augen über die Querelen zwischen Wien und Berlin reden. Die Solidarität der Dynasten, meinte der absolutisch regierende Habsburger, könnte mehr erreichen als Minister- oder Delegiertenkonferenzen, gerade in Bezug auf den Deutschen

Bund, den es zu reformieren gelte: An dessen Spitze solle ein aus fünf Fürsten bestehendes Direktorium treten, flankiert von beratenden Organen, einer Art Oberhaus, einem föderativen Gremium der Souveräne und Städte, und einem Unterhaus der von den Landesparlamenten bestimmten Bundesabgeordneten. Das wenig fortschrittliche Modell offerierte Franz Joseph nicht ohne Charme. Mit eleganten Redewendungen lud der österreichische Herrscher dazu ein, in Frankfurt über den Vorschlag zu befinden. Der umschmeichelte Preußenkönig schien zu wanken. Sein Ministerpräsident zeigte sich jedoch ungerührt. Was am Main geplant sei, urteilte Otto von Bismarck, sei eine „Schaumwelle". Statt der flauen Umstrukturierung im autoritären Stil empfahl er ein aus direkten Wahlen hervorgehendes Nationalparlament. Der Junker Bismarck, selbst kein Liberaler, wie insbesondere die Verfassungskrise im Hohenzollernstaat bewiesen hatte, figurierte als Fürsprecher der Demokratisierung. Das Hauptziel aber war, Preußen vom Habsburgerreich fern zu halten.

Franz Joseph bestand trotzdem auf seinem Vorhaben. Eine jubelnde Menge empfing ihn mit der schwarz-rot-goldenen Fahne in der festlich geschmückten Konferenzstadt Frankfurt. Galadiners, Bankette und Empfänge folgten, schließlich ein Feuerwerk und ein böses Omen: Das „Riesengestell einer Germania mit dem Schwert in der Rechten", die „im Lichterglanz erstrahlen sollte", fing Feuer „und sank krachend in sich zusammen". (Lutz 443)

Die Tagung verlief entsprechend. Der habsburgische Kaiser im weißen Rock eines österreichischen Generals präsidierte eine eindrucksvolle Fürstenversammlung, die mit tiefem Schweigen die Abwesenheit Wilhelms I. zur Kenntnis nahm. So wollte man sich nicht abspeisen lassen. Eine 30 regierende Herren umfassende Delegation unter der Leitung des Königs von Sachsen war deshalb bestrebt, den in Baden-Baden befindlichen Hohenzollernherrscher zu den Gesprächen einzuladen. Bismarck hatte alle Hände voll zu tun, um Wilhelm auf seiner Linie zu halten. Schließlich konnte er einen Brief aufsetzen, der, wie er schrieb, „30 lange Nasen für

Frankfurt enthielt". An einen Sonderbund mit Wien, aber ohne Berlin, dachte keiner der Mittelstaaten. Franz Josephs Vorstoß war gescheitert, und Bismarck kommentierte trocken: Die Abgesandten bemühten sich vergeblich, „unserem Herrn in aller Liebe die österreichische Schlinge" überzuwerfen. (zit. nach Lutz 445)

ZWEI HERZOGTÜMER

Im Gegenzug gelang es Otto von Bismarck bald, Österreich „die preußische Schlinge" um den Hals zu legen. Die Gelegenheit bot sich, als in Kopenhagen das Oldenburger Königsgeschlecht ausstarb, mit Christian IX. eine neue Dynastie den Thron bestieg und durch geänderte Verfassungsbestimmungen das Herzogtum Schleswig dem dänischen Gesamtstaat einverleibt werden sollte. Nationale Gefühle spielten fortan eine ebenso wichtige Rolle wie frühere Absprachen: Die Erbregelung über männliche oder weibliche Nachfahren wurde zum Konfliktpunkt. Ebenso die Tatsache, dass das gemischtsprachige Schleswig – bisher unter der Oberhoheit der Oldenburger Monarchen – „auf ewig ungeteilt" mit dem „rein deutschen" Herzogtum Holstein verbunden war. Die geplante Trennung der beiden Gebiete rief eine Welle der Empörung hervor. Nationaldeutsche Kreise verlangten die völlige Loslösung der Elbherzogtümer, wo ihrer Meinung nach das erbberechtigte Haus Augustenburg künftig herrschen sollte. Dessen Exponent, Prinz Friedrich, zierte sich auch nicht lange und forderte die umstrittenen Territorien für sich.

Von allen Seiten wurde damit eine internationale Vereinbarung aus dem Jahr 1852 torpediert: Das sogenannte Londoner Protokoll sah die Personalunion Dänemarks mit dem „unteilbaren" Schleswig-Holstein und den Verzicht der Augustenburger vor. Speziell Christian IX. – als Landesherr in Holstein auch Mitglied des Deutschen Bundes – geriet unter Beschuss. Dass er auf innenpolitischen Druck hin bestehende Reglements missachtete, wertete man in Frankfurt als Völkerrechtsbruch. Ansonsten ließ sich von der Stadt am Main aus wenig bewegen. Die Londoner

Übereinkünfte, denen sich Großbritannien, Frankreich, Russland, Schweden und Norwegen anschlossen, hatten nicht die Bundesmitglieder in ihrer Gesamtheit, sondern lediglich Preußen und Österreich mitgetragen.

Hohenzollern- und Habsburgertruppen waren es dann auch, die in einem kurzen Waffengang von Februar bis August 1864 den dänischen „Friedensbrecher" aus dem Feld schlugen. Gemeinsam besetzten sie Schleswig-Holstein – sehr zum Missfallen der anderen deutschen Länder. Diese verurteilten den Alleingang der „Großen" als „prinzipienlose Politik", als Abkoppelung vom „Bundesrecht". Dessen ungeachtet setzten Berlin und Wien weiter auf bilaterale Lösungen. In Bad Gastein einigten sich Otto von Bismarck und Graf Blome als Repräsentant der Donaumonarchie am 14. August 1865 auf eine Teilung des okkupierten Gebietes. Preußen erhielt Schleswig, Österreich Holstein.

Von einer Konsolidierungsphase konnte allerdings keine Rede sein. Die k.k. Kommanden ließen die Augustenburger Partei für ihre Besitzansprüche werben, obwohl Preußen Appetit auf beide Elbherzogtümer verspürte. Welche Zweifel Otto von Bismarck auch haben mochte, ab diesem Zeitpunkt arbeitete er auf die militärische Konfrontation hin. Seinen Worten entsprechend, sollten nun „Blut" und das zu Waffen geschmiedete „Eisen" entscheiden.

Der Gegner, das Habsburgerreich, wurde von Preußen diplomatisch eingekreist. Berlin suchte eine Verständigung mit Sankt Petersburg. Speziell in der polnischen Frage kam man sich näher. Der Zar, seit dem Krimkrieg auf Distanz zu Franz Joseph und seinen Ministern, stand Bismarck nicht mehr im Weg. Während dieser von Frankreich mittels Absprachen zumindest Neutralität erwarten konnte, gelang ihm sein größter Coup durch das militärische Bündnis mit Italien. Dort ließen sich Teile der k.k. Streitkräfte binden.

Der Kaiser in Wien schlitterte in einen Zweifrontenkrieg, nachdem er zwei interessante Kaufangebote abgelehnt hatte. Sowohl Preußen als auch das Appeninenkönigreich offerierten gutes

Geld für den Erwerb Holsteins, Venetiens und „Welschtirols". Bald musste Österreich die Gebiete zu einem wesentlich höheren „Preis" abtreten.

Den unmittelbaren Anlass für den militärischen Schlagabtausch gaben aber wieder die Elbherzogtümer. Die früheren Bündnispartner im Dänischen Krieg waren nach Meldungen über italienische Truppenbewegungen bereits mit Mobilmachungsmaßnahmen beschäftigt, als Österreich die Entscheidung über die schleswigholsteinische Frage dem Deutschen Bund überließ und die Ständeversammlung in Holstein einberief. Dort marschierten daraufhin preußische Truppen ein. Den Bruch der „Gasteiner Konvention" vom August 1865 warfen einander nun beide bisherigen Vertragspartner vor. In Frankfurt hielten die Delegierten der kleineren und mittleren Staaten zu Österreich, während der preußische Gesandte den Bundesvertrag für „gebrochen" und „erloschen" erklärte. Die Streitparteien sahen sich auf dem Schlachtfeld wieder.

DIE ENTSCHEIDUNG

Sommer 1866: Das maritime Italien musste eine schwere Schlappe hinnehmen. Seine modernen Panzerfregatten unterlagen bei der dalmatinischen Insel Lissa einer österreichischen Flotte. Der Seesieg der Landmacht Österreich blieb als „ruhmvoller Abgesang" ohne Auswirkung in Erinnerung. Obwohl auch Erzherzog Albrecht eine italienische Übermacht bei Custozza schlug und nach Süden abdrängte, wurden aus habsburgischer Sicht die Früchte des Sieges und damit das vom Feind beanspruchte Venetien in Böhmen verspielt. Hier suchte die Hohenzollernarmee die Entscheidung.

Den Preußen, auf deren Seite einige Länder Mittel- und Norddeutschlands in den kaum sieben Wochen dauernden Krieg zogen, stellte sich eine zahlenmäßig überlegene Koalition entgegen. Zur Donaumonarchie hielten neben kleineren Bundesmitgliedern Bayern, Württemberg, Baden, Sachsen, Hannover, Kurhessen und Hessen-Darmstadt. Das klang imposant, erwies sich in der Praxis aber als ineffektiv. Die Koordination war vollkommen desolat. Truppen der Wittelsbacher wollten keinen gemeinsamen Operationsplan akzeptieren. Sie blieben eher defensiv, ebenso wie die Württemberger. Andere Verbündete des Habsburgerreiches schaltete der Gegner währenddessen rasch aus. Wilhelms Truppen, dirigiert von Generalstabschef Helmuth von Moltke, konnten sich hauptsächlich auf die k.k. Streitmacht und schwächere sächsische Einheiten konzentrieren.

Am regnerischen Morgen des 3. Juli 1866 begann schließlich eine über 17 Stunden dauernde Entscheidungsschlacht, bei der sich annähernd gleich starke Armeen mit jeweils rund 250.000 Mann zwischen der Festung Königgrätz an der Elbe und dem böhmischen Dorf Sadowa erbittert bekämpften. Im Nachhinein konnte eine Reihe von ausschlaggebenden Faktoren festgehalten werden. Das preußische Zündnadelgewehr, der Hinterlader, mit dem mehr Schüsse pro Minute aus der sicheren Deckung abgegeben werden konnten, triumphierte über den an und für sich zielgenaueren, über eine größere Reichweite verfügenden Vorderlader der Österreicher. Auch deren präzise Artillerie richtete wenig aus. Schnelligkeit und Feuerkraft der Infanterie waren wichtiger. Ebenso zählten Befehlsstrukturen, Disziplin und Gehorsam, Faktoren, um die es im multiethnischen Habsburgerheer nicht zum Besten bestellt war.

Hinzu kamen strategische Überlegungen. Der Oberkommandierende, Ludwig von Benedek, sagte deshalb für seine Verbände bereits am 1. Juli eine „unvermeidliche Katastrophe" voraus. Moltke hatte die Hohenzollernarmee in kleinere Einheiten aufgeteilt. Getrennt sollten sie marschieren, um – in letzter Minute – vereint zuzuschlagen. Da die Distanz zwischen den Spitzen der preußischen Kolonnen schon Ende Juni nur noch 50 Kilometer betrug, sah Benedek keine Chance für ein operatives Vorgehen. Trotzdem hielten sich seine Truppen gut. Wilhelm I., hoch zu Ross im Kampfgetümmel, musste mit ansehen, wie sich das Schlachtenglück beinahe den Soldaten der Donaumonarchie zuwendete. Weniger beunruhigt registrierte Moltke das rechtzeitige Eingreifen seiner 2. Armee unter dem Befehl des Kronprinzen Friedrich Wilhelm. Benedeks Korps vollzogen einen verlustreichen Schwenk. Etwa 50.000 Tote, Verwundete und Gefangene, davon mehr als 40.000 aus den Reihen der k.k. Streitkräfte, waren zu beklagen. An der vollständigen Niederlage der Österreicher bestand kein Zweifel. In der Wiener Hofburg erfuhr man noch in den Abendstunden von den Ereignissen. Das „Erzhaus" bot ein Bild tiefster Niedergeschlagenheit und ungehemmten Zorns. Kaiserin Elisabeth, eine gebürtige Wittelsbacherin, schimpfte auf gut Bayerisch über die „Saupreußen".

Während sie vor allem den „vermaledeiten" Hohenzollernkönig verfluchte, schlüpfte ihr Gemahl Franz Joseph in die Galauniform. Für ihn galt es, den Schaden zu begrenzen. Andere besiegte Fürsten Deutschlands waren zu empfangen. Erzherzog Albrecht bekam den Befehl, Venetien zu räumen. Das Gebiet erhielt später über französische Vermittlung ein militärisch geschlagenes Italien, welches durch das Bündnis mit Berlin politisch auf der Siegerseite stand. Eine diplomatische Offensive mit deutlich internationalem Charakter hatte eingesetzt. Hauptsächlich Paris, das vorher zwischen beiden Streitparteien laviert hatte, wurde aktiv.

Gegen eine weitere Stärkung Berlins drängte man auf einen raschen Frieden, ein Ansinnen, das Otto von Bismarck durchaus teilte. Im Gegensatz zu Wilhelm und vielen preußischen Militärs wollte er überdies Österreich nicht durch zusätzliche Gebietsabtretungen demütigen. Sein Ziel war die Vollannexion von Schleswig-Holstein, Hannover, Kurhessen, Nassau und Frankfurt. Vor allem aber zwang er die Donaumonarchie, der Auflösung des Deutschen Bundes und der Schaffung eines Norddeutschen Bundes zuzustimmen, dem alle deutschen Gebiete nördlich des Mains angehören sollten.

Franz Joseph persönlich musste Bismarck dazu gar nicht mehr richtig drängen. Unter dem Eindruck der Niederlage von

Königgrätz schrieb ein erboster habsburgischer Kaiser Ende Juli 1866 seiner Gattin „Sisi": „Aus Deutschland treten wir jedenfalls ganz aus, ob es verlangt wird oder nicht, und dieses halte ich nach den Erfahrungen, die wir mit unseren lieben deutschen Bundesgenossen gemacht haben, für ein Glück für Österreich." (zit. nach Lutz/Rumpler 225)

ENTZWEIT UND VERBUNDEN
Hohenzollernreich und
Habsburgermonarchie 1866–1914

Nicht alle Deutschösterreicher schafften den Spagat zwischen deutsch und österreichisch, zwischen nationalem Selbstverständnis und supranationaler Idee, die dem Wesen der Donaumonarchie zugrunde lag. Die Bündnispartner vor dem Ersten Weltkrieg, Wilhelm II. und Franz Joseph I., personifizierten solcherart ein ambivalentes Verhältnis.

TRENNUNGSSCHMERZEN

Den ersten Jahrestag der Schlacht bei Königgrätz beging man in Berlin, wie die „Neue Freie Presse" schrieb, „feierlich", in Wien hingegen „mit stillem Schmerze". (Neue Freie Presse, 4.7.1867) Der auf „ewige Zeiten" geschlossene Deutsche Bund gehörte seit August 1866 der Vergangenheit an. Sein Ende „unter den preußischen Marschstiefeln" nahm Österreich seine Funktion „als Hüter nicht nur des europäischen und deutschen, sondern insbesondere des innerösterreichischen Gleichgewichtssystems". (zit. nach Gruner 43) Der 1867 gegründete Norddeutsche Bund nahm bereits in seiner Bezeichnung vorweg, wer ihm nicht angehörte. In Österreich saß der Schock über den „Hinausschmiss" aus Deutschland tief. Ein Jahr nach Königgrätz waren die Folgen der Niederlage noch nicht einmal im Ansatz überwunden. Die Deutschen der Habsburgermonarchie „reagierten zutiefst verstört, als sie feststellten, daß sie in einem ‚Vielvölkerreich' existieren mußten", in dem sie sich und ihre Rechte bedroht sahen. (Rumpler, Chance 403) Man sei von nun an, so wurde befürchtet, einem „permanenten Kampfe mit der magyarischen und der slavischen Politik ausgesetzt, dem Slawismus zur Beute gelassen". (zit. nach Haider 209) Mit der Identitätskrise der Deutschösterreicher, die sich als Folge von 1866 in einer Art Zwangsgemeinschaft mit den anderen Völkern des Habsburgerreiches empfanden, ging also auch die Angst vor Herabstufung, ja Vernichtung einher. Nichtsdestoweniger sicherte der sogenannte Ausgleich des Jahres 1867 den Deutschen in Cis- und den Magyaren in Transleithanien die Vorherrschaft. Einen dem ungarischen Beispiel ähnlichen Ausgleich mit den Tschechen zu erreichen, war 1868 gescheitert. Die Donaumonarchie sah sich indes mit weiteren einschneidenden Veränderungen konfrontiert. Ins Jahr 1867 datiert auch die für die westliche Reichshälfte der nunmehrigen k.u.k. Monarchie geltende Verfassung, die den „Volksstämmen" Gleichberechtigung versprach und ihnen ein „unverletzliches Recht auf Wahrung und Pflege" ihrer „Nationalität und Sprache" einräumte. Lösen ließ sich der Nationalitätenkonflikt der kommenden Jahrzehnte auf dieser Grundlage jedoch nicht, und die Angst der Deutschösterreicher, trotz ihrer Sonderstellung an Terrain zu verlieren, blieb bestehen. Bereits die Bestellung eines Ministers nichtdeutscher Herkunft wurde vor diesem Hintergrund als Bedrohung empfunden.

Von Verunsicherung gekennzeichnet blieben indes auch die Versuche einer Synthese von Deutsch- und Österreichertum. Die Klagen über die „Katastrophe" von 1866 wollten nicht verstummen. Andererseits erfüllte man die widerwillig erworbene „Doppelidentität" mit Inhalten, die die Deutschösterreicher mit ihrem Schicksal versöhnen sollten. Das „wahre Deutschtum", hieß es, habe sich nach Österreich verlagert. Dessen „welthistorische Mission" bestehe im „Kampf der deutschen Cultur" gegen den von Russland ausgehenden „Panslawismus". (zit. nach Haider 213) Über Königgrätz hinweghelfen sollte auch der Verweis auf ein „diktatorisches" Preußen, während demgegenüber „wenigstens in einer Hälfte" der Monarchie „das Morgenroth der echten verfassungsmäßigen Freiheit" angebrochen sei. (Neue Freie Presse, 4.7.1867)

Unterschiedliche Reaktionen rief dann der 1870 ausgebrochene deutsch-französische Krieg hervor. In der Wiener Presse überwog wohl die Sympathie für den ehemaligen Gegner. Über die Schützengräben von Königgrätz hinweg wirkte die auch in Hinkunft oft beschworene Verbundenheit mit den „Stammesbrüdern". Rechtfertigung für diese Haltung lieferte nicht zuletzt die Formel vom „guten" Deutschen, der gleichzeitig ein „guter" Österreicher sein könne. Diese Kombination brachte eine durchaus tragfähige Staatsloyalität hervor. Der in hohem Maße auf die Figur des Kaisers beziehungsweise die Habsburgerdynastie an sich zugeschnittene österreichische Patriotismus sei jedoch, meinen manche, „von oben verordnet" worden, und, so sehr man sich darum bemühte, dass er nicht ins Nationale abdriftete, „deutsch" gewesen. (Haider 223) Andererseits gelang es durchaus, „das Österreichische" entsprechend zu betonen. So wurde beispielsweise in den 1880er-Jahren die Gegenspielerin des Preußenkönigs Friedrich des Großen, die Habsburgerin Maria Theresia, erfolgreich als „Inkarnation" des „österreichischen Patriotismus aufgebaut". (Hamann, Rudolf 349) Dieser Umstand verweist aber erst recht auf die Schlüsselstellung der Dynastie als „einziger echter Integrationsfaktor des Reichs". Den „Herausforderungen des Zeitalters des Nationalismus" war diese Konstruktion allerdings auf lange Sicht nicht gewachsen. (zit. nach Gruner 40)

Nicht alle Deutschösterreicher schafften den Spagat zwischen deutsch und österreichisch, zwischen nationalem Selbstverständnis und supranationaler Idee, die dem Wesen der Donaumonarchie zugrunde lag. Optimistische Beobachter vertrauten jedoch darauf, dass im Zweifelsfall „das Österreichische" Oberhand behalten werde. Eine deutschnationale Partei hielten sie für „ein Unglück". (Haider 228) Manche aber gebärdeten sich 1870 angesichts der militärischen Erfolge der Hohenzollern gegen die Franzosen ganz in diesem Sinne und regelrecht begeistert. Vor allem die Burschenschaften taten sich hier hervor. Längst schon waren einige von ihnen ins Lager Preußens übergegangen. Sie bejubelten dessen triumphalen Sieg über Frankreich frenetisch, ohne das Dilemma der Doppelidentität zu empfinden. Österreich stellte keine Kategorie dar. Andere beobachteten den Lauf der Dinge zähneknirschend. Franz Josephs Mutter, die gebürtige Wittelsbacherin Sophie, sah es geradezu mit Verbitterung, dass Sachsen und Bayern so mutig an Preußens Seite fochten. Andererseits hatte Österreich sich 1866 nach dem verlorenen Krieg nicht um seine ehemaligen Verbündeten gekümmert. Dass sie jetzt für Preußen kämpften, durfte so gesehen nicht allzu sehr enttäuschen oder überraschen. Doch die Erzherzogin hatte offenbar immer noch darauf gehofft, Königgrätz könne „rückgängig gemacht werden". (Hamann, Die Habsburger 226f.) Als sich vier Jahre später eine Gelegenheit hierzu auftat, konnte sich Franz Joseph allerdings zu keinem erneuten Waffengang durchringen. Außerdem steckte die Armee des Vielvölkerreichs gerade in einer Umstrukturierung, ein Umstand, der ebenfalls gegen eine Beteiligung am Konflikt sprach. Der Sohn des

habsburgischen Regenten, der 1870 erst zwölfjährige Kronprinz
Rudolf, sollte es später als entscheidenden Fehler bezeichnen, dass
die k.u.k. Monarchie damals nicht Partei für Frankreich ergriffen
und sich offen gegen Preußen gestellt hatte. Auch andere Habsburger hätten es lieber gesehen, wenn auf diese Weise Rache für
Königgrätz geübt worden wäre. Das Verhältnis des Herrscherhau-
ses zum „deutschen Bruder" oszillierte zwischen Hass, bemühter
Korrektheit und nicht zuletzt Wehmut. Rudolfs Schwester etwa,
Marie Valerie, sinnierte 1889 über ein deutsches Vaterland, das ihr
fremd geworden sei, und betrachtete „dieses Ausgeschlossensein"
als „Unglück". Andererseits hatte sie durchaus Empfindungen eines österreichischen Patriotismus bei sich festgestellt, fragte sich
gleichzeitig aber, wie lange man noch auf diese Weise fortbestehen
müsse. (Rumpler, Österreich-Ungarn 228)

Zu diesem Zeitpunkt lag das „Trauma" von Königgrätz bereits
mehr als 20 Jahre zurück, und das neue Deutschland hatte seitdem keinerlei Hoffnungen auf eine gemeinsame Zukunft mit den
Deutschen Österreichs genährt. Ein Zusammengehen mit Letzteren erachtete Otto von Bismarck geradezu als Absurdität, da er
im Anschluss des „sogenannten Deutschösterreichs mit seinen
Tschechen und Slovenen" lediglich eine zersetzende Wirkung auf
die angestrebte Einheit der Deutschen erkennen wollte. So stand
bereits vor der deutschen Reichsgründung 1871 fest, dass, wie Marie Valerie geschrieben hatte, „dieses Ausgeschlossensein" kein
wirklich zu ändernder Zustand sein würde. Dabei hatten die großdeutschen Gegner Preußens geglaubt, der Ehrgeiz der Hohenzollern gelte nun auch dem 1866 geschlagenen Österreich, denn – so
hieß es – „ohne Wien sei Deutschland nicht komplett". (zit. nach
Höbelt, Franz Joseph 38)

WEICHENSTELLUNGEN

Im Jänner 1871 war im Spiegelsaal von Versailles das deutsche
Kaiserreich ausgerufen worden. Schon Wochen vor diesem historischen Akt berichtete die Wiener Presse ausführlich über die

„deutsche Einigung", die sich unter Führung Preußens vollzog. Etwas spöttisch kommentierte man die bevorstehende Kür des Preußenkönigs Wilhelm zum künftigen Kaiser. Diesem „Heerfolge zu leisten", würde nun den deutschen Fürsten weniger schwer fallen als vorher dem König von Preußen. Das Blatt spielte hier auf Differenzen an, die den Einigungsprozess begleitet hatten. Es sei jedoch „merkwürdig", wurde ergänzt, dass die „ehrgeizigen" Hohenzollern, die das Deutsche Reich „durch Auflehnung" zugrunde gerichtet hätten, es nun wiederherstellten. Überdies habe deren Politik zuerst „das Kaiserthum und später den deutschen Bund" zerstört. Nun aber, gab man sich verwundert, wolle Preußen „das eine wie den anderen wieder aufrichten". Bei allem Naserümpfen über preußische Eitelkeiten und gekünsteltem Erstaunen über das kommende Ereignis ließ sich eines nicht verbergen: die Enttäuschung, dass „wir Deutsch-Oesterreicher von dem neuen Deutschland ausgeschlossen sind". Das Bekenntnis, wonach man der weiteren Entwicklung des Kaiserreichs „freundlich und theilnahmsvoll, ohne Groll gegen Preußens Glück und Erfolg" entgegensehe, wirkte etwas gezwungen. (Neue Freie Presse, 7.12.1870) Rückblickend hatte man wenig Grund zur Gratulation. Erst jetzt, so die Meinung von Historikern, wandelte sich die Niederlage von 1866 zur wirklichen Katastrophe für die Habsburgermonarchie: Die deutsche Reichsgründung, die manchen Einschätzungen zufolge ein „preußisches Reich deutscher Nation" hervorbrachte (zit. nach Gruner 47), setzte jene nationale Radikalisierung in Gang, welcher der mitteleuropäische Vielvölkerstaat schließlich erliegen sollte. Für die Deutschen wiederum markierten die Ereignisse von 1871 die eigentliche Trennung: „Pointiert ausgedrückt entstanden im Prozeß der Nationsbildung zwei deutsche Nationen: eine im Bismarckreich (die Nation der ‚Reichsdeutschen') und eine in der Donaumonarchie (die Nation der ‚Deutschösterreicher' oder österreichischen Deutschen." (Bruckmüller, Die Entwicklung des Österreichbewußtseins 370)

Freilich wäre es zu kurz gegriffen, die damalige Entwicklung der Donaumonarchie lediglich unter dem Gesichtspunkt ihres „Deutschlandtraumas" zu betrachten. Andererseits verweist tatsächlich vieles auf diesen Zusammenhang. So näherte sich in Österreich damals die liberale Ära ihrem Ende und hinterließ einen deutschen Nationalismus, der wiederum nicht ohne Blick auf die vorangegangen historischen Ereignisse denkbar war.

Nichtsdestoweniger ging der Liberalismus, dem grundlegende politische und gesellschaftliche Reformen ebenso zu verdanken waren wie Modernisierung, Industrialisierung und wirtschaftliche Prosperität, an einer ganzen Reihe von Faktoren zugrunde. Die Schattenseiten des Aufschwungs bekam der Bauernstand ebenso zu spüren wie eine rasant anwachsende Arbeiterschaft. Die „soziale Frage" drängte sich immer mehr in den Vordergrund. Parallel dazu änderte sich die politische Landschaft von Grund auf. Mit den Sozialdemokraten und Christlichsozialen entstanden bald Massenparteien, die passendere Antworten auf die aktuellen Fragen der Zeit anzubieten schienen als ein schwerfällig gewordener „Honoratioren-Liberalismus" der Alt-Achtundvierziger. (Bauer 263) Schon 1873, als der große Börsenkrach mit seinen fatalen Auswirkungen auf die Gesamtwirtschaft das Marktsystem in Misskredit zu bringen begann, zeichnete sich mit dem Wahlerfolg des deutschnationalen Flügels der Liberalen eine neue Entwicklung ab. Wurde damals die Einheit noch bewahrt, bröckelte sie in den Folgejahren immer mehr. Das außenpolitische Engagement Österreich-Ungarns auf dem Balkan, das nach Jahren des Zögerns 1878 mit der Okkupation Bosnien-Herzegowinas eine richtungsentscheidende Wendung genommen hatte, besiegelte die Auflösung der Liberalen. Nur eine Minderheit hatte die Balkanpolitik des österreichisch-ungarischen Außenministers Gyula Andrássy unterstützt. Die Mehrheit sah im Unterschied zum Kaiser, der sich nach all den Niederlagen und Gebietsverlusten in der Vergangenheit endlich als „Mehrer des Reichs" fühlen konnte, die Folgen eines territorialen Gewinns auf dem Balkan durchwegs negativ. Den Erwerb „einer neuen slawischen Provinz" setzte man mit einer „Schwächung der Stellung des Deutschtums" gleich. (Rumpler, Chance 453) Außenminister Andrássy hingegen hatte aus seiner Sicht nicht nur die Entstehung eines südslawisch-serbischen Großstaates an der Südostgrenze des Habsburgerreiches verhindert und die russischen Balkanpläne durchkreuzt, sondern auch in wirtschaftlicher Hinsicht vielversprechende Perspektiven aufgezeigt. Der Gewinn der Balkangebiete ermöglichte eine Art k.u.k. Imperialismus en miniature. Außerdem waren sich durch die Unterstützung Bismarcks für die territorialen Pläne der Donaumonarchie auf dem Berliner Kongress die beiden „Bruderstaaten" näher denn je gekommen. 1879 folgte der Abschluss des Zweibundvertrages zwischen Österreich-Ungarn und Deutschland. Das Defensivbündnis, das als Neuauflage des Deutschen Bundes gesehen und von einigen Kreisen im Hohenzollernreich gar als eine Art Wiedergutmachung für 1866 betrachtet wurde, richtete sich ausdrücklich gegen Russland.

Die Erhaltung der Donaumonarchie als Großmacht bezeichnete Reichskanzler Bismarck, Architekt der „deutschen Einigung", als Voraussetzung für die Stabilität des Hohenzollernreichs. Das neue deutsche Kaiserreich wurde gleichzeitig zum „Sicherheitspartner der deutsch-magyarischen innenpolitischen Grundordnung Österreich-Ungarns". (Rumpler, Österreich-Ungarn 227) Man betrachtete demnach den seit 1867 im Ausgleich verankerten Dualismus als Grundlage für das Funktionieren des Bündnisses. Im deutschen Verlangen nach dem Einzementieren dieser Konstruktion der Doppelmonarchie sehen manche Historiker allerdings einen verhängnisvollen Anteil des Hohenzollernreiches an deren ungelöst gebliebenen inneren Problemen. Davon abgesehen wuchs die Bedeutung Österreich-Ungarns für die deutsche Außenpolitik in einem Maße, die diese ursprünglich nicht für wünschenswert erachtet hatte. Abseits der Allianz mit dem Habsburgerreich schränkte sich, trotz teilweise vielversprechender diplomatischer Bemühungen, Deutschlands Spielraum im Verhältnis zu anderen

Staaten zusehends ein. In den Beziehungen zu England überwogen schließlich die Gegensätze, und Frankreich hatte man sich bereits infolge der militärischen Auseinandersetzungen 1870/71 zum erbitterten Feind gemacht. Im Auge behalten musste Berlin aber auch das russische Zarenreich, das sich mit den Jahren immer schlechter in Bismarcks außenpolitisches Konzept eingliedern ließ. Dabei hatte Berlin noch 1887 den sogenannten Rückversicherungsvertrag mit dem Zarenreich geschlossen. Dieser sollte Deutschland die russische Neutralität bei einem Angriff Frankreichs sichern und dem Romanow-Imperium die Unparteilichkeit des Hohenzollernreiches im Falle eines Angriffs durch die Donaumonarchie.

Die k.u.k. Außenpolitik sah indessen die Habsburgermonarchie als Bollwerk gegen Russland, als „Verteidigungswall" gegen den Panslawismus. Nur solange sie diese Aufgabe erfülle, sei ihr „Bestand eine europäische Notwendigkeit". (zit. nach Rumpler, Chance 446) Gleichzeitig führte oder verführte der Antagonismus zwischen Österreich-Ungarn und dem Zarenreich zu einer Hochrisikopolitik, deren Unkontrollierbarkeit auch die deutsche Außenpolitik in Turbulenzen brachte. Andererseits barg aber auch der außenpolitische Kurs Berlins eine Reihe von Konfliktpotenzialen in sich. So gingen mit dem Anspruch Deutschlands auf einen „Platz an der Sonne" unter anderem koloniale Begehrlichkeiten einher, die auf weiter reichende Ambitionen verwiesen. Diese „trugen um die Jahrhundertwende nicht unerheblich zur Belastung und schließlich zur Zerstörung der internationalen Ordnung vor 1914 bei". (Gruner 48) Das wirtschaftlich und militärisch aufstrebende Hohenzollernreich war entgegen Bismarcks Charakterisierung des neuen Deutschlands am Ende keineswegs „saturiert" und verspürte durchaus territorialen Appetit.

Preussenseuchler

Am Bündnis mit dem Hohenzollernreich konnte freilich auch die österreichische Innenpolitik nicht vorbeigehen. Deutschnationale Tendenzen im westlichen Teil der Doppelmonarchie vermochte die Allianz freilich nicht zu bremsen. Die Aufregung der Liberalen über den außenpolitischen Kurs der Donaumonarchie am Balkan ließ sich durch das von vielen herbeigesehnte Abkommen mit dem Hohenzollernreich keineswegs neutralisieren. So vollzog sich im selben Jahr, als der Zweibund geschlossen wurde, eine bedeutende innenpolitische Wende. Die liberale Vorherrschaft in der österreichischen Reichshälfte zerbrach. Franz Joseph suchte und fand neue Stützen für eine Politik, die ganz andere Akzente setzte als die bisherige. Der nunmehrige Kurs war konservativ und slawenfreundlich. Aus dem liberalen „Nachlass" erwuchsen indessen Kräfte, die sich so definierten: „nicht liberal, nicht klerikal, sondern national". (zit. nach Hamann, Hitlers Wien 343) Das 1882 vorgelegte „Linzer Programm" wurde zum Grundsatzpapier der Deutschnationalen. Es sah eine völlige Umgestaltung des habsburgischen Vielvölkerreiches vor. Sie sollte die Führungsrolle der Deutschen, die sich im Verhältnis zu den Slawen mehr und mehr in die Defensive gedrängt fühlten, garantieren.

Das deutschnationale Lager bildete keine einheitliche Gruppe, sondern stellte sich als durchaus heterogene „Bewegung" mit beträchtlichen ideologischen Unterschieden dar. Ihre soziale Basis fanden die Deutschnationalen nicht nur im studentischen Umfeld „schlagender" Burschenschaften, sondern vor allem im „bürgerlich-kleinbürgerlichen Milieu zentrumsferner Kleinstädte, beim von Existenzängsten geplagten gewerblichen Mittelstand, bei Staats- und Privatbeamten, Lehrern, Ingenieuren, Technikern, Ärzten, Rechtsanwälten, Notaren ..." (Bauer 264) Kennzeichnend für alle Richtungen waren ein übersteigerter Nationalismus und ein sich immer aggressiver gebärdender Antisemitismus. Ausgelebt wurden der eine wie der andere im Rahmen eines gewissermaßen institutionalisierten Gesellschaftslebens, zu dem Gesangsvereine ebenso gehörten wie Turnerbünde oder studentische Verbindungen. Daneben existierte eine Vielzahl verschiedener Vereine, die sich explizit dem Schutz des „Deutschtums" verschrieben hatten und Sprache sowie Kultur bewahrt wissen wollten. Ihre Tätigkeit erstreckte sich vor allem auf die polyethnischen Gebiete der Monarchie. Auch slawische und italienische Initiativen verfolgten ihrerseits vergleichbare „nationale Ziele".

Einfallsreichtum in Sachen Selbstinszenierung bewies unter den Deutschnationalen vor allem der 1842 in Wien geborene Georg Ritter von Schönerer. Auf ihn und sein Programm verengte sich lange Zeit hindurch der historische Blick auf das deutschnationale Spektrum, obgleich seine Anhängerschaft verhältnismäßig klein blieb. Schönerers „Fähigkeit zum Renommieren, Tyrannisieren und Saufen sprach jene an, die, von der Moderne verunsichert, einen Weg suchten. Er vor allen anderen verdarb die österreichische Politik und verkleidete seine Brutalität mit angeblich unverfälschten deutschen Worten." (Hanisch 122f.)

Der Führer der sogenannten Alldeutschen huldigte nicht nur einem groteske Formen annehmenden Germanenkult oder einem radikalen Rassenantisemitismus, sondern stellte auch die Trennung der Deutschösterreicher von ihren „Stammesbrüdern" an sich in Frage. Die Hohenzollern erklärte er zum eigentlichen Herrschergeschlecht „aller Deutschen". Der deutsche Kaiser Wilhelm I. wurde geradezu abgöttisch verehrt, eine Presseberichterstattung über das Hohenzollernreich und seinen Regenten, die diesem Kult in irgendeiner Weise zuwider lief, galt als nicht tolerierbar. Als der Tod des 91-jährigen Monarchen im März 1888 vom „Neuen Wiener Tagblatt" um einige Stunden verfrüht gemeldet wurde, stürmte ein empörter Schönerer gemeinsam mit einer Gruppe seiner Parteigänger die Redaktion. Der Führer der Alldeutschen, der schon Jahre zuvor mit seiner Kampagne gegen die „Judenpresse" den liberalen Wiener Zeitungen den Kampf angesagt hatte, scheute nicht vor Gewaltanwendung zurück. Die Redakteure des „Tagblatts" wurden tätlich angegriffen. Schönerer kam vor Gericht. Er wurde zu vier Monaten schwerem Kerker verurteilt, verlor seinen Sitz im Parlament und büßte obendrein seinen „Rittertitel" ein. (Whiteside 122) Für eine strenge Bestrafung des Unruhestifters hatte sich nicht zuletzt Kronprinz Rudolf stark gemacht. Der Habsburger musste aber erkennen, dass Schönerers Anhängerschaft nun erst recht ihre „Preußenseuchlerei" auslebte. Die Galionsfigur der Alldeutschen wurde obendrein zum Märtyrer hochstilisiert. Anlässlich seiner Verurteilung war überall in Wien „Die Wacht am Rhein", gleichsam Deutschlands inoffizielle Hymne, zu hören. Damit wurde einmal mehr zum Ausdruck gebracht, wem die Loyalität der Alldeutschen gehörte.

Schönerer ließ in den folgenden Jahren nichts unversucht, um die Verbundenheit mit dem Nachbarstaat zu untermauern. Mit der Los-von-Rom-Kampagne, die „wahres Deutschtum" an den Übertritt zum Protestantismus koppelte und an den Kulturkampf im Hohenzollernreich anknüpfte, erlitt er am Ende aber Schiffbruch. Zum Protestantismus konvertierte Deutschösterreicher erschienen seiner Ansicht nach zwar aussichtsreichere Anschlusskandidaten zu sein als katholische; die Aktion aber, die die katholische Kirche in Schmutzkübelmanier anschüttete und das erzkatholische habsburgische Kaiserhaus zutiefst verärgerte, verfehlte ihre Wirkung, machte den „großen Bruder" ungeachtet alldeutscher Avancen nicht anschlussfreudiger und verscheuchte auch bislang willfährige Parteigänger. Schönerer leitete daraus allerdings keine Änderung seiner Politik ab. Die Überhöhung des Hohenzollernreiches blieb Teil des alldeutschen Programms und überdauerte mitunter auch das irdische Dasein. Zumindest auf Schönerer trifft dieser Befund zu. Seinem Wunsch entsprechend wurde er in Friedrichsruh bei Hamburg bestattet, wo auch der von ihm so verehrte Otto von Bismarck beerdigt worden war. Der Führer der Alldeutschen hatte zu Lebzeiten öffentlich verkündet: „Es gibt nur einen Gott: Bismarck, und ich, Schönerer, bin sein Prophet." (zit. nach Rumpler, Österreich-Ungarn 228)

WECHSELSEITIGE KRITIK

Der energische und charismatische deutsche Reichskanzler war gegenüber deutschnationalen Liebesbezeugungen aus Österreich aus vielfältigen Gründen distanziert geblieben. Vor allem erblickte er in solchen Regungen eine Gefährdung des Bündnisses mit dem Habsburgerreich. Freilich erwies sich Rücksichtnahme auf die Empfindungen des Allianzpartners keineswegs als konstanter Faktor der Bismarckschen Österreich-Politik. Ähnlich, wenn nicht noch schärfer, verfuhren die Nachfolger des Reichskanzlers. So war nicht zu leugnen, dass Deutschlands Zollpolitik gegenüber der Donaumonarchie dem Charakter eines angeblich freundschaftlichen Bündnisses kaum entsprach. (Rumpler, Österreich-Ungarn 229) Im Hohenzollernreich selbst veranschlagte man bezeichnenderweise den wirtschaftlichen Schaden, den Deutschland der Habsburgermonarchie zugefügt hatte, größer als den politischen, den das Habsburgerreich seitens Russland hinnehmen musste. Bei alldem war Deutschland der bei Weitem wichtigste Handelspartner und Kapitalgeber der österreichisch-ungarischen Monarchie.

Die penetrant-provokant zur Schau gestellte Hohenzollernverehrung der Alldeutschen rief nichtsdestoweniger kaum Begeisterung in Berlin hervor. Affinitäten mit den Deutschnationalen ergaben sich am ehesten in Hinblick auf eine auch nach Meinung der Verantwortlichen in Berlin zu großzügig empfundene österreichische Politik gegenüber den Slawen. Dieser Umstand verführte Deutschland schließlich dazu, Einfluss auf die cisleithanische Innenpolitik nehmen zu wollen. Derartige Versuche bewirkten notgedrungen Verstimmung beim Bündnispartner, der nun durchblicken ließ, dass auch er nicht alles gutheißen konnte, was im Hohenzollernreich vor sich ging. So zum Beispiel war Preußens restriktive Polenpolitik durchaus geeignet, in Wien unzweideutige Reaktionen auszulösen. Das Germanisierungsprogramm des Nachbarn hatte die Polen Österreichs empört. Diese wiederum waren eine wichtige Stütze der Regierungspolitik in Cisleithanien.

Erwiesen sich deutschnationale Huldigungen an die Adresse der Hohenzollern als eher unerwünscht von Letzteren, empfanden sie die Habsburger als schmachvoll und peinlich. „Hochverräterisch" waren sie in jedem Falle. Als der neue deutsche Kaiser

Wilhelm II. ankündigte, Wien im Oktober 1888 einen Besuch abzustatten, musste man auf das Schlimmste gefasst sein. Der Monarch, der seinem nach nur dreimonatiger Amtszeit verstorbenen Vater Friedrich nachgefolgt war, kannte die k.k. Residenzstadt von einigen früheren Aufenthalten. Dieses Mal aber kam er als deutscher Kaiser. Deutschnationale Kreise wollten daraufhin Wilhelm mit einem Fackelzug ehren und ihn als „ihren" Kaiser willkommen heißen.

Vom neuen Regenten, den Reichskanzler Bismarck als unreif bezeichnet hatte, erhoffte sich Schönerer unter anderem „eine Rettung vom Judenjoche". Er pries den jungen Herrscher als Lichtgestalt, während Kronprinz Rudolf Charakter und Geist Wilhelms als in jeder Hinsicht defizitär erachtete: „Von gottbegnadeter Beschränktheit, dabei energisch und eigensinnig wie ein Stier, sich selbst für das größte Genie haltend, was will man mehr. Er dürfte im Laufe weniger Jahre das hohenzollerische Deutschland auf den Standpunkt bringen, den es verdient." (zit. nach Hamann, Rudolf 358) Rudolfs Abneigung war dem Hohenzollernkaiser jedenfalls schon seit einigen Jahren sicher. Doch sie beruhte offenbar auf Gegenseitigkeit. Dem habsburgischen Kronprinzen waren nämlich verschiedene abschätzige Äußerungen Wilhelms über Österreich, Franz Joseph und ihn selbst zu Ohren gekommen. Diesen zufolge war Rudolf ein „verjudeter Popularitätshascher" und Österreich ein morsches, einsturzgefährdetes Gebilde, nach dessen Zusammenbruch „die deutschen Provinzen als reife Frucht Deutschland in den Schoß fallen" würden. Franz Joseph könne dann, falls er dies wolle, „als unbedeutender Monarch" sein Leben „in Ungarn fortfristen". Überhaupt seien die Österreicher „verweichlichte Schlemmer", aber immerhin angenehme Leute, mit denen er zumindest gerne auf die Jagd gehe. (zit. nach Broucek 95) Wilhelms negative Aussagen über Österreich sind geradezu inflationär. Immer wieder monierte er die dortige „Dummheit". Die österreichische Politik hielt er für unergründlich und die Deutschen Cisleithaniens für „unverbesserliche Ochsen". (zit. nach Sutter 146)

Das Auftreten des neuen deutschen Kaisers verursachte bereits von Beginn an gewisse „atmosphärische Störungen" zwischen Wien und Berlin. Allerdings stellte Wilhelm das zweifelhafte Talent, Gesprächspartner und andere Adressaten seiner Wortmeldungen vor den Kopf zu stoßen, auch in den kommenden Jahren immer wieder unter Beweis – besonders folgenschwer 1908 vor dem Hintergrund der sogenannten Daily-Telegraph-Affäre. Auslöser für den Skandal war ein Artikel in der Zeitung „Daily Telegraph" gewesen, in dem ein britischer Offizier von seinen Unterredungen mit Kaiser Wilhelm berichtete. Diese Enthüllungen brachten zusätzliche Belastungen in das deutsch-britische Verhältnis und erregten international Aufsehen. Wilhelm hatte sich als diplomatischer Dilettant erwiesen, seine Aussagen wirkten peinlich und stellten überdies die Funktionsweise der gesamten deutschen Außenpolitik bloß. Mit seinen rhetorischen Entgleisungen und von vielen als „dümmlich" bezeichneten Äußerungen machte sich der Kaiser lächerlich. Im Hohenzollernreich selbst löste die Angelegenheit überaus heftige Reaktionen und letztlich eine ernstzunehmende Staatskrise aus. Die heftige Kritik am Regenten beziehungsweise die Form, mit der sie vorgebracht wurde, entsetzte indessen die k.u.k. Diplomaten in Deutschland. Andererseits konnte man aus österreichischer Sicht der ganzen Angelegenheit auch positive Seiten abgewinnen: Mit der Daily-Telegraph-Affäre beschädigte Wilhelm sein Ansehen so nachhaltig, dass selbst Georg von Schönerer von seinem Idol abrückte und anlässlich der alljährlich stattfindenden Bismarckfeiern darauf verzichtete, „die von ihm geliebte Verherrlichung der dynastischen Verhältnisse in Deutschland auf Kosten der heimischen vorzubringen". (zit. nach Tobisch 165)

Keine derart weitreichenden Folgen hatten Wilhelms Aussagen anlässlich seines Besuchs in Wien 1888. Dort übte er allerdings sogleich Kritik an der slawenfreundlichen Politik des österreichischen Premiers Eduard Graf Taaffe. Tatsächlich war der k.k. Ministerpräsident zu verschiedenen nationalen Zugeständnissen gegenüber den Slawen bereit gewesen. Handelte er damit entsprechend der durchaus bestechenden Einschätzung, wonach „Österreich in Wahrheit ein ständiger Kompromiß war", musste er sich andererseits den Vorwurf gefallen lassen, dass seine Politik die bereits bestehenden Gegensätze zwischen den Nationalitäten noch verstärkte. (zit. nach Rumpler, Chance 487) Der Liberale Eduard Herbst sprach angesichts dieser Entwicklung von einem unzureichend geförderten einheitlichen Staatsgedanken und von einer jüngeren Generation, die vor allem unter dem Eindruck eines „alle Ideen zurückdrängenden nationalen Kampfes" heranwachse. (zit. nach Rumpler, Chance 487) Als Beispiel hierfür konnten gerade Schönerers Alldeutsche gelten. Die Suche nach einer Kompromissformel für das Zusammenleben der Nationalitäten werteten sie als verachtenswerte Schwäche, als desaströse Politik wider die Interessen der Deutschen in Österreich.

INNERE KRISE

1897 wurde der Nationalitätenkonflikt auf die Spitze getrieben. Die Existenz des Vielvölkerstaates schien auf dem Spiel zu stehen. Anstatt den deutsch-tschechischen Gegensatz in Böhmen und Mähren zu entschärfen, hatten die neuen Sprachregelungen des polnischstämmigen Ministerpräsidenten Kasimir Graf Badeni eine Staatskrise ausgelöst, die Österreich zutiefst erschütterte und sein Ansehen nachhaltig ramponierte. Die betreffenden Verordnungen bewirkten eine aus Sicht der Deutschösterreicher inakzeptable Lösung der Sprachenfrage, in der sie nun im Vergleich zu den Tschechen den Kürzeren zogen. Die Causa erregte auch beim Bündnispartner Aufsehen. Berlin befand sich in diesem Zusammenhang allerdings in der Zwickmühle: Die slawenfreundliche Politik Badenis lehnte man ebenso ab wie allzu enge Tuchfühlung mit den österreichischen Deutschnationalen. Während sich aber offizielle Stimmen mehr oder weniger Zurückhaltung auferlegten, fielen die Stellungnahmen diverser Prominenter aus dem Hohenzollernreich geradezu leidenschaftlich aus. Sie ergriffen ohne

Umschweife Partei für die „Deutschen Österreichs" in ihrem „großen und schweren Kampfe" um ihre „nationale Existenz und ihre berechtigte Stellung in der alten, von ihnen geschaffenen und in erster Linie durch ihre Kraft erhaltenen habsburgischen Monarchie". (zit. nach Rumpler, Chance 513)
In Österreich kannte die Empörung unter der deutschen Bevölkerung keine Grenzen. Es folgten wütende Proteste gegen die „polnische Regierung" und kaum noch einzudämmende Demonstrationen, die auch Todesopfer forderten. Unwürdige Szenen im Parlament blieben nicht aus. An den Raufereien unter den Abgeordneten beteiligte sich auch Georg Schönerer, der bereits in der Vergangenheit immer wieder das Argument der Faust bemüht hatte und sich vor dem Hintergrund des deutsch-tschechischen Konflikts ganz in seinem Element fühlen durfte. Dennoch stahl ihm ein anderer die Show: Im Zuge der Badeni-Krise vermochte sich vor allem der spätere Führer der Deutschradikalen Partei, Karl Hermann Wolf, zu profilieren. Aufgrund seiner zügellosen Agitation war er mehrfach wegen Hochverrats und Majestätsbeleidigung angeklagt worden. Mit seinem antislawischen Fanatismus und seinen demagogischen Auftritten brachte er es zu Wege, sogar noch seinen einstigen Förderer Georg Schönerer in den Schatten zu stellen. Zur Berühmtheit stieg er aber erst auf, als er sich mit dem umstrittenen österreichischen Ministerpräsidenten Badeni duellierte. Dieser erlitt nicht nur im Zweikampf eine Niederlage. Auch auf politischer Ebene hatte er das Nachsehen. Der Kaiser ließ ihn fallen. Wolf hingegen ging aus der Badeni-Krise als „Held des Deutschtums" hervor. In weiterer Folge schlug er im Gegensatz zu den Schönerianern einen gemäßigten Kurs ein, erklärte den Anschluss an Deutschland für kein unmittelbar zu erreichendes und daher unrealistisches Ziel und kündigte an, deutsche Politik im Rahmen der Monarchie machen zu wollen. Dieser Schwenk trug ihm Schönerers erbitterte Feindschaft ein. Dessen ungeachtet hatten auch andere deutschnationale Parteien im Arrangement mit den Gegebenheiten eher eine Chance für die

Verwirklichung ihrer Politik gesehen als in einer pathologischen Ausrichtung auf das Hohenzollernreich. Der Nachbarstaat büßte seine Bedeutung als Bezugspunkt allmählich ein: „Das österreichische Deutschtum lebte vom Gegensatz zu den heimischen Slawen und nicht aus einer dichten Kommunikation und intensiven sozialen Interaktion mit Deutschland." (Haas 203) Parallel dazu wich das Jammern über die Folgen von 1866 einer allmählichen Akzeptanz, Teil des Habsburgerreiches zu sein. Dies sagte freilich noch nichts über die Stabilität einer solchen Haltung aus. Eine Drosselung nationalistischer Tendenzen ließ sich daraus nicht ableiten, wenngleich der vermeintliche Höhenflug radikaler Deutschnationaler gestoppt schien. Als 1907 das erste Mal nach dem allgemeinen, gleichen, direkten und geheimen Wahlrecht gewählt wurde, das Frauen allerdings ausschloss, erwiesen sich Sozialdemokraten und Christlichsoziale als die großen Gewinner. Ihr Potenzial bündelten die Deutschnationalen indessen im Deutschen Nationalverband, einer Dachorganisation für die verschiedenen deutschnationalen Gruppen. 1911 gingen sie aus den Wahlen als stärkste Kraft hervor. Das verbliebene Häufchen der Schönerer-Alldeutschen war dem Verband ferngeblieben. Ihr Führer hatte seinen Sitz im Parlament schon beim letzten Urnengang verloren.

Obwohl Schönerer auf politischer Ebene bereits in Bedeutungslosigkeit versunken war, übten seine Ideen enormen Einfluss auf den jungen Adolf Hitler aus, als dieser 1907/08 nach Wien übersiedelte. Ähnliches gilt für Franz Stein, der an der Spitze der alldeutschen Arbeiterbewegung stand, für den bereits erwähnten Karl Hermann Wolf, aber auch für den legendären Wiener Bürgermeister Karl Lueger, dessen antisemitische Hetzpolitik einen Populismus schlimmster Sorte darstellte. Hitlers „Wiener Jahre" prägten den späteren „Führer". Die Hauptstadt der Donaumonarchie versinnbildlichte nach seiner Meinung das ganze „Übel" des „Vielvölkergemischs".

Das Habsburgerreich überstand die Krise von 1897. Die Zweifel an seiner Überlebensfähigkeit blieben jedoch bestehen.

Alarmierend musste schließlich auch die Entwicklung in Transleithanien wirken. Die Ungarn, die in ihrer Reichshälfte eine rigo-
rose Magyarisierungspolitik forciert hatten, schienen immer weniger gewillt, das System von 1867 anzuerkennen. Der Dualismus,
Fundament und Prämisse des Bündnisses mit Deutschland, geriet ins Wanken, und die „Slawisierung" Österreichs schritt nach
Ansicht Berlins unaufhaltsam weiter. Parallel dazu manövrierte
die k.u.k. Außenpolitik das Habsburgerreich zunehmend in eine
Sackgasse.

ÄUSSERE KRISE

Das am Berliner Kongress der Donaumonarchie zugestandene
Mandat zur Besetzung Bosnien-Herzegowinas sei, hatte Kronprinz Rudolf später gemeint, nichts anderes als ein Danaer-
geschenk des deutschen Reichskanzlers gewesen, das das Habsburgerreich als Todfeind Russlands positioniert habe. Der 1889
durch Selbstmord aus dem Leben geschiedene Thronfolger war
immer ein erklärter Gegner der Allianz mit dem Hohenzollernreich gewesen. Der Bündnispartner trug allerdings keine Verantwortung für die unglückliche österreichisch-ungarische Balkanpolitik der kommenden Jahrzehnte. Diese gipfelte 1908 in der
Annexion von Bosnien-Herzegowina und verschärfte die bereits
bestehenden schwerwiegenden Differenzen mit Russland. Berlin hatte zunächst alles andere als begeistert auf den waghalsigen
Vorstoß des Bündnispartners reagiert, doch schweißte die der
Annexion folgende Krise das Habsburgerreich und Deutschland
mehr denn je zusammen.

Andererseits verfestigte sie die Isolation des zunehmend von
Einkreisungsängsten geplagten Hohenzollernreiches und verstärkte die wechselseitige Abhängigkeit der Zweibundpartner. Stärker empfunden wurde Letztere freilich von Österreich-Ungarn, das
dem Deutschen Kaiserreich sowohl wirtschaftlich als auch militärisch eindeutig unterlegen war. Darauf mochte sich auch die deutsche Tendenz zur Bevormundung des Bündnispartners gründen.

Das, wie Wilhelm II. es ausgedrückt hatte, „Herzensbündnis" wirkte mitunter eher als Notgemeinschaft, als widerwillig akzeptierter Kompromiss. Dahingehend lassen sich bereits einige von Bismarcks Aussagen über den Bundesgenossen interpretieren, die diesen als „impotenten österreichischen Hungerleider" mit „verrückten Ansprüchen" charakterisierten. (zit. nach Afflerbach 99) Andererseits könnten zahlreiche andere Zitate angeführt werden, die vor allem die positiven Elemente der Beziehungen zwischen den beiden Staaten hervorhoben. In jedem Fall nahm das Bündnis ab 1908/09 unverkennbar die Züge einer Schicksalsgemeinschaft an, wenngleich auf beiden Seiten Zweifel an der Vereinbarkeit der jeweiligen Interessen bestehen blieben. Diese entsprechend zu verwirklichen, blieb dem Habsburgerreich augenscheinlich versagt. Man bekam bereits des Öfteren zu hören, die Donaumonarchie sei gar keine „Großmacht" mehr. Gleichzeitig wurden die Bedrohungsszenarien immer düsterer. So hatte die Annexionskrise sowohl bei den Zweibundpartnern als auch in Russland den Glauben an einen bevorstehenden, alles entscheidenden Kampf zwischen Germanen und Slawen vertieft. In Österreich-Ungarn allerdings verwies man in Anbetracht der „eigenen" slawischen Bevölkerung auf die schwerwiegenden Folgen eines solchen Konflikts.

Der k.u.k. Generalstabschef Franz Conrad von Hötzendorf drängte indessen unablässig auf eine militärische Initiative der Habsburgermonarchie und wollte durch einen Krieg gegen das expandierende Serbien reinen Tisch am Balkan machen. Das Königreich, das früher unter dem Einfluss der Donaumonarchie gestanden war, hatte jedoch mittlerweile im Zarenreich einen Protektor gefunden. Diese Konstellation machte einen Schlag gegen Serbien besonders riskant. Nichtsdestoweniger schien sich ein solcher aufzudrängen, da Verlauf und Ergebnis der beiden Balkankriege 1912/13 die politische und strategische Position der Monarchie erneut geschwächt hatten. Trotz prinzipieller Bereitschaft, seine Bündnisverpflichtungen einzuhalten, riet jedoch das Deutsche Reich zunächst von militärischen Aktionen ab. Es ließ, so die

Einschätzung des deutschen Historikers Günther Kronenbitter,
das Habsburgerreich „in den Krisen der Jahre 1912/13 weitgehend
im Stich, sofern nicht vitale Interessen Österreich-Ungarns bedroht schienen – und was lebenswichtig war für die Donaumonarchie, das bestimmte Berlin". (Kronenbitter 149)

Ein dritter Balkankrieg schien sich dennoch abzuzeichnen,
und die Rolle eines Friedensstifters hatte Berlin ohnehin nicht
abonniert. Darauf verwies das deutsche Aufrüstungsprogramm
ebenso wie die ansonsten keineswegs konfliktscheue Außenpolitik des Deutschen Kaiserreiches. Mit diesem Profil hob man sich
andererseits kaum von den übrigen europäischen Mächten ab.
Gemeinsam war ihnen auch das bis zum Sommer 1914 zwar unterschiedlich ausgeprägte, am Ende aber immer erfolgreiche Bemühen, Auseinandersetzungen lokal zu beschränken und Differenzen auf dem Verhandlungswege beizulegen. Die Routine eines
funktionierenden Konfliktmanagements mag neben vielen anderen Aspekten mit dazu verleitet haben, am Vorabend des Ersten
Weltkrieges die Risiken falsch einzuschätzen und trotz konträrer
Entwicklungen auf eine Beilegung der Krise zu vertrauen.

Indessen gewann die sogenannte Kriegspartei in Wien immer
mehr an Einfluss. Sie war es auch, die im Juli 1914 die Entwicklung
in Richtung einer bewaffneten Auseinandersetzung vorantrieb.
Berlin versagte seine Unterstützung nicht. In den Weltkrieg zogen das Habsburgerreich und Deutschland gemeinsam. Je länger
er dauerte, desto problematischer erschien die Partnerschaft der
beiden ungleichen Reiche.

FRONTGEMEINSCHAFT
Der Erste Weltkrieg 1914–1918

Die von der Propaganda während des Ersten Weltkrieges viel beschworene „Waffenbrüderschaft" sollte sich auch nach dem Untergang von Habsburgermonarchie und Hohenzollernreich als wirkmächtiger Mythos erweisen. Hinter den Kulissen der Legendenbildung verbarg sich allerdings eine weniger harmonische Beziehung.

Kampf um die Erinnerung

Nach dem Ende des Ersten Weltkrieges, der „Urkatastrophe", die das deutsche Kaiserreich ebenso hinwegfegte wie die Habsburgermonarchie, begann ein neuer Kampf. Diese Auseinandersetzung wurde jedoch nicht mit herkömmlichen Waffen ausgetragen. Jetzt bekriegte man sich gewissermaßen mit Feder und Tinte. Ehemalige Generäle, Diplomaten sowie andere, die sich dazu berufen fühlten, brachten ihre Memoiren zu Papier und beteiligten sich damit an einem Kampf um die Erinnerung, der zwar keine Todesopfer forderte, aber erneut Gräben aufriss. Diese brachen nicht nur zwischen den früheren militärischen Gegnern auf, sondern verliefen auch zwischen den ehemaligen „Bundesgenossen". Deutsche und Österreicher, die von August 1914 bis zum Herbst 1918 Seite an Seite gefochten hatten, taten sich in ihren Darstellungen und Beurteilungen des „großen Völkerringens" durchaus nicht immer leicht, eine gemeinsame Sprache zu finden. In der Retrospektive wurde so manches, was das Bündnis des Hohenzollernreiches und der Donaumonarchie betraf, in Frage gestellt. Obwohl die österreichische Geschichtsschreibung der Zwischenkriegszeit deutschnational dominiert war und sich die Alpenrepublik im November 1918 noch dazu als Teil des Nachbarstaates definierte, fand das schwierige Verhältnis der beiden Länder auch im Rahmen der Nachbetrachtung der gemeinsamen Vergangenheit eine Fortsetzung. Jetzt ging es um die Deutungshoheit über das Geschichtsbild des Weltkrieges. Vor allem die ehemaligen „Krieger" kreuzten vor diesem Hintergrund die Klingen. Deutsche und österreichische Generäle versicherten sich in den Vorworten ihrer Memoiren wechselseitiger Wertschätzung, um wenige Seiten später die früheren Konflikte im Rahmen der „gemeinsamen" Kriegführung zu schildern und ihre diesbezüglichen Darstellungen mit Vorwürfen an die Adresse des jeweils anderen zu spicken. Unterschiedliche Wahrnehmungen und Ansichten über Verlauf und Entwicklung des Waffenbündnisses trieben auch einen Keil zwischen die habsburgtreuen ehemaligen k.u.k. Offiziere und ihre deutschnationalen Kollegen in Österreich. Erstere bewerteten beispielsweise diverse deutsche Aussagen über das habsburgische Kaiserhaus, dem mangelnde Führungsqualitäten sowie diverse Fehlentscheidungen nachgesagt wurden, als Beleidigung. Die k.u.k. Armee wurde nach ihrem Dafürhalten überdies in verschiedenen Werken von Kollegen aus dem einstmals verbündeten Nachbarland herabgewürdigt, der „Kamerad Schnürschuh" als „minderwertiger Soldat" vorgeführt. „Die Erfahrungen der k.u.k. Offiziere mit der Überlegenheit wie Überheblichkeit ihrer Verbündeten waren für das Selbstgefühl schmerzlich und schufen die Voraussetzung für jene Mischung an Ressentiment und Bewunderung, die bis 1938 das Deutschlandbild der Erinnerungswerke durchzieht." (Kronenbitter, Krieg im Frieden 285) Aber auch in den amtlichen Kriegsdarstellungen, welche die ehemaligen „Waffenbrüder" vorlegten, ergaben sich angesichts unterschiedlicher Einschätzungen in Hinblick auf strategisch-taktische Entscheidungen sowie die Kriegführung insgesamt zunächst gewisse Abstimmungsprobleme.

Urteil der Geschichte

1918 war man „gemeinsam" zugrunde gegangen, eine „Solidarität" unter den „Verlierern" stellte sich aber nicht ohne Weiteres ein. Im Nachhinein wurde nun darüber sinniert, wie unterschiedlich die beiden Kaiserreiche gewesen seien. Tatsächlich hatte vor allem der Krieg viel Trennendes zutage gefördert. Der auch nach dem Untergang von Habsburgermonarchie und Hohenzollernreich aufrecht erhaltene Mythos von der „Waffenbrüderschaft" konnte darüber nicht hinwegtäuschen. Manche wollten nun schon im Jahr 1879, als sich Deutschland und die Doppelmonarchie im „Zweibund" vereinigten, den Beginn einer verhängnisvollen Fehlentwicklung erkennen. Unumstritten war das Bündnis weder in Österreich-Ungarn, noch im Deutschen Reich gewesen. Freilich hatten jede Seite Bedenken unterschiedlicher Art geplagt. So waren deutscherseits vor allem Zweifel an der Sinnhaftigkeit, sich in Hinblick auf die eigenen außenpolitischen Ambitionen an eine „sterbende Großmacht" zu binden, aufgekommen. Trotz diverser Bemühungen abzurücken, kettete sich das Deutsche Reich an eine als untergangsreif angesehene Habsburgermonarchie letztlich in Ermangelung von Alternativen. Und dafür, so sahen es wohl einige im früheren Hohenzollernreich, bekam man nun, da der Krieg verloren war, die Rechnung präsentiert. Deutsche Militärs ließen sowohl vor als auch nach dem Zusammenbruch der Mittelmächte mal deutlicher, mal weniger offen durchblicken, dass womöglich mehr zu erreichen gewesen wäre, hätte man nicht die „schlappen Österreicher" am Hals gehabt.

„Vergangenheitsbewältigung" betrieben aber auch die Siegerstaaten. Die Ereignisse, die zum Weltkrieg geführt hatten, spielten hierin eine besondere Rolle. Im Gegensatz zu Deutschland konnte sich Österreich auf lange Sicht vor einem wesentlichen Punkt in den diesbezüglichen Debatten drücken: Bei der Frage nach der Schuld am Kriegsausbruch wurde mit zunehmender zeitlicher Distanz zu den Jahren 1914 bis 1918 nahezu ausschließlich Deutschland in die Pflicht genommen. Der Umstand, dass die Habsburgermonarchie schon viele Monate vor Kriegsende nur noch als Vasall des Hohenzollernreiches wahrgenommen wurde, begünstigte diese Entwicklung und damit die Konzentration auf Deutschland als den Hauptschuldigen. Nichtsdestoweniger war seitens der Siegermächte die Verantwortung für den Krieg auch Österreich-Ungarn und damit auch der im November 1918 ausgerufenen Republik Deutschösterreich angelastet worden. Diesem Urteil entsprechend wurden umfangreiche Reparationsforderungen an das kleine Land abgeleitet. Dort aber betrachtete man sich „unbeschadet der im Staatsvertrag von Saint Germain auferlegten Verpflichtungen" in „keinerlei Rechtsnachfolge nach dem ehemaligen Staate Österreich". (Staatsgesetzblatt Nr. 484 vom 21.10.1919) Die Bestimmungen des 1919 unterzeichneten Friedensvertrages ließen sich durch diese Haltung nicht aus der Welt schaffen. Andererseits ist ihre emotionale Wirkung auf das Selbstbild des jungen Staates, der sich zu Unrecht bestraft fühlte, nicht zu unterschätzen. Der Historiker Ernst Hanisch spricht in diesem Zusammenhang von der „erste[n] österreichische[n] Opfertheorie". Diese „blickte, wie auch die zweite nach 1945, nur auf den Staat und negierte die Verantwortung der Gesellschaft für den Krieg und seine Folgen". (Hanisch 211)

Österreich unterstützte den ehemaligen Bündnispartner bei seinen Bemühungen, den Vorwurf der Verantwortung für den Krieg zurückzuweisen. Während aber die sogenannte Kriegsschulddebatte Deutschland voll erfasste, verlief sie in Österreich in vergleichsweise abgeschwächter Form. Nach 1945 blieb in der Alpenrepublik nur mehr wenig von einer diesbezüglichen Solidarität gegenüber dem Nachbarland übrig. Unter den Vorzeichen einer bewussten Abgrenzung zum früheren nationalsozialistischen Deutschland und zu Preußen-Deutschland im Allgemeinen wurde die Habsburgermonarchie mehr und mehr lediglich als willenloses Werkzeug eines schier maßlosen deutschen Aggressors gesehen, der bei seinen 1914 offenbarten „Welteroberungsgelüsten" der Donaumonarchie ohnehin nur eine Nebenrolle zugedacht hatte. Angesichts des Zerstörungswerkes nationalistischer Ideen und eines allmählichen Zusammenrückens europäischer Staaten gewann überdies die Vorstellung von einer multinationalen Habsburgermonarchie als eine Art Prototyp für ein vereintes Europa an Bedeutung. Österreich wähnte sich mit Blick auf seine Vergangenheit besonders prädestiniert, hierin eine wichtige Rolle zu spielen. Das Urteil vom „Völkerkerker" wurde mehr und mehr zurückgewiesen, denn die „Völker des Reiches" waren, so schien es in der Nachbetrachtung, mit Ende des Ersten Weltkrieges in eine letztlich unheilvolle Freiheit entlassen worden. Das Habsburgerreich bot sich retrospektiv und in Ausblendung der vorhanden gewesenen Konflikte als die „bessere" Alternative an, als Modell einer friedlichen Koexistenz verschiedener „Völker", und sein Zerfall erschien als vergeudete Chance auf eine europäische Geschichte ohne die Katastrophen des 20. Jahrhunderts. Tatsächlich bescheinigen einige Historiker zumindest der im österreichischen Teil der Doppelmonarchie praktizierten Politik ein durchaus bemerkenswertes und keinesfalls völlig vergebliches Bemühen um eine von Gleichberechtigung ausgehende Wahrung von Nationalität und Sprache. Andererseits aber wird konstatiert, dass das Selbstverständnis Österreichs als Mittler zwischen Deutsch- und Slawentum ein verspätetes gewesen sei. Den Glauben an die „Mission Österreichs" im Sinne einer „Verbreitung deutscher Kultur, Sprache und Sitten" löste es zudem nur partiell ab. (Fellner 39)

Dass am Anfang vom Ende der Wille der Donaumonarchie gestanden war, im Sommer 1914, falls nötig, militärisch gegen das Königreich Serbien vorzugehen, geriet gegenüber solchen Überlegungen in den Hintergrund. Dasselbe gilt für den österreichischen Vorstoß, sich in Berlin die benötigte Rückendeckung für die beabsichtigte „Züchtigung" der Serben bestätigen zu lassen. Das Königreich wurde für die Ermordung des österreichisch-ungarischen Thronfolgers Franz Ferdinand in Sarajewo Ende Juni 1914 verantwortlich gemacht. Darüber hinaus stand es in erklärter Frontstellung zur habsburgischen Balkanpolitik. Serbien, das seinerseits die Bereitschaft zur Gewaltanwendung bei Konflikten mehrfach unter Beweis gestellt hatte, bündelte gewissermaßen die Hoffnungen jener Südslawen, welche die Habsburger als Unterdrücker betrachteten.

Bekräftigungen der „Bündnistreue" gegenüber dem Habsburgerreich aus dem Munde Kaiser Wilhelms waren bereits seit Jahren geradezu inflationär gewesen. Pathetisch aufgeladen hatte solche Bekundungen aber ein anderer: Mit dem Ausdruck „Nibelungentreue" war schon 1909 vom damaligen Reichskanzler Bernhard von Bülow Deutschlands Haltung gegenüber der Donaumonarchie umschrieben worden. Dieses Bekenntnis wiederum hatte in Österreich Karl Hermann Wolf, Führer der „Deutschradikalen Partei", tief bewegt. In seiner in Wien erscheinenden „Ostdeutschen Rundschau" charakterisierte er die vom deutschen Bündnispartner beschworene Nibelungentreue in einer Art und

Weise, die zumindest teilweise auf die Situation im Sommer 1914 zu passen scheint: „Die Nibelungentreue! Sie wägt nicht und krittelt nicht, sie forscht nicht lange, ob der, der in arger Not die Treue heischt, wirklich ganz ohne Schuld und Fehler ist, sie stellt sich einfach mit blankem Schwerte neben den gefährdeten Genossen, den starken Schild in die Erde gerammt, und harret des feindlichen Speerwurfs." (Ostdeutsche Rundschau, 31. 3. 1909)

In den Jahren vor dem Ersten Weltkrieg gewannen allerdings manche im Habsburgerreich den Eindruck, dass es in entscheidenden Momenten an Bereitschaft zur bedingungslosen Unterstützung fehle. Im Juli 1914 aber enttäuschte Wilhelm den Bündnispartner nicht und ließ ihm freie Hand. Die Verantwortlichen in Wien nützten die Chance, mit Deutschland an der Seite in den Krieg zu ziehen. Nichtsdestoweniger blieb Jahrzehnte hindurch die verhängnisvolle Rolle Österreich-Ungarns im Zuge der sogenannten Julikrise 1914, in der die Weichen in Richtung Weltkrieg gestellt wurden, mehr oder weniger ausgeblendet. Historiker kamen zu dem Ergebnis, dass Deutschland die Donaumonarchie in den „großen Krieg" hineingehetzt habe, wo doch diese nur den „kleinen", also jenen gegen Serbien, hatte austragen wollen. Bis zuletzt sei man bemüht gewesen, den Konflikt zu „lokalisieren". Einen Weltkrieg habe niemand gewollt, schon gar nicht der alte Kaiser Franz Joseph. Bei allen Aspekten und Details, die in diesem Zusammenhang zu berücksichtigen sind und tatsächlich bis heute kein letztgültiges Bild ergeben, bleibt dennoch unumstößlich, dass das Risiko einer Ausweitung des Konflikts von Anfang an einkalkuliert wurde, ja werden musste. Schließlich hatte man das Deutsche Reich im Juli 1914 aus genau diesem Grund konsultiert: Wien versicherte sich des deutschen Beistands bei einem Kriegseintritt des russischen Zarenreiches, der „Schutzmacht" des serbischen Königreiches. Ohne den nach wie vor schwerwiegenden Anteil der deutschen Seite an den Entwicklungen in der „Julikrise" klein zu reden sowie die Vorgehensweise der übrigen involvierten Staaten beiseite zu schieben oder gar Serbien zu entlasten, sprechen

Historiker mittlerweile auch vom „verbrecherischen Leichtsinn"
der Verantwortlichen in Wien. (Afflerbach 832)

Neue Sichtweisen ergaben sich auch in Hinblick auf Interpretationen, die im Zusammenhang mit dem Gewalt- und Expan-
sionsregime des Nationalsozialismus berechtigterweise auf historische Kontinuitäten aus der Vergangenheit Preußen-Deutschlands
verwiesen, dabei aber den Blick tendenziell einschränkten. Von
dieser „Verengung" hatte gewissermaßen das Habsburgerreich
profitiert, das vor allem als Opfer der Umstände erschien. Da es
nicht nur im sogenannten „Ständestaat" zur Kompensation eines
fehlenden Österreich-Bewusstseins herhalten musste, sondern
auch nach 1945 vor den Karren einer österreichischen Identitätsbildung gespannt wurde, überwog lange Zeit in der Beurteilung
der Donaumonarchie der nostalgische Rückblick. Neben einem
geächteten Deutschland konnte das verklärte Habsburgerreich
umso wirkungsvoller und umso „unschuldiger" zur Geltung kommen. Als geradezu idealtypisches Gegensatzpaar boten sich vor
diesem Hintergrund auch die beiden Kaiser der untergegangenen
Reiche an: auf der einen Seite der alte, weise und zurückhaltende
Kaiser Franz Joseph, auf der anderen der um vieles jüngere, im-
pulsgeleitete und bramarbasierende Wilhelm. Auch Franz Josephs
Nachfolger am Thron, Kaiser Karl, ließ sich in dieses Bild einfü-
gen. Hier stand ein friedliebender Monarch einem säbelrasseln-
den Pendant gegenüber. Schon Maria Theresia und Friedrich der
Große waren auf ähnliche Art und Weise charakterisiert worden.

Wahrnehmungsdefizite

Die akademische Historiographie hat sich sukzessive von jenen
Geschichtsbildern entfernt, die nach Ende des Ersten Weltkrieges vor allem jene entwarfen, die sich in „retrospektiver Staats-
räson" übten und die „dunklen Seiten" der k.u.k. Vergangenheit
entweder aussparten oder in ein mildes Licht tauchten. Ehemalige k.u.k. Offiziere mit ihrem exklusiven Zugang zum Akten-
material des Kriegsarchivs waren in dieser Hinsicht im wahrsten

Sinne des Wortes „federführend" gewesen. Sie monopolisierten nicht nur die Militärhistoriographie, sondern prägten eine ganze Erinnerungskultur, die das Habsburgerreich einerseits zum Opfer stilisierte und andererseits ungeachtet des verlorenen Krieges seine „ruhmreichen Feldzüge" entsprechend würdigte. So pendelten nicht wenige, die sich nach 1918 im österreichischen Kleinstaat nur schwer zurechtfanden, zwischen Wehmut angesichts der verlorenen „Größe" und Stolz im Andenken an die „alte Armee". Diese „alte Armee" übte in Österreich-Ungarn eine besondere Funktion aus. Sie war das „einigende Band", eine Klammer, die das heterogene Vielvölkerreich zusammenhalten sollte. Dieser Umstand unterschied sie eklatant von den „nationalen" Streitkräften des Bündnispartners. Nichtsdestoweniger sei festgehalten, dass das k.u.k. Offizierskorps der multinationalen Armee in seiner Zusammensetzung „deutsch" dominiert war. Dies mag auch einige im Deutschen Reich dazu verleitet haben, sich das Gefüge der k.u.k. Streitkräfte anders vorzustellen, als es war. Dort soll sich 1914 so mancher überrascht gezeigt haben, dass es „Österreicher gab, die nicht Deutsch verstanden". (zit. nach Rauchensteiner, Die k.u.k. Armee 259) Überhaupt schien man weniger voneinander zu wissen, als es das Bündnisverhältnis nahegelegt hätte. Lange Zeit herrschte zwischen den beiden Generalstäben mehr oder weniger Funkstille. Als die Unterredungen über einen kommenden Kriegsfall dann zögerlich in Gang kamen, blieben die diesbezüglichen Absprachen dennoch äußerst vage. Die Österreicher, so meinte später ein hochrangiger k.u.k. Offizier, wussten vor dem Krieg mehr über die Armeen der Feindstaaten als über jene des Hohenzollernreiches. Die nach außen zur Schau gestellte wechselseitige Verbundenheit schloss zumindest hinter den Kulissen Misstrauen nicht aus. So erarbeitete der österreichisch-ungarische Generalstab Pläne für einen Kriegsfall „D", also Deutschland, wenngleich dieser wohl kaum ernsthaft in Betracht gezogen wurde. Außerdem richtete auch die k.u.k. Militärspionage ihr Augenmerk auf den Bündnispartner und unterhielt im hierfür zuständigen Evidenzbureau eine eigene „Gruppe" zu diesem Zweck. Umgekehrt hatte man im Deutschen Reich die Möglichkeit einer Aufteilung der Donaumonarchie diskutiert, die daraus resultierenden Risiken einer „territorial-nationalen Revolutionierung Mittel- und Südosteuropas" dann aber doch als zu groß eingeschätzt. (Lahme 202)

Hoffnung und Enttäuschung

Vielleicht nährten gerade die mangelhaften Informationen über den Nachbarn im Habsburgerreich überzogene Hoffnungen bezüglich des deutschen Kräftepotenzials. Im Auge hatte man wohl vor allem die Österreich-Ungarn bei Weitem überragenden wirtschaftlichen Kapazitäten Deutschlands, und ganz gewiss fühlten sich nicht wenige von der „Virilität" des aufstrebenden, selbstbewussten Nachbarn im Vergleich zur empfundenen Stagnation der eigenen Heimat angezogen. Das von Nationalitätenkonflikten geprägte alte Habsburgerreich stand, so betrachtet, der nationalen Einheit des noch jungen, zukunftsorientierten Deutschen Reichs gegenüber, dessen innenpolitische Probleme selbst die in Berlin sitzenden k.u.k. Diplomaten gerne übersahen. Im Verein mit den Truppen des Hohenzollernreiches hielt sich die Donaumonarchie jedenfalls für unbesiegbar. In den Reihen der deutschen Armee zu kämpfen, erschien indes auch einem Adolf Hitler erstrebenswert, der im Jahr zuvor mit seiner Übersiedelung nach München Stellungsflucht begangen hatte, um sich dem Militärdienst in seiner Heimat zu entziehen.

Die „Waffenbrüderschaft" mit Deutschland bot sich als Überwindung des Traumas von 1866 an, der Krieg wurde bezeichnenderweise von vielen Deutschösterreichern als schicksalsbestimmend für das „deutsche Volk" betrachtet. Hoffnung erfasste jene, welche die Folgen von Königgrätz ohnehin als widernatürliche Spaltung empfunden hatten. Obwohl das Bild von der kollektiven Kriegsbegeisterung der Bevölkerung im Sommer 1914 mittlerweile durch zahlreiche Forschungen zu Recht korrigiert wurde, erwies

sich der bevorstehende Waffengang an der Seite des Hohenzollernreichs für viele deutsche Österreicher wohl als geradezu erlösende
Perspektive. Stefan Zweig, der seinen anfänglichen Enthusiasmus
bei Kriegsausbruch später ebenso relativierte wie seine schwärme-
rische Bewunderung für den Bündnispartner, notierte am 5. August 1914 in sein Tagebuch: „Meine Angst um Deutschland ist na-
menlos – Österreich […] ist mir nicht halb so viel." (Zweig 84) Vier
Tage danach schrieb der Schriftsteller von wachsender Sorge über
ausbleibende Nachrichten vom serbischen Kriegsschauplatz, wo
ein schneller Sieg der k.u.k. Armee erwartet wurde, und meinte:
„Die ganze Last ruht auf Deutschlands Schultern." (Zweig 86) So
blickte die hiesige Öffentlichkeit zunächst gebannt gen Westen,
wo die deutsche Armee zum entscheidenden Schlag gegen die
Franzosen ausholte, während sich die Mobilisierung der k.u.k.
Streitkräfte fatalerweise viel zu langsam vollzogen hatte. Stefan
Zweigs Sorge erwies sich als berechtigt. Die k.u.k. Truppen scheiterten an Serbien, und Deutschlands Pläne, die Franzosen in ei-
ner Blitzaktion zu überrollen, gingen schließlich nicht auf. An der
Front zu Russland sah sich k.u.k. Generalstabschef Franz Conrad
von Hötzendorf vom Bündnispartner überdies im Stich gelassen.
Die dort erwarteten Aktionen der Deutschen zu Beginn des Feld-
zugs blieben aus. Deren Triumph gegen die Soldaten des Zaren
bei Tannenberg nahmen die k.u.k. Militärs, denen bedeutende
Erfolge bislang versagt geblieben waren, dann auch durchaus mit
Bitterkeit zur Kenntnis.

Enttäuschung befiel aber auch andere Beobachter. So mancher, vertraute Stefan Zweig seinem Tagebuch an, sei angesichts
diverser Siegesmeldungen aus dem Nachbarland „aufrichtig ver-
stimmt: ‚immer nur die Deutschen', sagen sie ganz ärgerlich im
Volk." (Zweig 87) Von einer „Leistung Österreichs" sei hingegen
gar nichts zu merken. (Zweig 86) Seine Siege aber, meinte Conrad, hätte das Hohenzollernreich auf Kosten der k.u.k. Armee er-
rungen. Im September 1914 wurde der österreichisch-ungarische
Generalstabschef gegenüber Graf Berchtold, dem k.u.k. Minister

des Äußern, noch deutlicher. Er meinte, dass „das Unvermögen Deutschlands, seine Vorkriegszusagen einzulösen und Frankreich tatsächlich in kürzester Zeit zu besiegen, schuld daran sei, daß die Doppelmonarchie in Galizien eine Schlappe erlitten habe. Würde sich Kaiser Wilhelm mehr um den Krieg im Osten und weniger um seine Jagdreviere in Ostpreußen kümmern, stünden die Dinge wohl anders". (Rauchensteiner, Der Tod des Doppeladlers 165) Umso demütigender empfand es Conrad, die deutschen Kollegen im Verlaufe des Krieges immer wieder um Unterstützung anbetteln zu müssen. Sein gespanntes Verhältnis zum deutschen Generalstabschef Erich von Falkenhayn machte solche Ansuchen nicht eben leichter. Belastend wirkte sich auch der Umstand aus, dass große oder größere Erfolge gegen das Zarenheer und schließlich auch gegen den „Erzfeind" Serbien meist nur mit entsprechender Hilfe der Deutschen erzielt werden konnten. Ihren Anteil an einigen Siegen wiederum erachtete man auf österreichischer Seite oft für weniger entscheidend, als eine triumphierende deutsche Propaganda es dann der Öffentlichkeit vermittelte. Deren Begeisterung etwa für Paul von Hindenburg, den Sieger von Tannenberg, war schier grenzenlos. Die Schlacht wurde zum Mythos. Der Vergleich mit anderen historischen „Heldentaten" ließ nicht lange auf sich warten: „Seit Hermann der Cherusker die Legionen des Varus im Teutoburger Wald geschlagen, ist", so hieß es, „keinem Feind des deutschen Volkes ein solches Ende bereitet worden." (zit. nach Pyta 94)

„SCHLAPPE ÖSTERREICHER"
Indessen wurden die Bittgänge der Österreicher zum Bündnispartner – so verbissen Conrad auch auf finale Erfolge der k.u.k. Armee hinarbeitete – zum Regelfall. Auch in wirtschaftlicher Hinsicht war man mehr und mehr auf das Hohenzollernreich angewiesen. Umgekehrt machte sich in Deutschland Enttäuschung und Ärger über den „Waffenbruder" breit. General Ludendorff sprach von der „Jämmerlichkeit Österreichs" und bezweifelte

dessen Überleben. „Ein Volk, das keinen Staatsgedanken hat, das den Begriff Vaterland nicht kennt", sei, so meinte er, „verloren". (zit. nach Mommsen 395) Indes ließ Berlin die Donaumonarchie das Abhängigkeitsverhältnis durchaus spüren. Intern hieß es außerdem, dass bei alldem die „Dankbarkeit" der Österreicher verhältnismäßig bescheiden ausfalle. Kaum ein gutes Haar ließ man überdies an den Verwaltungsstrukturen des Habsburgerreiches, die von „landesüblicher Schlamperei" durchzogen seien. Die politische Führung hielt man für völlig unfähig, einen Austausch der Verantwortlichen für dringend notwendig. Hier traf sich die deutsche Kritik teilweise sogar mit den Eindrücken österreichischer Militärs. Einige dieser Unzufriedenen wünschten sich ebenfalls eine „starke Hand" und hätten die Installierung einer Militärdiktatur durchaus befürwortet.

Viel weniger Berührungspunkte zwischen Deutschen und Österreichern ergaben sich aber auf anderen Gebieten – zum Beispiel in der Frage der Beurteilung der Streitkräfte der Donaumonarchie. Obgleich auch im österreichisch-ungarischen Generalstab Vorbehalte gegenüber den Leistungen der Slawen im Heer wuchsen und schonungslose Härte gegenüber den Truppen nach deutscher Manier als nachahmenswert erachtet wurde, verwehrte man sich freilich gegen diverse abfällige Bemerkungen der Deutschen über die Kampfmoral der k.u.k. Armee. Die scheinbar immer negativer werdende Sichtweise auf den österreichischen Bündnispartner manifestierte sich in unverblümten Abwertungen. Der preußische Kriegsminister bezeichnete die Österreicher als „hundsmiserabel schlapp". Sie würden bei erstbester Gelegenheit vor dem Feind davonlaufen. Aber man müsse sie halt „ertragen", da man leider „ja nichts Besseres" habe. Zusätzliche Munition für derartige Äußerungen lieferten schließlich die Massendesertionen tschechischer k.u.k. Soldaten. Tatsächlich wurden die Kampfhandlungen von vielen Slawen in der Habsburgermonarchie, die überdies der Verwirklichung nationaler Forderungen zustrebten, zunehmend als „deutscher Krieg" empfunden. Diesen nach Böhmen zu tragen, bezeichnete wiederum der deutsche General Paul von Hindenburg als Desiderat. Die Aussicht, mit der Hohenzollernarmee dort einzumarschieren, hielt er offenbar für besonders reizvoll. Eine solche, anscheinend nicht nur von ihm alleine angedachte Aktion sah er 1917 als krönenden Abschluss seiner Karriere an. Er machte damit nur allzu deutlich, wie es um die Partnerschaft der beiden Reiche bestellt war, die ungeachtet dessen nach außen weiterhin als ungetrübtes „Herzensbündnis" gefeiert wurde.

Ein solches hatte es seitens des Habsburgerreiches mit Italien sowieso nie gegeben – und das, obwohl auch das Königreich im Süden seit 1882 der Allianz mit Deutschland und Österreich-Ungarn angehört hatte. Als die seit Anfang der Kampfhandlungen wirksame Neutralität des Apenninenkönigreiches immer unsicherer zu werden begann, bestärkte Deutschland das Habsburgerreich darin, die Italiener mit der Abtretung des Trentino aus dem Krieg herauszuhalten. Um den Österreichern diese Entscheidung schmackhafter zu machen, stellte der Bündnispartner seinerseits dem Habsburgerreich Konzessionen in Aussicht und bot als Trostpflaster sogar ein kleines Gebiet des eigenen Territoriums an. Im Gespräch war der sogenannte „schlesische Zipfel". In Wien hielt sich die Begeisterung in Grenzen. Ein gleichwertiger Ersatz für das Trentino war das nicht. Außerdem gab es keine Garantie, dass Italien auch weiterhin neutral geblieben wäre, hätte die Donaumonarchie tatsächlich auf das Trentino verzichtet und womöglich den „Zipfel" genommen. In jedem Fall führte diese Frage zu schweren Verstimmungen zwischen Wien und Berlin. (Mommsen 391)

Wie so oft in diesem Krieg fühlten sich die Österreicher von den Deutschen brüskiert. Letztere, war man in der Habsburgermonarchie überzeugt, verstünden das Wesen des Vielvölkerreiches nicht. In Deutschland wiederum, wo die Vorrangstellung der deutschen Österreicher innerhalb der Monarchie stets unterstützt worden war, ärgerte man sich oft und oft über unnötige Empfindlichkeiten des „Waffenbruders", seine verkrusteten Strukturen und behäbigen Apparate.

Gegenseitiges Unverständnis wurde zudem auch in Fragen der Kriegszielpolitik geortet, nicht zuletzt dann, wenn es um den konkreten Umgang mit der Beute ging. Ob bei den Entscheidungen über das Schicksal Polens oder bei den Verhandlungen über den Friedensabschluss mit Sowjetrussland – die Vorstellungen der Bundesgenossen ließen sich nicht leicht unter einen Hut bringen. Und obwohl die wachsende Friedenssehnsucht nicht nur auf die erschöpfte Bevölkerung in Österreich beschränkt blieb, unterstellte man vor allem dieser eine geradezu charakteristische Weichlichkeit. Der bayerische Schriftsteller Ludwig Thoma stieß ins selbe Horn, als er speziell die Wiener „Flaumacherei" aufs Korn nahm. Die Bevölkerung der Donaumetropole hätte bei Kriegsbeginn dem Deutschen Reich „anbiedernd ihre goldenen Herzen" zu Füßen gelegt, befinde aber jetzt, drei Jahre danach, „dass es genug sei mit Helden- und Preußentum". (zit. nach Morgenbrod 341) Bedenkt man, dass gerade auch in Bayern antipreußische Ressentiments in Anbetracht der Fortdauer des Krieges wuchsen, nehmen sich Thomas Anwürfe umso pikanter aus. 1917 jedenfalls warnten bayerische Polizeiberichte vor einem steigenden Preußenhass unter „der Zivilbevölkerung im Süden". (Clark 693)

Misstrauen

Die deutsche Kritik am „Waffenbruder" machte auch vor der Führungsriege der k.u.k. Armee nicht halt. Ins Visier nahm man unter anderem die Besetzung militärischer Spitzenpositionen mit habsburgischen Erzherzögen, deren diesbezügliche Talente durchaus in Zweifel zu ziehen waren. Was auf deutscher Seite aber als unnötige Marotte abgetan wurde, entsprach nach österreichischer Auslegung dem Bemühen, mittels dynastischer Präsenz im Heer den supranationalen Charakter der Truppen zu betonen. Diese Logik entzog sich jedoch nicht nur dem Verständnis des Bündnispartners, sondern auch jenem des k.u.k. Generalstabschefs. Letzterer sah sich indessen ebenfalls zahlreichen Vorwürfen ausgesetzt. Während Conrad trotz schwerwiegender

Fehlentscheidungen auch nach dem Krieg vom früheren k.u.k. Offizierskorps als genialer Feldherr verehrt wurde, gab es aus deutscher Perspektive keinen Anlass für Schonung. Von Inkompetenz war ebenso die Rede wie von mangelnder Wirklichkeitsnähe. Der glücklose Generalstabschef hatte sich mit vielen seiner Verhaltensweisen geradezu als ideale Zielscheibe für Kritiker angeboten. So hatte beispielsweise der Umstand, dass er konsequent der Front fernblieb, hämische Kommentare deutscher Kollegen zur Folge. Conrad, so hieß es, verlasse seinen „Fuchsbau", also den Stützpunkt des Armeeoberkommandos, so gut wie nie. Er hatte sich im Übrigen auch vehement gegen die Installierung eines „gemeinsamen Oberkommandos" gesperrt. Die Chefs beider Stäbe verzichteten unglaublicherweise monatelang sogar auf jeglichen direkten Kontakt, obwohl in dieser Phase das k.u.k. Armeeoberkommando und die Deutsche Oberste Heeresleitung nur 80 Kilometer voneinander entfernt lagen. Wie sehr ein koordiniertes Vorgehen erforderlich war, machte der Kriegsverlauf jedoch immer deutlicher. Eine „Gemeinsame Oberste Kriegsleitung" wurde schließlich trotz anhaltenden Widerstands des k.u.k. Generalstabschefs im Herbst 1916 eingerichtet. Ab nun galten die Entscheidungen des deutschen Kaisers als bindend. Wenige Wochen vor seinem Tod trat Franz Joseph also einen Teil seiner Rechte als Souverän an Wilhelm ab. Ein weiterer Schritt in Richtung Abhängigkeit vom Deutschen Reich war vollzogen. Der Nachfolger des Langzeitmonarchen, der junge Kaiser Karl, schaffte es nicht, sich aus der immer fester werdenden Umklammerung des Bündnispartners zu befreien. Im Gegenteil. Seine Friedensbemühungen erschienen – freilich auch aus eigenem Verschulden – am Ende als „Treubruch", als versuchter „Verrat" am Bundesgenossen, als „heimtückische" Aktion hinter dem Rücken Kaiser Wilhelms. Karls signalisiertes Entgegenkommen gegenüber französischen Wünschen bei einem etwaigen Frieden hatte für Deutschland unannehmbare Gebietsabtretungen inkludiert. Die Folgen dieser Aktion des habsburgischen Monarchen waren fatal.

August von Cramon, deutscher Bevollmächtigter General beim k.u.k. Armeeoberkommando, der später mit seinen Aufzeichnungen über den vergangenen Krieg und das Bündnis mit der Habsburgermonarchie für gehörige Aufregung unter vielen ehemaligen österreichischen Kollegen sorgte, stellte Karl ein alles andere als schmeichelhaftes Zeugnis aus. Auch dessen „Friedensliebe" als „Entschuldigungsgrund" für den ungeschickten Vorstoß gegenüber Frankreich ließ er nur bedingt gelten. Immerhin war der Habsburger seinen Erinnerungen zufolge zu Beginn des Krieges keineswegs „pazifistisch", sondern vielmehr voll der Begeisterung über den geradezu als erlösend empfundenen Waffengang gewesen. (Cramon 157) Dem jungen, verunsicherten Kaiser, dem das Gespenst eines deutschen Einmarschs in Böhmen und Tirol im Nacken saß, riet er schließlich zu einer Entschuldigung gegenüber Wilhelm. Überdies sollten nun „alle hiesigen Maßnahmen politischer wie militärischer Natur unter deutsche Kontrolle" gestellt werden. (zit. nach Rauchensteiner, Tod des Doppeladlers 557) Karl brach im Mai 1918 zum „Canossagang" nach Spa auf, um beim deutschen Kaiser Abbitte zu leisten. Der Preis für Deutschlands „Nachsicht" gegenüber dem kriegsmüden „Waffenbruder" war durchaus erheblich. Das Bündnis wurde erweitert, die wirtschaftliche Kooperation intensiviert und eine Militärkonvention unterzeichnet. Die „Gemeinsame Oberste Kriegsleitung" mutierte zur „Obersten Kriegsleitung". Die Habsburgermonarchie wurde nicht mehr als eigenständiger Faktor angesehen. Weder vom Bündnispartner noch vom militärischen Gegner.

Nähe und Distanz

Schon 1915 hatte Hermann Bahr gemeint, „daß, wenn das Ergebnis des ganzen Krieges nur sein soll, uns zu einer Provinz, zum Vasallen Hohenzollerns zu machen, wir das hätten billiger haben können". (zit. nach Rauchensteiner, „Nibelungentreue" 41) Im selben Jahr wurde im Übrigen die für die westliche Reichshälfte gebräuchliche Bezeichnung „Österreich" auch staatsrechtlich fixiert.

Die Angst, „geschluckt" zu werden, ging indes schon lange um, und die „Vormundschaft" der Deutschen hatte bei einigen Österreichern zunehmendes Unbehagen hervorgerufen. Hohe diplomatische Kreise des Habsburgerreiches wünschten sich jedenfalls eine Frischkur für den dort und da scheinbar allzu reichsdeutsch eingefärbten österreichischen Patriotismus. Doch offenkundig musste man sich – nicht zum ersten Mal – an Deutschland „abarbeiten", um zu erklären, wer oder was der Österreicher überhaupt war oder sein sollte. Dabei hatte es in der Vergangenheit nicht an Bemühungen gefehlt, darauf Antworten zu geben, und es wäre falsch, die Existenz eines Österreich-Bewusstseins oder Österreich-Patriotismus zu leugnen. Nichtsdestoweniger bedurfte es gerade während des Krieges kräftigender Impulse. Das Ergebnis dieser Bemühungen fiel freilich eher bescheiden aus und nahm bei simplen Gegensatzpaaren Zuflucht. Dem Österreich-Bewusstsein solcherart auf die Sprünge helfen wollte nicht zuletzt Hugo von Hofmannsthal, der in seinen Schriften ein „kontinuitätsbewahrendes, vielgestaltiges Österreich" einem „geschichtslosen, ganz monotonen Deutschland" gegenüberstellte. (zit. nach Morgenbrod 340f.) Indem er die „Preußen-Deutschen" als „selbstgerecht, anmaßend und schulmeisterlich" beschrieb, bediente er sich gängiger Klischees über den Nachbarn und redete jenen nach dem Mund, deren „Liebe zu Deutschland" inzwischen merklich abgeklungen war. Berühmtheit erlangte sein Schema vom Preußen und vom Österreicher, in dem er schließlich auch seit vielen Jahrzehnten gewachsene Stereotypen des österreichischen Wesens auflistete, die bis heute teilweise prägend für das Fremd- und sicher auch Selbstbild der Österreicher geblieben sind. Hier mehr Tüchtigkeit und Streberei, da mehr Menschlichkeit und Genusssucht, hier Bereitschaft zu Konflikten, da die Scheu vor Auseinandersetzungen – Hofmannsthal lieferte eine Art Fundgrube für spätere Argumente moralisch anspruchsloser Nostalgiker, die dem „österreichischen Menschen" eine genuine Liebenswürdigkeit und Harmlosigkeit zugestanden. (Hofmannsthal 459–461)

Das Verhältnis zwischen Deutschland und Österreich blieb ambivalent. Daran konnte auch der im November 1918 per Staatsgrundgesetz zum Ausdruck gebrachte Anschlusswille der Republik Deutschösterreich nichts ändern. Dass man ungeachtet des Wunsches nach Vereinigung nicht so recht wusste, wie man sich bei Kriegsende zum früheren Bündnispartner stellen sollte, unterstreicht beispielsweise die Berichterstattung des „Salzburger Volksblatts" vom selben Monat. Anfang November 1918 nämlich kündigte das bayerische Kriegsministerium an, Truppen nach Nordtirol und Salzburg zur „Sicherung" der „Landesgrenzen" zu schicken. Deutschland hatte im Unterschied zu Österreich noch keinen Waffenstillstand geschlossen und befand sich also noch im Krieg. „Wir kommen als Freunde", hieß es aus Bayern, setzte aber hinzu, dass man notfalls auch gegenüber den ehemaligen Verbündeten von der Waffe Gebrauch machen werde. Das „Volksblatt" kündigte jedoch die „Treue" der Salzburger Bevölkerung gegenüber den deutschen „Invasoren" an. Man müsse sogar dankbar sein für diesen Einmarsch, da nur so das infolge der Auflösung der Monarchie befürchtete Chaos im Land verhindert würde. (Salzburger Volksblatt, 6.11.1918) Schon am nächsten Tag aber, am 7. November 1918, war die Begeisterung merklich geringer geworden. Deutschland wälze die Schrecken des Krieges auf Österreich ab, meinte man nun. Es sei auch für den wackeren „Waffenbruder" an der Zeit, den Krieg zu beenden. Die Sorge, mit dieser Kritik „Verrat" am Nachbarn zu üben, nahm das „Salzburger Volksblatt" seiner Leserschaft: Ein „guter Deutscher" könne man auch dann bleiben, wenn man sich den Abzug der Bayern wünsche.

DIE DUNKELSTEN KAPITEL
„Anschluss"-Bewegung und
Nationalsozialismus 1918–1945

*Der „Anschluss" seiner Heimat an das Deutsche Reich war
ein erklärtes Ziel Adolf Hitlers. Der „Bruderkrieg" von 1866
sollte nicht wiederholt werden. Im März 1938 wurde der „Anschluss" vollzogen, Hitler in seiner Heimat mit Jubel willkommen geheißen. Die Begeisterung war nicht ohne das Jahr 1918
zu verstehen. Damals hatten sich die Österreicher geradezu
selbstverständlich die Vereinigung mit dem „großen Bruder"
gewünscht. Die entstehende Alpenrepublik stellte man sich als
künftiges „Hochdeutschland, Deutsches Bergreich, Treuland"
oder „Donau-Germanien" vor.*

Deutschösterreich – ein Intermezzo

„Das Thema ‚Österreich' wird in der Kulturgeschichte späterer Generationen eine ganz einzigartige Rolle spielen. Man stelle sich vor, was ein Historiker des Jahres 2000 beispielsweise über dieses seltsame Land schreiben wird: Es war ein Land, das als Folge der großen Umwälzung nach dem Weltkrieg wie ein ungewolltes Kind ins Leben gesetzt wurde. Aber nicht nur das; die Einwohner dieses Landes hatten unaufhörlich das Bestreben, ihre lokale Selbständigkeit an den Mann zu bringen, wollten sich irgendwie, irgendwann, irgendeinmal an jemanden ‚anschließen' – aber man verbot es ihnen und zwang sie, selbständig zu sein. Das, was andere Völker mit dem Blute ihrer Besten und mit allen ihnen zu Gebote stehenden Mitteln zu erkämpfen versuchten, national und staatlich selbständig zu sein, dazu musste man die Österreicher mit Gewalt und Diplomatie erst zwingen, und sie fügten sich diesem Gebot, indem sie niemals aufhörten, mit allem Nachdruck zu betonen, wie unglücklich sie sich dabei fühlten." (Neues Wiener Journal, 27.4.1929)

Jener Journalist, der im Jahr 1929 auf diese Weise das Fehlen eines österreichischen Patriotismus anprangerte, empfahl seinen Landsleuten, sich gewissermaßen bei Sigmund Freud auf die Couch zu legen. Nur auf Grundlage einer eingehenden Psychoanalyse, so meinte er, sei die „österreichische Neurose", der „Hass" auf die eigene „Heimat", aus der Welt zu schaffen.

Nach Ende des Ersten Weltkrieges erschien jedoch der Wille zum Anschluss an Deutschland keineswegs als zu heilende Krankheit, sondern stellte sich geradezu als Selbstverständlichkeit dar. Und über den Namen des „ungewollten Kindes", von dem im „Neuen Wiener Journal" die Rede war, machte man sich anscheinend durchaus mit Engagement Gedanken. Hochdeutschland, Deutsches Bergreich, Treuland, Donau-Germanien. Das sind nur vier Vorschläge zur Neubenennung der im November 1918 aus der Taufe gehobenen Republik Deutschösterreich, die als Ergebnis einer Umfrage der „Innsbrucker Nachrichten" zur Diskussion standen. „Österreich" sollte nach Ansicht der verantwortlichen Zeitungsredakteure im Staatsnamen gar nicht erst vorkommen. (Stourzh 32) Der Bruch mit der Vergangenheit vollzog sich aber auch auf anderen Ebenen. Bereits wenige Tage nach Ausrufung der Republik manifestierte sich ein aggressives Bedürfnis nach Abgrenzung zur multinationalen Realität des Habsburgerreichs. Deutschösterreich sollte wahrhaft „deutsch" werden. So beschloss der Kabinettsrat die Entlassung nichtdeutscher Personen aus dem Staatsdienst. Diese Entscheidung tangierte „kleine Beamte" ebenso wie „Staatsdiener" in gehobenen Positionen. (Wiener Zeitung, 24.11.1918) Sie führte etwa an den Hochschulen zur Abberufung international anerkannter Gelehrter.

Doch Deutschösterreichs Zukunft sah anders aus, als sie sich die Lenker des Staates im November 1918 vorgestellt hatten. Im Herbst 1919 mussten sich nicht nur die Leserinnen und Leser der „Innsbrucker Nachrichten" damit abfinden, dass erstens der Anschluss an den deutschen Nachbarn gar nicht stattfinden würde und dass weiters ausgerechnet der abgelehnte zweite Teil des ungeliebten Staatsnamens von nun an Gültigkeit hatte. Im Frieden von Saint Germain war nicht nur die Angliederung an Deutschland untersagt worden; der Verzicht auf diesbezügliche Absichten sollte auch mit der Bezeichnung „Republik Österreich" zum Ausdruck kommen. Nun trug also der „Staat, den keiner wollte", auch einen offenbar nicht eben geschätzten Namen. Noch dazu hatten die Siegermächte des Ersten Weltkrieges den Großteil jener deutschsprachigen Gebiete, welche die Republik mit Verweis auf das von den USA in der letzten Kriegsphase propagierte nationale Selbstbestimmungsrecht für sich reklamiert hatte, den anderen Nachfolgestaaten der Habsburgermonarchie zugesprochen. Dass deutsche Österreicher außerhalb der Republik und in nichtdeutschen Ländern lebten, empfanden viele jenseits und diesseits der nunmehrigen Grenzen als Trauma, als Unrecht, als Schande.

Der von allen maßgeblichen politischen Parteien im Oktober und November 1918 zum Ausdruck gebrachte Anschlusswille musste ad acta gelegt werden. Während die einen ohnehin an eine alternative Zukunft der Republik etwa im Rahmen einer Donauföderation gedacht hatten, lösten sich die anderen schwer bis gar nicht von dem Wunsch, Teil des nach dem Ersten Weltkrieg zunächst von den Sozialdemokraten dominierten Deutschen Reichs zu werden. Ganz aufgegeben wurden die Bestrebungen in Richtung Angliederung an Deutschland von keiner der politischen Kräfte. Für die Christlichsozialen unter Ignaz Seipel erschien jedoch bei genauerer Betrachtung ein Zusammengehen mit dem Nachbarland wenig attraktiv, solange dort eine „sozialistische Diktatur" herrschte, während die „Linke" im Anschluss an Deutschland den „Sieg des Sozialismus" näherrücken sah. (zit. nach Saage 79) Dennoch blieb auch in den Augen der Christlichsozialen evident, dass es für Österreichs Außenpolitik keine Kombination ohne Deutschland geben könne. Trotzdem entwickelte Seipel eine Österreich-Konzeption, welche „die deutsche Komponente nicht negierte, sie aber in einer europäischen Perspektive aufhob". (Rumpler, Österreich 249) Die Großdeutschen hingegen erblickten mehr oder weniger erwartungsgemäß im Anschluss den „unverrückbare[n] Leitstern" der österreichischen Politik. (Pape 38)

Inwieweit das Deutsche Reich als Folge des 1919 verwehrten Anschlusses gleichsam zum allseits verzweifelt vermissten „Sehnsuchtsort" der Österreicherinnen und Österreicher während der Ersten Republik wurde, lässt sich in Ermangelung zuverlässiger Daten über die diesbezügliche Haltung in der Bevölkerung kaum sagen. Dasselbe gilt für die Frage, welche Veränderungen diese Haltung in Anbetracht der über Jahre hindurch konkret erlebten solitären Existenz der Republik erfuhr. Das Problem des „Sichdeutsch-Fühlens" beherrschte jedenfalls den intellektuellen Diskurs ebenso wie die Suche nach einem angemessenen Platz Österreichs in der deutschen Geschichte.

Wo aber lagen die Wurzeln für das im November 1918 von Staatskanzler Karl Renner so leidenschaftlich formulierte Bekenntnis der Zusammengehörigkeit, als er die Schicksalsgemeinschaft des „deutschen Volkes" beschwor? (Steininger 513) War der Anschlusswille tatsächlich Ausfluss einer Art österreichischen Zwangsvorstellung von der Neutralisierung der Folgen des „Bruderkampfes" von 1866? Waren es die Minderwertigkeitskomplexe einer um das nackte Überleben kämpfenden Ex-Großmacht, weshalb das auf Kleinstaatniveau geschrumpfte Land dem Anschluss als scheinbarer Pauschallösung aller Probleme so bedingungslos zustrebte? Die damaligen politischen Verantwortlichen hatten je nach Parteizugehörigkeit unterschiedliche beziehungsweise unterschiedlich akzentuierte Antworten auf diese Fragen parat. Ihre Erklärungen wiederum tangierten auch das Problem der Selbstdefinition, die sich als Folge des Zusammenbruchs der Donaumonarchie und der „Österreichischen Revolution" im November 1918 aufdrängte. Den Willen der Parteien zum Anschluss als Konsequenz einer jahrzehntelang schwelenden „Disloyalität" gegenüber dem Habsburgerreich zu werten, ist jedoch völlig verfehlt. Dieser Befund gilt nicht einmal für die deutschnationalen Kräfte, die sich, abgesehen von ihren radikalsten Exponenten, gerade in den Jahren vor dem Zerfall der Monarchie zu einem staatstragenden Element entwickelt und im Modell des Vielvölkerreiches offenbar durchaus Erhaltenswertes erblickt hatten. „Erst der Zerfall des Habsburgerstaates tilgte mit einem Schlag alle deutschnationalen Bindungen an die altösterreichische Gemeinsamkeit." (Haas 475) Die Dynastiefixiertheit des Österreich-Begriffs „musste zum Problem werden, sobald 1918 die bisherige Ordnung zusammenbrach". (Urbanitsch 74)

Als breit diskutiertes Thema durchlief die Problematik des Anschlusses jedenfalls aufgrund spezifischer Anlassfälle unterschiedliche Konjunkturen. Nicht zu leugnen ist allerdings, dass beispielsweise durch im Jahr 1921 abgehaltene Plebiszite in Tirol und Salzburg der Anschlusswille eindrucksvoll unter Beweis gestellt wurde. Andererseits wäre es zu kurz gegriffen, die Motive für dieses Votum lediglich in einer emotionalen Fixiertheit auf den

„großen Bruder" suchen zu wollen. Der Wunsch nach Loslösung vom „roten, verjudeten Wien" spielte in der Entscheidung für ein Zusammengehen mit dem mittlerweile „antirevolutionären" Deutschland ebenfalls keine geringe Rolle. (Steininger 514) Davon abgesehen sprachen sich die Vorarlberger für eine Angliederung an die Schweiz aus. Das Angebot des „Ländle" wiesen die Eidgenossen allerdings zurück.

In Tirol dachten indes einige Kreise gar an eine völlig selbstständige Existenz, um auf diese Weise eventuell wieder mit dem Italien zugesprochenen südlichen Teil des Landes vereint zu werden. Diese Beispiele verweisen auch auf ein stark ausgeprägtes Länderbewusstsein, ein Umstand, der sich gerade in den ersten Jahren der Republik als durchaus belastend darstellte. Der Historiker Gerhard Botz spricht in diesem Zusammenhang überdies vom Problem mehrfacher kollektiver Identitäten, d.h. von einem „Gegen- und Miteinander von deutschem Nationalbewusstsein, (Kron-)Länderpatriotismus und Österreich-Patriotismus". Vor diesem Hintergrund habe sich kein erfolgreicher „Nationsbildungsprozess" vollziehen können. (Botz, Das Schlüsseljahr 62)

Die Eigenständigkeit der Länder hatten vor allem die Sozialdemokraten abgelehnt. Den Bundesstaat erachteten sie nicht „als die geeignetste Staatsform". Ein „einheitliches Deutschösterreich" hielten sie unter anderem in Hinblick auf den angestrebten Anschluss an Deutschland für sinnvoller. Das betonte der Sozialdemokrat Robert Danneberg auch im Zuge einer vor der Konstituierenden Nationalversammlung gehaltenen Rede im September 1920. (Verfassung und Sozialdemokratie 4f.)

Ungeachtet dessen erscheint fraglich, ob es tatsächlich so verlockend war, sich an ein Land anzuschließen, das ebenso wenig politische Stabilität zu bieten schien wie die eigene Heimat und – wie sich 1919 als Konsequenz des Versailler Friedens herausstellte – obendrein den Siegermächten des Ersten Weltkrieges umfangreiche Reparationen zu leisten hatte. Diesbezügliche Forderungen an die eigene Adresse empfand man in Österreich bereits als drückend genug.

Obwohl sich hierzulande die Sozialdemokraten in Sachen Anschluss besonders hervorgetan hatten, reagierte gerade die österreichische Arbeiterschaft zunächst eher zurückhaltend auf eine solche Zukunftsperspektive. Das von vielen als belastend und unbefriedigend empfundene Bündnis mit dem Hohenzollernreich im Weltkrieg dürfte in dieser Hinsicht einen bitteren Nachgeschmack hinterlassen haben. Das Argument der wirtschaftlichen „Lebensunfähigkeit" des Staates, das die Anbindung an den Nachbarn als unabdingbare Notwendigkeit darstellte, musste demnach mit größtmöglicher Eindringlichkeit vorgebracht werden. Der mit dem Zerfall der Donaumonarchie zu gewärtigende Verlust eines gewachsenen Wirtschaftsraumes stellte sich als Katastrophe dar, der – so hieß es – nur durch den Anschluss an das trotz Gebietsverlusten immer noch große Deutsche Reich zu entgehen sei. Heute ist in der Historiographie vielfach von der „Legende" der mangelnden „Lebensfähigkeit" Österreichs die Rede. In diesem Zusammenhang wird auf die damaligen anschlusskritischen Äußerungen gerade aus den Kreisen der Wirtschaftstreibenden verwiesen, die im Falle einer Angliederung an das Nachbarland unter anderem um ihre Konkurrenzfähigkeit fürchteten.

Der Anschluss als „Leerstelle"

Trotz einer von den politischen Parteien auch nach 1919 in unterschiedlicher Form und Intensität lebendig erhaltenen Anschlusspropaganda diktierten die realpolitischen Gegebenheiten über weite Strecken andere Prioritäten. Schon 1922 erhielt die Anschlussbewegung einen weiteren Dämpfer. Die Gewährung einer internationalen Anleihe, um die Österreich angesichts einer maroden finanziellen und wirtschaftlichen Situation angesucht hatte, zog eine Reihe von Bedingungen an die Republik nach sich. Eine davon war der erneute Verzicht auf einen Anschluss an Deutschland. Die Sozialdemokraten warfen in Anbetracht dieser seitens der Regierung schließlich akzeptierten Forderung Bundeskanzler Seipel „nationalen Verrat" vor, desavouierten diese Kritik aber

mit einem „Umfaller", der selbst wohlwollende Beobachter sozial-
demokratischer Politik in Staunen versetzte: Trotz wortreich vor-
getragener Skepsis gegenüber dem Vertragswerk sanktionierten
die im Parlament vertretenen sozialdemokratischen Abgeordneten die vormals aus vielen Gründen so gescholtenen „Genfer
Protokolle". Sie machten, kommentierte Otto Bauer, der als so-
zialdemokratischer Staatssekretär des Äußern 1918/19 vergeblich
auf einen Anschluss an Deutschland hingearbeitet hatte, aus dem
Land „eine Kolonie der Entente". (Saage 80)

Als zehn Jahre später die Gewährung einer weiteren großen
Anleihe eine erneute Bekräftigung des Anschlussverzichts erforderlich machte, versagten die Sozialdemokraten dem nunmehrigen Bundeskanzler Engelbert Dollfuß die Unterstützung. Die
Fronten zwischen Christlichsozialen und Sozialdemokraten hatten sich in den vorangegangenen Jahren immer mehr verhärtet.
Die Anschlussfrage spielte im Zusammenhang mit dem Prozess
der fortschreitenden Entfremdung zwischen den beiden Parteien
realiter eine untergeordnete Rolle. Sie erwies sich vielmehr als
„unverbindliche Leerformel", die von „aktuellen und parteipoliti-
schen Heilsbedürfnissen aufgefüllt" und bei Bedarf in die Debatte
geworfen wurde. (Tálos/Dachs/Hanisch/Staudinger 484) Der Zusammenschluss mit Deutschland drängte sich aber vor dem Hintergrund der Ende der 1920er-Jahre beginnenden Weltwirtschaftskrise durchaus wieder stärker in das Bewusstsein einer breiteren
Öffentlichkeit, die angesichts der ökonomischen Lage vorhandene
Loyalitätsempfindungen gegenüber dem Staat abzulegen begann.
Der vom Völkerbund verlangte Sparkurs verstärkte die Distanz
zu den Westmächten, während die revisionistische und gegen die
Versailler Friedensordnung gerichtete Politik Berlins zu imponie-
ren vermochte. Parallel dazu konnten die österreichischen Nationalsozialisten als weitgehend konkurrenzlose Anschlusspartei
auftreten. Die Sozialdemokraten hingegen strichen 1933, nachdem
Adolf Hitler in Deutschland an die Macht gekommen war, den
sogenannten Anschlussparagraphen aus ihrem Parteiprogramm.

Eine damit verbundene Neuorientierung der Partei blieb aber aus. (Nasko 415) Für Teile der Arbeiterschaft stellte sich außerdem angesichts der autoritären Regierung unter Bundeskanzler Engelbert Dollfuß und der im Februar 1934 gewaltsam ausgeschalteten sozialdemokratischen Partei eine Angliederung an das Nachbarland als durchaus anzustrebendes Ziel dar. Der in seiner Souveränität durch NS-Deutschland zunehmend bedrohte „christliche Ständestaat", dessen Geburt die Existenz der Republik beendete, forcierte indessen die Implementierung eines allerdings ideologisch defizitären Österreich-Patriotismus, der unter anderem bei einer habsburgischen Traditionspflege ansetzte und gleichzeitig das Bild vom „besseren Deutschen" strapazierte. Österreich sollte sich in Kontinuität zur untergegangenen Vielvölkermonarchie seiner besonderen „Sendung" nicht nur „im mitteleuropäischen, sondern auch im deutschen Raum" bewusst werden. Der Versuch geriet zu einer „austrospezifischen Deutschtümelei", der in seinem pseudokolonialen, abstrakt anmutenden Anspruch einer „Heil bringenden" Ordnungsmacht nicht nur ohne konkretes Betätigungsfeld blieb, sondern auch dem nationalsozialistischen Angebot einer „Heimkehr ins Reich" keine nennenswerte Konkurrenz machte. Der Politikwissenschaftler Emmerich Tálos fasst das Wesen dieses „Österreich-Konzepts" so zusammen: „Gestützt auf die ideologische Tradition völkisch-antidemokratischer, antisemitischer katholischer Rechter und deren Perspektive auf Errichtung eines neuen deutschen Reiches bildete die Österreich-Ideologie die österreichische Variante der deutschen Volkstumsideologie." (Tálos, Herrschaftssystem 400)

Im Nachbarland war überdies im Gegensatz zu Österreichs ideenloser Wirtschaftspolitik ein – wenngleich fragwürdiges – „Beschäftigungswunder" zu bestaunen, was zusätzliche Motive für bereits vorhandene Anschlusswünsche lieferte. Ein Aufschwung der heimischen Wirtschaft schien hingegen nicht in Sicht zu sein, und jene, die von der Misere am Schlimmsten betroffen waren, fühlten sich von der Politik in Stich gelassen. Immerhin war 1933/34 laut offiziellen Statistiken jede/r vierte unselbstständig Erwerbstätige in Österreich arbeitslos. Die mit Verelendung einhergehende Massenarbeitslosigkeit blieb ein ungelöstes Problem, wobei in diesem Zusammenhang auch von einem „sozialen Desaster" der „ständestaatlichen" Politik die Rede ist. (Tálos/Fink 234) Ein weiteres Faszinosum, mit dem der Nachbarstaat aufwarten konnte, stellte neben der „Reichsidee" an sich auch die aufwändige Inszenierung des nationalsozialistischen „Wir-Gefühls" durch Massenaufmärsche und andere Veranstaltungen dar. Die demonstrative Betonung wiedererlangter militärischer Stärke wirkte ebenfalls auf viele „ansteckend".

Der „Imitationsfaschismus" österreichischer Prägung mit seinem verstaubten, rückwärtsgewandten Image besaß hingegen trotz des Bestrebens, Vergleichbares zu bieten, wenig Anziehungskraft. Gleichzeitig war der Widerstand von Bundeskanzler Dollfuß gegen eine deutsche Vereinnahmung auch von Verständigungsangeboten gegenüber den Nationalsozialisten begleitet worden. Er legte hier eine Bereitschaft zur Versöhnung an den Tag, die er aufgrund seiner strikt antimarxistischen Position gegenüber der Sozialdemokratie nicht erwogen hatte. Die Nationalsozialisten aber schlugen die ihnen dargebotene Hand aus. Dollfuß' Gegnerschaft zum Nationalsozialismus wird vor diesem Hintergrund von einigen Historikern vor allem als eine von Deutschland beziehungsweise der NSDAP im eigenen Land aufgezwungene Haltung geschildert.

Die Mehrheit der Nationalsozialisten wertete das Entgegenkommen von Dollfuß ohnehin nur als Ausdruck der Schwäche. Sein Kampf zur Bewahrung der Souveränität des seit 1933 ohne Parlament und autoritär regierten Österreich ist nichtsdestoweniger evident. Nachdem er im Juli 1934 im Zuge eines nationalsozialistischen Putschversuches getötet worden war, setzte ein posthumer Führerkult um die Person des „Märtyrer-Kanzlers" ein. Dieser wirkte in freilich modifizierter Form teilweise bis weit hinein in die Zweite Republik und trifft auch heute noch auf

gewissen Zuspruch. Da aber Dollfuß' Gegnerschaft zum Nationalsozialismus nicht am Antifaschismus festzumachen war, musste
sie mit einem „sakralisierten" Österreich-Patriotismus verknüpft
werden, der Kritik am „Märtyrer-Kanzler" unter den Pauschalver-
dacht geradezu hochverräterischer Regungen stellte. Für die einen
verehrungswürdiger österreichischer „Super-Patriot" und mutiger
Kämpfer gegen den verbrecherischen Nationalsozialismus, für die
anderen Zerstörer der Demokratie, Diktator und Totengräber der
Republik, ist die Figur des „Märtyrer-Kanzlers" daher bis heute
umstritten. Gewissermaßen im Sinne des Jahrzehnte hindurch
die österreichische Realität beherrschenden Proporzsystems gilt
Ähnliches im Übrigen auch für den Sozialdemokraten Karl Renner, der sowohl nach dem Ersten als auch nach dem Zweiten Weltkrieg an der Spitze der Republik stand. Auch seine Rolle und sein
Wirken werden unterschiedlich bewertet. Nachdem Renner sich
1918/19 zum deklarierten Anschlussbefürworter gewandelt hatte,
sprach er sich auch 1938 für die Annexion aus. Erklärungen für
diese, gelinde gesagt, irritierende Haltung gibt es viele, doch keine
kann wohl als befriedigend angesehen werden. Eine davon begründet sich jedenfalls in der Hoffnung auf eine „gesamtdeutsche
Revolution" zur Lösung der sozialen und nationalen Frage.

ZURÜCKWEISUNG?

Darüber, wie euphorisch oder aber reserviert die deutsche Seite
1918/19 auf den Anschlusswunsch des Nachbarn reagierte, liegen
unterschiedliche Einschätzungen vor. Dass Österreichs Fixiertheit auf Deutschland größer war als umgekehrt, ist jedoch kaum
bestreitbar. Hierzulande orteten jedenfalls einige Zeitgenossen
eine geradezu als verletzend wahrgenommene Zurückhaltung
der Nachbarn. Andere wiederum hielten eine diesbezügliche
Kritik für unangebracht und sahen vielmehr die Gefahr, in Österreich würde ein Gemisch aus „Preußenfeindlichkeit" und
„Bismarckhass" die Haltung gegenüber dem „großen Bruder"
dominieren.

Hinsichtlich des deutschen Engagements in der Anschlussfrage machen auch einige Historiker eine gewisse Verhaltenheit
des Nachbarstaates aus, wobei nicht zuletzt auf dessen einge-
schränkten politischen Handlungsspielraum nach dem Krieg
verwiesen wird. Schon im Herbst 1918 hatte überdies die französische Reaktion auf Deutschösterreichs Selbstdefinition als Teil des
Nachbarstaates kommende Widerstände seitens der alliierten und
assoziierten Mächte erahnen lassen. Auch 1919 formulierte Frankreich von allen relevanten Mächten am entschiedensten sein Veto.
So musste Otto Bauer als Staatssekretär des Äußern das Scheitern
seiner Politik eingestehen. Das Argument, ein Zusammengehen
mit dem Nachbarstaat würde der Vorherrschaft des „norddeutsch-
preußischen Wesens innerhalb Deutschlands ein starkes Gegen-
gewicht" entgegensetzen, war unwirksam geblieben. (zit. nach
Hanisch, Im Zeichen von Otto Bauer 213) Zudem kamen die von
Österreich so dringend benötigten Hilfslieferungen, die zur Lin-
derung der akuten Nachkriegsnot erfolgten, nicht aus Deutschland, sondern aus dem Westen – ein Umstand, der grundsätzliche
Fragen zur künftigen Orientierung der Ersten Republik aufwarf.
Die Franzosen konstatierten daher: „Österreich kann nicht den
Bauch bei der Entente und den Kopf bei Deutschland haben." (zit.
nach Hanisch, Im Zeichen von Otto Bauer 217) Das Nachbarland
nämlich hatte sich „wegen der internationalen Gesamtlage" in
dieser Hinsicht verweigert und Österreich daraufhin an die Mild-
tätigkeit der Sieger appelliert. (zit. nach Saage 77)

In jedem Fall waren mit dem Anschlussverbot alle vorberei-
tenden wie bereits getroffenen Maßnahmen für den Zusammenschluss der Republik mit dem Deutschen Reich hinfällig geworden.
Das galt auch für die Ergebnisse diesbezüglicher bilateraler Verhandlungen, denen zufolge „Deutsch-Österreich als selbständiger
Gliedstaat in das Reich eintreten" sollte. (zit. nach Möller 162)

Bis Ende der 1920er-Jahre wurde die deutsche Österreich-
Politik im Wesentlichen dem Verständigungskurs gegenüber
den Westmächten untergeordnet. Das änderte sich erst in der

Endphase der Weimarer Republik, „als die deutsche Außenpolitik
[…] revisionistischen Zielen zustrebte, das französische Sicher-
heitssystem in Südosteuropa aushebeln wollte und die deutsche
Hegemonie" zum Ziel erkor. (Pape 39f.) Dennoch blieben prakti-
sche Erwägungen für die deutsche Politik gegenüber dem Nachbarstaat entscheidend. Im Vordergrund stand das Bestreben, die
„Fesseln von Versailles" in wirtschaftlicher und militärischer Hinsicht abzulegen. Eine offene Anschlusspolitik hätte diesen Plänen
widersprochen. Man vertraute zudem darauf, dass das Streben
nach Vereinigung mit Österreich „im deutschen Volke niemals
verschwinden" werde, hielt „vorsichtiges Abwarten" aber für sinnvoller als ein Vorpreschen mit wohl unrealistischen Forderungen.
(zit. nach Heß 305) Außerdem warnten maßgebliche Persönlichkeiten im Deutschen Reich vor einem im Falle der Eingliederung
Österreichs verstärkten katholischen Einfluss, ein Sachverhalt,
der auf „Bayern plus Österreich gegen Preußen" hinauslief. (Hillgruber 164) Insofern hielt sich wohl auch die Enttäuschung über
das Scheitern des deutsch-österreichischen Zollunionsprojekts
im Jahr 1931 in Grenzen. (Möller 166) Misstöne gab es dennoch.
Immerhin wurde und wird vermutet, dass jene österreichischen
Kräfte den Plan hintertrieben, die einer dergestalten Annäherung
an Deutschland prinzipiell kritisch gegenüberstanden. Obwohl
das Projekt „formal unterhalb der ‚Anschlußschwelle'" lag, alar-
mierte es dennoch die Siegermächte – allen voran die Franzosen.
(Hillgruber 165) Da Österreich damals die wirtschaftliche und finanzielle Hilfe aus Paris dringend benötigte, beugte sich die Regierung in Wien dem französischen Druck. Der deutsche Reichskanzler Heinrich Brüning schloss sich vor diesem Hintergrund
der Einschätzung des Reichspräsidenten Paul von Hindenburg an,
der meinte, „seine Erinnerungen aus dem Kriege gingen dahin,
dass man mit Österreich niemals gemeinsam eine Politik machen
dürfe, da die Österreicher nie durchhielten und im geeigneten
Augenblick solche Einigungen gegen einen hohen Preis an andere
verkaufen würden". (zit. nach Hillgruber 165)

Das nicht zuletzt aus den Erfahrungen des Ersten Weltkrieges gespeiste „preußische" Österreich-Bild beeinflusste im Übrigen auch das Verhältnis zwischen deutschen und österreichischen Nationalsozialisten. So erlebten jene, die als Mitglieder der sogenannten Österreichischen Legion ab 1933 und nach dem Verbot der Partei durch die Regierung unter Bundeskanzler Dollfuß in den Nachbarstaat geflohen waren, die Befehligung durch deutsche Vorgesetzte oftmals als schikanös. Einige dieser „Legionäre", die von Deutschland aus auf einen Einmarsch in Österreich hinarbeiteten, beschwerten sich über geringschätzige Äußerungen der „Piefkes", die auf das „österreichische Soldatentum" abzielten. Tatsächlich hielt die deutsche SA im Zuge der Schulungen ihrer österreichischen Kollegen mehr Drill als üblich für angebracht, um die Neuankömmlinge quasi an das „preußische Niveau" heranzuführen.

„HEIM INS REICH"
Der Anschluss seiner Heimat an das Deutsche Reich war ein erklärtes Ziel Adolf Hitlers, wenngleich das Wie und Wann etwa in „Mein Kampf" noch ungeklärt geblieben waren. (Möller 167) Dort jedenfalls hieß es: „Deutschösterreich muß wieder zurück zum großen deutschen Mutterlande, und zwar nicht aus Gründen irgendwelcher wirtschaftlicher Erwägungen heraus. Nein, nein: Auch wenn diese Vereinigung, wirtschaftlich gedacht, gleichgültig, ja selbst wenn sie schädlich wäre, sie müsste dennoch stattfinden. Gleiches Blut gehört in ein gemeinsames Reich." (zit. nach Hillgruber 166)

Über den Stellenwert wirtschaftlicher Motive für die deutschen Anschlussbestrebungen sowie das Ausmaß einer Unterwanderung der österreichischen durch die deutsche Wirtschaft bis 1938 sind unterschiedliche Ansichten vorhanden. Als treibende Kraft hinter der Einverleibung Österreichs wird in jedem Fall Hermann Göring genannt, damals neben seinen anderen Funktionen auch Bevollmächtigter für den Vierjahresplan. Verschiedene Berater in Wirtschaftsfragen hatten ihn aber offenbar „vor den zusätzlichen Belastungen, die durch die Eingliederung Österreichs auf das Reich zukamen", gewarnt. (Pape 45) Bestimmend für Görings verstärkte Aktivitäten in der Österreich-Frage seien, so eine Sichtweise, nicht „wirtschaftliche Engpässe", sondern „die außenpolitischen Kräfteverschiebungen in Europa" gewesen. Insgesamt hätten geostrategische Überlegungen in Hinblick auf eine beabsichtigte Umklammerung der Tschechoslowakei mehr Bedeutung für den ab Jahresbeginn 1938 forcierten deutschen Anschlusskurs besessen als ökonomische Gründe. Der deutsche Historiker Matthias Pape widerspricht überdies der sowohl in österreichischer als auch deutscher Fachliteratur oft anzutreffenden Behauptung, wonach der Anschluss auf ökonomischer Ebene über die Durchdringung der österreichischen Wirtschaft mittels deutschen Kapitals bereits über Jahre hindurch vorbereitet worden war. Der deutsche Kapitalanteil an der österreichischen Industrie sei vergleichsweise gering gewesen. Eine politische Steuerung hinter dieser Entwicklung stellt Pape in Abrede. (Pape 47) Andererseits können die vitalen deutschen Interessen an Österreichs Wirtschaft, an seinen Ressourcen und Bodenschätzen nicht ausgeblendet werden. Das wurde schon aufgrund der einschlägigen Maßnahmen nach dem Anschluss offenkundig, als das „Dritte Reich" immer zielstrebiger auf den kommenden Krieg zurüstete.

Fest steht, dass zunächst wirtschaftlicher Druck, gepaart mit Provokationen und Terror Österreich „sturmreif" machen sollte. Anlass zur Hoffnung auf eine baldige Änderung der Machtverhältnisse gaben den Nationalsozialisten allerdings auch die Ergebnisse der Landtags- und Gemeinderatswahlen Anfang der 1930er-Jahre, die der österreichischen NSDAP beachtliche Stimmengewinne bescherten. Das Scheitern des Zollunionsplanes war im Zuge des Wahlkampfs von den Nationalsozialisten entsprechend ausgeschlachtet worden. Der Partei gelang es, die Emotionen, die angesichts der Enttäuschung über eine offenbar weiterhin nicht zu erreichende „deutsche Einheit" frei wurden, zu nutzen.

Ihre Position kräftigen konnten die Nationalsozialisten außerdem durch den Erosionsprozess bei der Großdeutschen Volkspartei. Die Abwanderung des nationalen Lagers zur NSDAP musste auch auf die Regierung alarmierend wirken. Ab dem Frühjahr 1933 setzte die österreichische NS-Partei dann massiv Terrormethoden ein, um diese zu Fall zu bringen. Unterstützung kam aus Deutschland, von wo aus die hierfür notwendigen Gelder flossen. Obwohl im Juni 1933 die NSDAP in Österreich verboten wurde, arbeiteten die nunmehr illegalen Nationalsozialisten weiter auf den Sturz der Regierung in Wien hin.

Nach dem misslungenen NS-Putsch im Juli 1934 schwenkte der „Führer" aber auf den sogenannten evolutionären Kurs ein. Mit Blick auf die Außenpolitik war überdies Vorsicht geboten. So hatte Benito Mussolini im Juli 1934 seine Bereitschaft deutlich gemacht, Österreichs Unabhängigkeit auch mit Waffengewalt zu verteidigen. Nach der Annäherung zwischen „Führer" und „Duce" fiel jedoch die Gefahr einer weiteren italienischen Unterstützung für Österreich weg. Franz von Papen sollte indessen als deutscher Sondergesandter in Österreich ein Infiltrationskonzept nach dem Motto eines „schleichenden Anschlusses" umsetzen. Schon zuvor hatte Hitler die Leitung der österreichischen NSDAP in reichsdeutsche Hände gelegt und eine erste „Verpreußungswelle" ausgelöst. (Jagschitz 89) Die evolutionäre Taktik des „Führers" wurde innerhalb der österreichischen Nationalsozialisten unterschiedlich aufgenommen. Indem er sich im Rahmen des Juliabkommens 1936 direkt mit der Regierung unter Bundeskanzler Kurt Schuschnigg verständigte, um die beiderseitigen Beziehungen „wieder normal und freundschaftlich zu gestalten", enttäuschte er jenen Teil der österreichischen Nationalsozialisten, die sich auf den Weg der Konfrontation mit dem Regime eingeschworen hatten. (zit. nach Möller 167) Überhaupt hielten sich Hitlers Sympathien für die Parteigenossen aus Österreich in Grenzen.

Das Juliabkommen nahm indessen den Anschluss in vielen Bereichen bereits vorweg, obwohl vordergründig die österreichische

Souveränität zunächst gesichert schien. Es zeigte sich: „Jeder Modus vivendi mit dem Nationalsozialismus erwies sich als Modus moriendi." (Hanisch, Der lange Schatten 321) In jedem Fall wirft die damalige österreichische Politik die prinzipielle Frage nach Weg und Ziel auf. Das Land begab sich augenscheinlich in eine fortschreitende Abhängigkeit zum Deutschen Reich und war außenpolitisch zunehmend isoliert. Wie zwangsläufig diese Entwicklung tatsächlich war, wird in der österreichischen Historiographie bis heute heftig diskutiert. In jedem Fall musste unter den geschilderten Voraussetzungen eine Aufrechterhaltung von Österreichs Selbstständigkeit immer unrealistischer erscheinen. Das Entgegenkommen gegenüber nationalsozialistischen Forderungen, die andererseits immer häufiger drohenden Charakter annahmen, kam einer Selbstaufgabe schon sehr nahe. Nicht zu übersehen ist auch, dass verschiedene Verwaltungsbereiche bereits von Nationalsozialisten durchsetzt waren und dass diese zur Machtübernahme „von innen" beitrugen.

Während aber die Regierung die Hand nach rechts ausstreckte, erfolgte nach links keine vergleichbare Geste. Eine Zusammenarbeit mit der in die Illegalität abgedrängten Opposition wurde nicht angestrebt. Schuschniggs starre Haltung gegenüber der Linken bleibt symptomatisch für die Ambivalenz des „ständestaatlichen" Widerstands gegen den Nationalsozialismus.

Wie weit der Kanzler – nicht zuletzt als Folge eigener Fehleinschätzungen – in die Enge getrieben war, zeigte sich spätestens im Februar 1938: Das Berchtesgadener Abkommen, dem massive Gewaltandrohungen Hitlers vorangegangen waren, degradierte Österreich endgültig zu einer „deutschen Kolonie". Eine von Schuschnigg angekündigte Volksbefragung, bei der er sich der Zustimmung für ein „freies und deutsches, unabhängiges und soziales, für ein christliches und einiges Österreich" versichern wollte, rief ultimative Forderungen Deutschlands nach Absage eines solchen Plebiszits hervor. Der österreichische Kanzler hatte mit 65 bis 75 Prozent Ja-Stimmen gerechnet – eine Prognose, die manche als realistisch, andere als viel zu optimistisch einstufen. In jedem Fall hielten es die Nationalsozialisten für klüger, kein Risiko einzugehen und den Urnengang gar nicht erst stattfinden zu lassen. In der Kraftprobe mit Berlin unterlag Schuschnigg schließlich. Er musste zurücktreten. Militärischer Widerstand gegen die einmarschierenden deutschen Soldaten war nie ernsthaft in Erwägung gezogen worden. Der „Bruderkrieg" von 1866 sollte nicht wiederholt werden. Wenige Wochen nach dem Berchtesgadener Abkommen wurde der Anschluss vollzogen, Hitler in seiner Heimat mit Jubel willkommen geheißen. Die im April 1938 von den Nationalsozialisten inszenierte Volksabstimmung zur nachträglichen Legitimierung des Anschlusses ergab eine bei nahezu 100 Prozent liegende Zustimmung. Da sie Andersdenkenden keinen Spielraum ließ, sollte sie jedoch nicht als Gradmesser für eine grundsätzliche Bejahung der Entwicklungen herangezogen werden.

Selbst(er)findung unterm Hakenkreuz
Bereits wenige Stunden nach der Machtübernahme waren zahlreiche Repräsentanten des „Ständestaates" verhaftet worden. In den Gefängniszellen trafen sie auf viele Sozialdemokraten und Kommunisten. Mehrere Tausend Menschen wurden nach dem Anschluss inhaftiert. Die meisten, so der Wirtschafts- und Sozialhistoriker Peter Berger, „auf Betreiben siegestrunkener österreichischer Nazis". (Berger 208) Noch im März 1938 setzte „ein Hexensabbat der Leidenschaft, Habgier und Denunziation, ein Drängen zur Futterkrippe, zu äußeren Ehren und lukrativen Posten" ein. (Jagschitz 147) Die NSDAP hatte es plötzlich mit einem Ansturm von immer schon „aufrechten Nazis" zu tun. (Hanisch, Der lange Schatten 369) Parallel dazu legten gewaltsame Ausschreitungen gegen Jüdinnen und Juden sowie sogenannte „wilde Arisierungen" die Radikalität des österreichischen Antisemitismus offen, der auf eine lange und unrühmliche Tradition zurückblicken konnte. Der menschenverachtende nationalsozialistische Rassismus stieß auf eine beschämend geringe Ablehnung, und die

Bereitschaft, sich auf Kosten der Entrechteten zu bereichern, überraschte zunächst sogar die neuen Machthaber. Kurzfristig wurde Österreich, so der Historiker Ernst Hanisch, zu einem „Experimentierfeld" für die NS-Herrschaft. Man erprobte hier die nachfolgende „kumulative Radikalisierung" und entschied sich „in der Judenpolitik, in der Kirchenpolitik" sowie in der Verwaltung für die jeweils radikalere Variante. (Hanisch, Der lange Schatten 367) Das Ausmaß der Zustimmung zum Nationalsozialismus und die Beteiligung von Österreicherinnen und Österreichern an den Verbrechen des „Dritten Reiches" wurde nach 1945 vor dem Hintergrund der sogenannten Opferthese und dem staatstragenden Narrativ vom nationalsozialistischen Überfall geleugnet, der Anschluss lediglich als oktroyierte Annexion interpretiert. Diese, die eigene Verantwortung abstreifende Betrachtung der Vergangenheit unter dem Hakenkreuz begann sich erst ab den 1980er-Jahren zugunsten einer selbstkritischeren Sicht auf die Geschichte zu verändern. Heute wird der Anschluss als Ergebnis mehrerer Faktoren gesehen: „Eine pseudorevolutionäre Machtübernahme von unten, eine scheinlegale Machtergreifung von oben (aus dem Innern des zerfallenden ‚Ständestaates') " und „eine übermächtige Intervention von außen". (Botz, „Anschluss" 22)

Die gleichsam der nationalen Selbstfindung dienende Abgrenzung zum deutschen Nachbarn führte nach dem Zweiten Weltkrieg auch zu einer Überbetonung von tatsächlich vorhanden gewesenen antideutschen oder vielmehr antipreußischen Ressentiments unter der österreichischen Bevölkerung. Diese nahmen andererseits mit fortschreitender Kriegsdauer und den damit einhergehenden Belastungen des Alltags zu, sind aber nicht mit einer grundsätzlichen Gegnerschaft zum Nationalsozialismus gleichzusetzen. Im Vordergrund standen vor allem enttäuschte Hoffnungen. So war die Anschlusseuphorie bei einigen schon vor dem Krieg der Ernüchterung gewichen. Die Erwartungen waren wohl zu hoch gewesen. Die Arbeitslosigkeit ging zwar deutlich zurück, aber langsamer als versprochen, das Wohnungsproblem erschien nach wie vor ungelöst, und die Preise stiegen rascher als die Löhne. (Botz, Nationalsozialismus 447) Mit dem Beginn von Hitlers gewaltsamer Expansion wurden schließlich neue Prioritäten gesetzt. Über die Stimmung der Österreicher nach vier Jahren Krieg meinte ein schwedischer Journalist: „Es war nicht so sehr der Nationalsozialismus selbst, den sie so ablehnten, als das spezifisch Deutsche daran." (zit. nach Rumpler, Österreich 259)

In jedem Fall führten Abneigungen, renitentes Verhalten, Devianz oder Kritik nicht notwendigerweise zu einer über partielle Unzufriedenheit hinausgehenden Auflehnung gegen das „Dritten Reich" oder zu einer prinzipiellen Negation der nationalsozialistischen „Wertegemeinschaft". Zu dieser Problematik liegt mittlerweile eine Reihe seriöser Untersuchungen vor, die im Zuge einer grundsätzlichen Auseinandersetzung mit dem Widerstandsbegriff die Gegnerschaft zum Nationalsozialismus in seiner ganzen Bandbreite auslotete. Peter Berger kommt jedenfalls zu folgendem Schluss: „Gemessen an der Anzahl und Prominenz der Österreicher, die im nationalsozialistischen Europa Karriere machten – vor allem aber im Vergleich zu den 700000 ‚ostmärkischen' Mitgliedern, die die NSDAP zeitweise hatte –, verblasst die Bedeutung des österreichischen Widerstands gegen Hitler." (Berger 220) Nichtsdestoweniger beziehungsweise umso mehr seien, so Berger, die schwierigen Voraussetzungen für den österreichischen Widerstand zu berücksichtigen – ein Umstand, der wiederum die Auflehnung der „Wenigen" zusätzlich aufwertet und entsprechenden Respekt abverlangt.

Die im Nachhinein mitunter generalisierte Abneigung gegenüber den „Piefkes" rekurrierte unter anderem auf die Vorstellung von einer nahezu ausschließlich von „Reichsdeutschen" übernommenen Verwaltung, in der sie vor allem die höheren Posten eingenommen hätten. Ernst Hanisch korrigiert beziehungsweise relativiert diese These mit folgender Aussage: „Die NS-Herrschaft war in vielfacher Hinsicht eine Herrschaft der Österreicher über die Österreicher, wenngleich teilweise stark durchsetzt mit

Reichsdeutschen." (Hanisch, Der lange Schatten 369) Zum Bild vom sich in allen Amtsstuben breitmachenden Deutschen hatte sicher der aus der Pfalz stammende Wiener Gauleiter Josef Bürckel beigetragen, der beim Umzug in die Donaumetropole seinen eigenen Clan aus der Heimat mitgebracht hatte. Trotz der von ihm eilig vorangetriebenen Gleichschaltungsmaßnahmen zeigte sich Hitler mit Bürckels Leistungen unzufrieden. Er habe es, hieß es, „nicht verstanden, die Wiener für das Reich zu gewinnen". (zit. nach Hanisch, Der lange Schatten 365) Der Führer malte gar das Gespenst einer „meuternde[n] Großstadt an der Südostecke des Reiches" an die Wand. (zit. nach Rumpler, Österreich 259) Die Loyalität der „Ostmark" und insbesondere der Wiener bezweifelte auch Joseph Goebbels, der sich im Frühjahr 1942 dann umso beruhigter über die Stimmung in der ehemaligen österreichischen Hauptstadt zeigte. (Goebbels 1765) Bürckels Nachfolger, Baldur von Schirach, fand indessen am Flair der früheren „Kaiserstadt" Gefallen, imitierte eine Art „Aristo-Lifestyle" und trat mit seiner Kulturpolitik, die zum Teil auch speziell österreichischen Traditionen Rechnung trug, regelrecht in Konkurrenz zu Berlin. Mit der Reanimierung eines ohnehin eher vagen Österreich-Bewusstseins hatten solche Tendenzen aber nichts zu tun. (Hanisch, Der lange Schatten 365f.) Davon abgesehen war bereits mit dem sogenannten Ostmarkgesetz vom April 1939 die Verwendung der Begriffe „Österreich" oder „österreichisch" unter Strafe gestellt worden. In weiterer Folge war offiziell schließlich nur mehr von den „Donau- und Alpenreichsgauen" die Rede.

Inwieweit Hitlers Obsession, „Österreich vom Reich aus neu zu kolonisieren", tatsächlich zu einer tiefgründigen Besinnung auf die österreichische Selbstständigkeit geführt hat, sei dahingestellt. (Berger 211) Der sogenannten Moskauer Deklaration des Jahres 1943, in der die Alliierten für einen souveränen österreichischen Staat eintraten, wird in jedem Fall impulsgebende Wirkung zugeschrieben. Dennoch ist schwerlich davon auszugehen, dass sich abseits von Widerstands- und Exilgruppen ein Österreich-

Bewusstsein in der breiten Bevölkerung herausgebildet hat. Selbst das Ende des Zweiten Weltkrieges kann diesbezüglich nicht als Zäsur begriffen werden. (Botz, Das Schlüsseljahr 75) Österreich wurde jedenfalls von den Alliierten 1943 als erstes Opfer von Hitlers Aggressionspolitik bezeichnet – eine Behauptung, welche die Gründerväter der Zweiten Republik aufgriffen, um sie schließlich zum Ausgangspunkt eines Neuanfangs nach Kriegsende zu machen. Bei aller notwendigen Kritik an der so lange praktizierten Verdrängung der eigenen Schuld stellt Österreich bei Betrachtung der Entwicklung anderer Nachkriegsgesellschaften in dieser Hinsicht keine Ausnahme dar. Manche sehen indes die Fiktion vom Opfer des Nationalsozialismus und die parallel dazu an den Tag gelegte Negation alles Deutschen als Voraussetzung keineswegs nur für die österreichische Identitätsbildung, sondern auch für die „Erfolgsstory" der Zweiten Republik insgesamt. Die Beschäftigung mit der Vergangenheit blieb freilich auf der Strecke.

Mit der Opferthese einher ging außerdem die Neuauflage vom Konzept des „österreichischen Menschen", in der auch der Verweis auf den Katholizismus nicht fehlen durfte. Seine prägende Wirkung hatten offenbar auch die Nationalsozialisten unterschätzt, wenngleich die offizielle Kirche dem Anschluss 1938 durchaus kompromissbereit gegenübergestanden war. Dennoch regte sich nicht zuletzt eine religiös motivierte Gegnerschaft. Manchmal zeigte sie sich aber einfach nur im Unverständnis gegenüber der nationalsozialistischen Ablehnung kirchlichen Brauchtums.

Verschiedene Formen der Widerständigkeit basierten auf einer Abwehr gegenüber einer Herrschaftspraxis, die gegen gewachsene österreichische Traditionen ankämpfte. Zum Teil bestätigten sich in diesem Zusammenhang auch wechselseitige Klischeevorstellungen. Die angeblich besonders „genusssüchtige" Wiener Bevölkerung zum Beispiel freundete sich offenbar tatsächlich nur zögerlich mit der „deutschen Küche" an – auf den Punkt gebracht mit der österreichischen Abneigung gegenüber dem „Eintopf" oder aber den abschätzigen bis mitleidigen Beurteilungen des wenig verwöhnten Gaumens der auch hinterm Herd mehr zweck- als lustorientierten „Marmeladinger". Im Sinne der Selbstvergewisserung einer quasi in der Mentalität begründeten Inkompatibilität mit dem „deutschen Wesen" wurde später außerdem der „typische Wiener Humor" als Beleg für ein genuines österreichisches „Antipreußentum" herangezogen.

Mit solchen Hinweisen blieb man jedoch nach 1945 einer auch in den Nationalsozialismus hineinreichenden Kontinuität verhaftet, wenn man zum Beispiel den auf Unterhaltungsebene durchaus kultivierten österreichisch-deutschen Antagonismus berücksichtigt.

Die Frage von Schuld und Verantwortung

In Hinblick auf die Wurzeln des Nationalsozialismus wurde dieser von Historikern quasi als eine Art österreichisches „Exportprodukt" klassifiziert. Ähnliches gilt unter Bezugnahme auf seine Herkunft auch für Adolf Hitler selbst. Diesen als „Rache für Königgrätz" zu bezeichnen, erscheint jedoch ebenso absurd wie die Diskussion über die Verteilung des deutschen und österreichischen Anteils am Unheil des Nationalsozialismus, die sich im Verweis auf Hitlers Geburtsort erschöpft. Das Bonmot vom Österreicher, der aus Hitler einen Deutschen und aus Beethoven einen Österreicher macht, mag zwar noch nicht ausgedient haben. Allzu oft bemüht wird es aber glücklicherweise dennoch nicht mehr.

Die Erkenntnis, dass in der Sicht auf den Nationalsozialismus und in der Frage der Eigenverantwortung differenzierte Betrachtungsweisen angebracht sind, erschloss sich bedauerlicherweise auch Jahrzehnte nach dem Ende des „Dritten Reichs" nicht jedem, der sich diesbezüglich zu Wort meldete. Die entsprechenden Äußerungen des späteren österreichischen Bundespräsidenten Kurt Waldheim, der mit Bezug auf seine „Wehrmachtskarriere" die Frage der „Pflichterfüllung" ohne jeden Bezug auf politische Machtverhältnisse diskutiert wissen wollte und sich damit im moralischen Niemandsland einfand, leiteten immerhin zu einer längst fälligen Auseinandersetzung mit Österreichs NS-Vergangenheit über. Zur Diskussion stand neben vielen anderen Aspekten schließlich auch das Problem der sogenannten „Wiedergutmachung". Diese – von Österreich bewusst auf die lange Bank geschoben – stellte sich dort, wo sie überhaupt erfolgt war, in hohem Maße als von der Bundesrepublik Deutschland finanzierte Aktion dar. In diesem Zusammenhang ist vor allem das ins Jahr 1961 datierende Kreuznacher Abkommen zwischen der BRD und der Alpenrepublik zu nennen, das aufgrund des weitgehenden Entgegenkommens der Deutschen gegenüber den Forderungen der Österreicher von Letzteren als Erfolg verbucht wurde. Die „Opferrepublik" nahm hier bewusst die „Täterrepublik" in die Pflicht, ohne nach der eigenen Rolle in der Vergangenheit zu fragen. In dieser Hinsicht zumindest gab es auch Anknüpfungspunkte mit der DDR, die ebenfalls die Auffassung vertrat, es sei die Bundesrepublik, die in Sachen „Wiedergutmachung" die Verantwortung trage.

Obwohl sich die BRD in Anbetracht bereits erprobter Erfolglosigkeit offiziell nicht beziehungsweise seit den 1950er-Jahren nicht mehr gegen das problematische österreichische Selbstbild wandte, blieb auf deutscher Seite eine gewisse Verärgerung zurück. Matthias Pape geht sogar noch weiter: „Ein Gutteil der Verachtung", die der deutsche Kanzler Konrad Adenauer für den Nachbarstaat empfunden habe, sei „in der Verschleppung" von Österreichs „moralischer Verantwortung gegenüber den Juden gelegen". (Pape 30)

Das Bekenntnis zur Mitverantwortung an den Verbrechen des Nationalsozialismus kam spät. Erst 1991 fand der österreichische Bundeskanzler Franz Vranitzky dazu eindeutige Worte. Das Nachbarland, das im Unterschied zu Österreich die Verantwortung für die Verbrechen des NS-Regimes nicht abwälzen hatte können, stellte sich schließlich in vielem, was den Umgang mit den dunkelsten Kapiteln der eigenen Geschichte anbelangte, als Vorbild dar. Heimische Beobachter sehen hier für Österreich einen großen Nachholbedarf. So erscheint die Toleranzschwelle gegenüber rechtem Gedankengut und unsensiblen bis provokativen Äußerungen politisch Verantwortlicher hierzulande immer noch bei Weitem höher zu sein als im Nachbarstaat. Der deutsche Historiker Wolfgang Benz bestätigte diese Einschätzung beispielsweise vor dem Hintergrund der Wahl des umstrittenen Dritten Nationalratspräsidenten Martin Graf. Gegenüber der Zeitung „Der Standard", die den FPÖ-Politiker als „Mitglied einer rechtsextremen Burschenschaft" charakterisierte, meinte Benz: „Ja, diese Geschichte wäre in Deutschland so undenkbar." (Der Standard, 31.1./1.2.2009)

In Hinblick auf den hiesigen Umgang mit dem Antisemitismus erklärt der Historiker außerdem: „Ressentiments gegen Juden scheinen in Österreich weniger tabuisiert als in Deutschland. Man kann sich, was in Deutschland karrierebeendende Wirkung hat und gesellschaftliche Ächtung auslöst, in aller Unschuld in Österreich als bekennender Antisemit darstellen." (Benz 316) Daneben wird aber auch darauf hingewiesen, dass der Antisemitismus in Österreich von Deutschland deswegen so aufmerksam registriert wird, weil er „vor allem Entlastungsfunktion für deutsche Beobachter besitzt". (Korte 226)

Dennoch sehen Historiker und Politikwissenschaftler im Zusammenhang mit der Geschichtsbetrachtung in Österreich und Deutschland auch durchaus Gemeinsamkeiten. Als Beispiel angeführt werden etwa die Reaktionen auf die sogenannte Wehrmachtsausstellung, die sowohl in Deutschland als auch hierzulande großes Aufsehen erregte. (Liebhart 473f.) Die Schau, die „die ,möglicherweise bedeutendste Berührungsfläche' zwischen der Bevölkerung und dem verbrecherischen NS-System darstellte", verwies einmal mehr auf das Problem einer qua System scheinbar gerechtfertigten und nicht zu hinterfragenden (Mit-)Täterschaft. (Liebhart 473) Weniger Aufmerksamkeit wurde dabei explizit österreichspezifischen Aspekten zuteil. Das hiesige Festhalten am Mythos der „sauberen Wehrmacht" lässt beziehungsweise ließ sich teilweise mit einem bis in den Ersten Weltkrieg zurückreichenden

Minderwertigkeitsgefühl in Verbindung bringen. Immerhin hatten damals die Deutschen der österreichischen „Wehrfähigkeit" kein gutes Zeugnis ausgestellt. Vor diesem Hintergrund empfanden es nicht zuletzt Teile der österreichischen Militärhistoriographie als besonders wichtig, dass die Österreicher in der zunächst „siegreichen" Wehrmacht im Vergleich zu ihren deutschen Kameraden als „ebenbürtig" gegolten hatten. (vgl. Manoschek/Safrian 123) So gesehen stellte sich der Dienst in Hitlers Armee auch als eine Art Bewährungsprobe für die ehemals so herabgewürdigten „schlappen Österreicher" dar.

Trotz der allein aufgrund von Österreichs „Verspätung" nicht bestreitbaren Unterschiede in der Frage zur Haltung und Aufarbeitung der NS-Zeit erscheint diese Schlussfolgerung nachvollziehbar: „Beide Staaten haben sich von der Opferrolle keineswegs gänzlich verabschiedet, vielmehr erscheint diese erneut eine Konjunktur zu erleben – ein Hinweis darauf, dass Gedächtnispolitik ein ‚grundsätzlich unabgeschlossener Prozess' ist, in dem sich gesellschaftspolitische Kräftekonstellationen artikulieren." (Liebhart 474)

GEDANKEN
UND GEFÜHLE

GEISTESSTRÖMUNGEN
Von der Reformation bis zur Moderne

Der Buchdruck kam dem Reformator Martin Luther zugute. In Windeseile verbreiteten sich nun seine Thesen. Gegen die vorherrschende Glaubenspraxis und die Allgemeingültigkeit des Katholizismus erwies sich die von Luther ins Deutsche übersetzte Bibel selbst als schärfste Waffe.

Das „Grundereignis"

Der Mann des vergangenen Jahrtausends, wie das „Time-Maga-zine" urteilte, war ein Bürger aus Mainz. Der „Teutsche" Johannes Gutenberg erfand die beweglichen Lettern und leitete nichts anderes als eine Medienrevolution ein. Einem „Landsmann" Gutenbergs, dem Wittenberger Theologen Martin Luther, kam der Buchdruck zugute: In Windeseile verbreiteten sich nun dessen Thesen. Ein seit Generationen angestautes Protestpotenzial gegen die „verweltlichte" Kirche äußerte sich in zahlreichen Flugschriften und Büchern. Die bestehende Hierarchie verlor ihr Deutungsmonopol. Angegriffen war die Allgemeingültigkeit der katholischen Prinzipien. Gegen die vorherrschende Glaubenspraxis erwies sich die Bibel selbst als schärfste Waffe. Von Luther ins Deutsche übersetzt, forderte sie zur persönlichen Auseinandersetzung mit den Fundamenten des Abendlandes auf. Das Christentum als „Buchreligion" betrat ein neues Zeitalter der Schriftlichkeit. Langfristig veränderten sich nicht zuletzt dadurch die Ansichten über Rechte und Pflichten des Individuums.

Mit dem Wort Gottes berief sich der unbeugsame Reformator auf sein Gewissen. Ebenso fest entschlossen entgegnete ihm der habsburgische Kaiser, Verteidiger und Beschützer der Tradition bleiben zu wollen. Die Spaltung entzweite das Heilige Römische Reich und schließlich fast ganz Europa. Durch die Krise des Feudalsystems verband sich zudem soziale Unzufriedenheit mit religiösen und politischen Emanzipationsbestrebungen. In den Städten und unter der Reichsritterschaft gärte es, die Bauern empörten sich gegen ihre Herren.

Die schwankende Ordnung vor Augen, stellte sich Luther an die Seite der Obrigkeit. Mit seinem Segen organisierte die protestantische Aristokratie ihre eigenen Landeskirchen. Im Kampf gegen die päpstliche Autorität entstanden neue Allianzen zwischen Thron und Altar, erkaufte man, wie Kritiker später meinten, die „geistige Befreiung des einzelnen Christenmenschen" mit „weltlicher Knechtschaft". (Wiegrefe/Pieper 75) Die Fürsten achteten auf ihre Einflusszonen und entschieden im Sinne des „Augsburger Religionsfriedens" über die Konfession in ihrem Machtbereich. Es oblag den Eliten, Milde walten zu lassen oder mit strenger Hand zu regieren. Energisch gingen etwa die bayerischen Wittelsbacher vor, ein Beispiel, das dann in den „Erblanden" der Habsburger Schule machte. Die beiden katholischen Dynastien mussten sich dabei gegen einen starken Gegner durchsetzen. Der Protestantismus hatte auch in Süddeutschland, im Alpen- und Donauraum mit erstaunlicher Geschwindigkeit Fuß gefasst. Den Großteil der Bevölkerung, allen voran den lokalen Adel, konnte die Gegenreformation erst schrittweise „zur Räson" bringen. Konflikte in den einzelnen Territorien verwiesen nicht selten auf komplizierte Interaktionen zwischen Politik und Konfession, Wirtschaft und Gesellschaft. Das Eingreifen benachbarter „Reichsstände" und ausländischer Mächte erhöhte zudem die Gefahr überregionaler Auseinandersetzungen. Die Gewalt eskalierte schließlich im Dreißigjährigen Krieg, obwohl Lutheraner des Öfteren aus Sorge um die Reichseinheit für die Könige und Kaiser des „Hauses Österreich" stimmten.

Von Einigkeit waren die evangelischen Kirchen weit entfernt. Auch nach Anerkennung der strengen Ansichten des Genfer Reformators Johann Calvin im Westfälischen Frieden wurden die dogmatischen Kontroversen unter den evangelischen Kirchen mit gnadenloser Schärfe geführt.

ÄHNLICHKEITEN

Die religiösen Wirren manifestierten sich von Anfang an nicht bloß in den Disputen führender Kirchenlehrer und den Rivalitäten maßgeblicher Glaubensrichtungen, sondern auch in den Ängsten vor weiteren Schismen. Lutheraner, Calvinisten und Katholiken fürchteten sie gleichermaßen. Der Vorwurf von Sektiererei und Häresie war rasch erhoben, die Suche nach Verbindlichkeiten hatte Vorrang.

Eine genormte Weltsicht erwies sich außerdem als wichtiges Instrument für den Aufbau und die Absicherung absolutistischer

Herrschaft. Was die „Konfessionalisierung" zur Steigerung der Macht im 16. und 17. Jahrhundert leistete, erhofften sich die Potentaten im Zeichen der Aufklärung während des 18. Jahrhunderts von rationaler Planung und institutioneller Neugestaltung. Die nun zur Schau getragene Toleranz, das Postulat von der Gleichheit der Religionen, war vor allem auf die Vereinheitlichung „ordentlicher Untertanen" ausgerichtet. Zur Zeit Josephs II. unterschieden sich demgemäß habsburgisches und evangelisches Staatskirchentum prinzipiell kaum. Hier wie dort galt die Kirche als Volkserzieher und Wohlfahrtsanstalt. Speziell die großen Territorien des Heiligen Römischen Reiches setzten auf vergleichbare Konzepte – auch in anderen Gesellschaftsbereichen.

Verwaltungsreformen unter Maria Theresia orientierten sich beispielsweise an Preußen, obwohl es in Österreich nicht an Spöttern fehlte, die der Abkehr von bislang üblichen Gepflogenheiten gar nichts abgewinnen konnten. Im Konflikt mit dem Hohenzollernkönig Friedrich II. verzichteten zudem auch habsburgische Regenten und ihre engsten Berater nicht auf verbale Untergriffe. Die zeitgenössische Polemik setzte sich im Geschichtsverständnis fest. Berlin und Wien galten fortan als Antipoden: Das Harte, Zackige auf der einen, das Weiche, Musische auf der anderen Seite. Militärmarsch gegen Walzertakt, Paradeplatz gegen Kaffeehaus, lauteten später die gängigen Klischees.

Tatsächlich war die „Monarchia austriaca" aber gerade in Armeefragen den „friedericianischen" Methoden sehr viel ähnlicher als weithin angenommen: In beiden Ländern drängte man das Söldnerwesen der „Heeresunternehmer" zurück. Die Rekrutierung der eigenen Bevölkerung stand im Vordergrund. Jeder Untertan der Hohenzollern sei zum Soldaten geboren, hieß es in entsprechenden Reglements. Joseph II., zwischen Verachtung und Verehrung für den „Alten Fritz" schwankend, träumte gleichfalls vom „waffentragenden Staatsbürger". Trotz des vorläufigen Verzichts auf die allgemeine Wehrpflicht – Preußen führte sie 1808 ein, die Donaumonarchie folgte erst 1868 – tendierten die verfeindeten Fürstenhäuser zur effizienteren „Abschöpfung" des „Humanpotenzials". Die Einbindung des Einzelnen in den vernunftbetonten Staat präsentierte sich als Modernisierungsschub. Nummerierungen der Häuser, Zählungen und Klassifizierungen des „Volks" und des „Viehs" schufen einen Überblick und erleichterten den Zugriff auf die „Ressourcen". Kasernen, Schulen, Gefängnisse und Manufakturbetriebe trugen zur Disziplinierung und Uniformierung bei.

Auch wenn Österreich aus Propagandagründen die Vorgehensweise des preußischen Erzfeinds als menschenverachtend verteufelte, versinnbildlichte das k.k. „Konskriptions- und Werbbezirkssystem" eine regelrechte „Prussifizierung" des Habsburgerreiches. In beiden Territorien führten die Veränderungen zu einer stärkeren Verzahnung militärischer und ziviler Bereiche. Die Aufstellung der Truppen ging mit ökonomischen Überlegungen einher. Urlaub und gänzliche Dienstbefreiung aus wirtschaftlichen Gründen sahen die Reformer ebenso vor wie die Förderung der Soldatenfamilie, die im eigenen Heim der „Proto-Industrie" zuarbeiten sollte. Streitkräfte versuchten sich nicht bloß als Großabnehmer von Waren, sondern auch als Produzenten.

Den Veränderungen entsprechend zeigten sich die Dynasten in Uniform. Der Öffentlichkeit wurden die Prioritäten vor Augen geführt. Der Souverän verkörperte eine Militarisierung, die sich zugleich mit der patriarchalischen Sorgfaltspflicht verband. Der „Soldatenvater" holte Erkundigungen über die ihm „anvertrauten Kinder" ein. Bei Nachforschungen, Werbekampagnen und Zwangsrekrutierungen erfuhren Offiziere Genaueres über das Leben der Unterschichten. Grundherrschaft, Robot und Leibeigenschaft erhielten von den Militärs häufig ein schlechtes Zeugnis.

WIDERSPRÜCHE

Der „aufgeklärte Absolutismus" gerierte sich als Befreier. Die Lockerung und schließlich die Auflösung feudaler Abhängigkeiten erbrachten jedoch zwiespältige Resultate. Wirtschaftliche

Unsicherheiten ersetzten die „Bindung an die Scholle", die Ansprüche des Staates den „Würgegriff" des Grundherrn. Im Habsburgerreich kamen zu solchen sozioökonomischen Faktoren noch die Unterschiede zwischen den einzelnen Ländern und Ethnien hinzu. Selbst die k.(u.)k. Armee konnte ihrem Ruf als letztes loyales Instrument der Dynastie, als gemeinsame Klammer für das fragile Machtgefüge, nur bedingt gerecht werden. Die „monarchia austriaca" wirkte kaum identitätsstiftend. Die Gegenreformation unterdrückte abweichende Meinungen und flüchtete während des Barockzeitalters in die Scheinwelt theatralischer Inszenierung. Hinter den Kulissen etablierte sich auf längere Sicht eine ungewöhnlich starre Gesellschaftshierarchie. Die Zwangsbeglückung des Josephinismus gipfelte dann in einer Flut von Vorschriften. Regelungswut und bürokratischer Exzess verschmolzen mit der gewohnten Unterwürfigkeit. Die Unzufriedenheit verlegte sich auf „Ersatzschlachten", auf das wirkungslose „Räsonieren". Der Typus des Nörglers verkörperte den Ankläger, der bereits resigniert hatte. Innere Distanz versteckte sich vielfach hinter äußerer Anpassung.

„Räsoniert soviel ihr wollt, und worüber ihr wollt; nur gehorcht!" Diesen Ausspruch hatte man auch Friedrich dem Großen in den Mund gelegt, dessen Land französische Aufklärer wie François Marie Arouet Voltaire als einziges Heerlager beschrieben: Befehlsstrukturen bestimmten das Leben, in Berlin gebe es mehr Bajonette als Bücher, und der König, dem Voltaire durchaus positiv gegenüberstand, „habe aus seinem Kabinett ein kleines Athen, aus seiner Stadt aber ein großes Sparta gemacht". (Clark 302)

DER HOHENZOLLERNSTAAT

Glich Preußen in mentaler Hinsicht der Donaumonarchie? Immerhin musste absolutistische Herrschaft auch im Norden des Heiligen Römischen Reiches zusammenführen, was nicht unbedingt zusammengehörte. Eine zunächst recht heterogene Ländermasse, deren namengebender Teil nicht einmal zum Sacrum

Imperium gehörte, erstreckte sich weit in den multiethnischen Osten. „Wer von uns hat keine wendische Großmutter?", fragte demgemäß der ehemalige Ministerpräsident Manfred Stolpe seine Brandenburger. (Wiegrefe/Pieper 66) Stolpe setzte nicht nur auf rhetorische Effekte, um Gemeinsinn zu schaffen. Tatsächlich dokumentieren die „wendischen", also slawischen Familiennamen die nationale und kulturelle Vielfalt in Nordosteuropa, im Baltikum beziehungsweise im Ostseeraum. Hinzu kommt die konfessionelle Entwicklung. Als sich das Haus Hohenzollern zu Beginn des 17. Jahrhunderts dem Calvinismus zuwandte, wechselten seine Untertanen zur Überraschung des Herrschergeschlechts keineswegs die Religion. Die Vehemenz des Widerstandes verlangte nach einem Kompromiss. Der Kurfürst griff auf Luther zurück, der für sich Gewissensfreiheit in Anspruch genommen hatte. Sie galt es auch nach der Meinung des regierenden Landesfürsten zu beachten. Brandenburg-Preußen wurde zum Vorreiter der religiösen Toleranz. Selbst den Katholizismus achtete man in einzelnen Gebieten bereits ab dem 17. Jahrhundert.

Indessen suchten Protestanten eine neue Innerlichkeit gegen Überschwang und weltliche Orientierung. Die „Collegia Pietatis" forcierten das Bibelstudium und wandten sich einer gefühlsbetonten Frömmigkeit zu. Ihre „Liebestätigkeit" beeinflusste das allgemeine Wohlfahrtswesen, ihre individualisierte, an der persönlichen Erfahrung orientierte Kultur öffnete Wege zu einem konfessionell unparteiischen, weniger dogmatischen Christentum. Für die preußische Monarchie ergab sich daraus die Möglichkeit, den Staat auf eine gemeinsame Basis zu stellen – jenseits der einzelnen Glaubensrichtungen und noch vor der Vereinigung von Lutheranern und Calvinisten im Jahr 1817.

Die persönliche Abneigung Friedrichs II. gegen den Pietismus und dessen schwindende Bedeutung in der zweiten Hälfte des 18. Jahrhunderts vermochten die Langzeitwirkung der Bewegung nicht zu schmälern. Während das Habsburgerreich für den

Sinnenrausch der barocken Opulenz stand, seine Einwohner mit den Phäaken der homerischen „Odyssee", den sorg- und geistlos vor sich hinlebenden Insulanern, verglichen wurden, gerieten Prunk und Verschwendungssucht in Preußen in Verruf. Gegen die brandenburgischen Lutheraner mit ihrem Hang zu farbenprächtigen, künstlerisch ausgestalteten Kirchen waren bereits die Calvinisten zu Felde gezogen. Bei ihnen verschwand der Zierrat aus den Gotteshäusern. Säkularisierung und höfische Selbstdarstellung glichen nur teilweise die Tendenz zur Bilderfeindlichkeit aus. Zumindest Bescheidenheit und Zurückhaltung mahnten auch die Pietisten ein, ohne die Fürstenhäuser davon auszunehmen. Besonderen Eindruck hinterließen sie mit ihrer moralischen Rigorosität beim Landadel. Der Junker kokettierte vielfach mit seiner Verachtung für unnützen Tand und protzige Zurschaustellung. Die Pose ersetzte die Überzeugung aber keineswegs. Nüchternheit, Sparsamkeit und Selbstkontrolle galten als höchste Tugenden. Militär und Beamtentum formten daraus ihren Korpsgeist. Ein hohes Berufsethos sowie Mäßigung, unbedingte Folgsamkeit, aber auch eine bisweilen als Überheblichkeit empfundene Selbstsicherheit galten bald als typisch preußische Eigenschaften.

Klischees setzten sich fest, gerade in den Beziehungen zwischen Österreich und dem mit Preußen gleichgesetzten Deutschland. Das eine versinnbildlichte Schlamperei, Protektion und Partikularismus, das andere Effizienz, Edelmut und Einheitlichkeit. Die Vorurteile spiegelten den Prozess der Nationsbildung und der Entstehung moderner Staatlichkeit wider. Damit berührte man allerdings einen entscheidenden Sachverhalt: Unter den Hohenzollern gelang eine Disziplinierung der Bevölkerung durch ein hohes Maß an „Internalisierung" von Normen und Zwängen. Daran knüpfte ein bemerkenswerter „Homogenisierungseffekt" an. Das Militärsystem als Zentralinstanz der Herrschaftsdurchdringung war relativ geschlossen. Es baute nicht nur die bäuerlichen „Massen" in die Mannschaftsstände, sondern – anders als in der

Donaumonarchie – auch fast den gesamten einheimischen Adel in das allmählich auch für andere Schichten geöffnete Offizierskorps ein. Parallel dazu durchdrangen einander Heerwesen und Zivilbereich. „Verbürgerlichung" der Armee und „Militarisierung" der Gesellschaft gingen Hand in Hand.

Gerade deshalb entstand jedoch nicht allein das zum Stereotyp gewordene „Preußentum" als Inbegriff der straffen Ordnung und des martialischen Gehabes, sondern auch eine gewisse Neigung zu Gegentendenzen. Trotz unerbittlich eingefordertem Gehorsam gestattete etwa der preußische Militarismus seinen Offizieren die Befehlsverweigerung, „wenn eine Anordnung ‚gegen die Ehre' ging". (Demandt 389).

EPOCHENWECHSEL
Lutheranische Gewissensfreiheit sowie einige Ansätze von Individualisierungs- und Emanzipationsbestrebungen im Zeichen der Reformation bildeten unter anderem erste allgemeine Voraussetzungen für die beginnende Aufklärung. Deren Fortschrittsideal passte speziell zum Optimismus und zur Zukunftszugewandtheit der Pietisten. Ihr Opponent, Friedrich II., weckte dann mit seinem Bemühen, die Vernunft in den Dienst des Staates zu stellen, Hoffnungen unter den Propheten der neuen Epoche. Der Philosoph Immanuel Kant sah unter der harten, absolutistischen Hülle den natürlichen Keim zum freien Denken, zur Entfaltungsmöglichkeit des Volkes.

Verwaltung und Bürgertum bildeten kein Gegensatzpaar. Maßgebliche Gesellschaftsgruppen zeichneten sich vielmehr durch eine bemerkenswerte Nähe zum Hohenzollernstaat aus. Diese „Kraftquelle" half, schwere Krisen am Anfang des 19. Jahrhunderts zu bewältigen. Preußen wandelte sich nach der Niederlage gegen Napoleon vom agrarischen Stände- zum modernen Industriestaat. Das Prinzip der Gewerbefreiheit ersetzte mittelalterliche Zunftordnungen. Das Feld dafür war gut bestellt. Vor allem calvinistische Prediger hatten verdiente Berufserfolge als Zeichen göttlicher

Gnade verstanden, das Luxusleben aber verdammt. Sparsamkeit und Pflichtbewusstsein, Ausdauer und Fleiß verlangten danach, erworbenen Reichtum zu investieren. Die „innerweltliche Askese" erschien als Wesensmerkmal des Frühkapitalismus. Große Umwälzungen ließen jedoch noch auf sich warten. Zunächst erlebten England und Frankreich industrielle und politische Revolutionen. Im Königreich der Hohenzollern erlahmte die Reformbewegung nach 1815. Ähnlich wie in Österreich konnte der Feudalismus noch nicht endgültig überwunden werden. Vergeblich wartete man vorerst auch auf Verfassungen. Erst das Jahr 1848 und die folgenden Dekaden brachten einschneidende Veränderungen.

Bis dahin blieb vieles im Planungsstadium. Innovativere Kräfte erdachten Zukunftsszenarien. Wilhelm von Humboldt – Forscher und Ministerialbeamter – gründete die im 20. Jahrhundert nach ihm benannte Berliner Universität und stellte die Weichen im Bildungswesen. Geistige Kräfte sollten mobilisiert, Selbstständigkeit, Mitsprache und Nationalbewusstsein gefördert werden. Die Ideen von 1789 versuchte man „im guten Sinne" zu bewahren und unter einer monarchischen Regierung zu verwirklichen. In der praktischen Umsetzung blieben die höheren Ziele vielfach auf der Strecke. Obrigkeitsdenken dominierte. Nach 1871 diente das rigide Erziehungswesen zudem einem immer aggressiveren Nationalismus.

Zwischen 1780 und 1840 erreichten Wissenschaft und Kunst indessen eine Hochblüte. Die „Klassik" personifizierten Johann Wolfgang von Goethe und Friedrich von Schiller. Das Doppelgestirn am Literaturhimmel sollte in Zukunft das „Land der Dichter und Denker" symbolisieren, obwohl Goethe wohl eher Frankfurt und Weimar als Heimat betrachtete. Von einer deutschen Nation nahm er gemeinsam mit Schiller Abstand, während der Philosoph Georg Wilhelm Friedrich Hegel zumindest mit Blick auf Preußen ein größeres Vaterland zu nennen wusste. Letzteres bildete den Gipfelpunkt eines imposantes Gedankengebäudes, das sämtliche Erscheinungsformen der Natur und Kultur zusammenführte: In einer Entwicklungslogik auf der Basis der „Dialektik" schreite die Geschichte von der These über die Antithese zur Synthese als Werk des „Weltgeists" zum „Vernünftigen" und „Absoluten" voran, zur höchsten Erscheinungsform – dem Königreich der Hohenzollern und dem evangelischen Christentum. Dieser „Idealismus" vertraute auf die Ziel- und Zweckgerichtetheit des historischen Prozesses und unterfütterte teleologische Aspekte mit christlich-pietistischen Ansichten und einem staatsnahen Intellektualismus typisch preußischer Prägung.

Das Konzept galt in den Augen seines Urhebers als „letztes Wort der Philosophie", rief bei den Rezipienten jedoch unterschiedliche Reaktionen hervor. Verschiedene, zum Teil einander widersprechende Interpretationslinien gingen vom Hegelianismus aus. Besondere Bedeutung erlangten vor allem die Werke von Karl Marx, der die Menschheitsgeschichte nicht „idealistisch", sondern materialistisch, als Ausdruck sozioökonomischer Faktoren und einander abwechselnder Etappen von Klassenkämpfen deutete. Die Überwindung von Ausbeutung und Knechtschaft betrachtete Marx allerdings nicht allein aus der Perspektive wissenschaftlicher Analyse. Das Ende der Ausbeutung, der Zusammenschluss des internationalen Proletariats und die Etablierung der klassenlosen Gesellschaft ließen sich seiner Meinung nach nur durch die Bereitschaft zur Tat verwirklichen. Damit standen die herrschenden Verhältnisse insgesamt zur Disposition. Die Dynasten waren gefordert.

KULTURKAMPF

Anders als die Hohenzollern sahen sich die Habsburger nicht nur von Kommunismus, Sozialismus und Marxismus, sondern auch von Georg Wilhelm Friedrich Hegel und seinem Idealismus herausgefordert. Der einflussreiche Denker stammte von Protestanten ab, die aus Österreich geflüchtet waren. Nun mochte er der katholischen, traditionsverpflichteten „Casa d' Austria" wie der späte Rächer seiner Vorfahren erscheinen. Ohne sich „umstürzlerisch" zu gebärden, feierte Hegel doch die Französische Revolution als „herrlichen Sonnenaufgang". Zwischen einem doktrinären Liberalismus und einem restaurativen Konservativismus hindurchmanövrierend, verband er den Fortschrittsglauben mit der preußischen Gesellschaftsordnung. Über die Dogmen des Vatikans machte er sich unverhohlen lustig. Für den Fall, dass eine Maus an einer geweihten Hostie knabbere, stellte er einmal fest, sei Kraft des Wunders der Transsubstantiation „Gott in der Maus und selbst in den Exkrementen". Wer solche Ausführungen als Katholik missbilligte, wurde aufgefordert, den Vorlesungen in Hinkunft fernzubleiben. (Clark 496)

Die protestantische Mehrheit prägte der Hegelianismus unterdessen tief und dauerhaft. Vorzeichen eines Kulturkampfes waren erkennbar, in dem die Hohenzollernherrschaft mit Reformation und Papstfeindlichkeit gleichgesetzt wurde. Die Spannungen zwischen den Glaubensrichtungen verschärften sich. Der Kölner Erzbischof setzte sich zum Beispiel um 1840 gegen die preußischen Pläne zur Wehr, strenge kanonische Vorschriften für die Behandlung von konfessionellen Mischehen abzumildern. Fast zeitgleich entflammte der sogenannte Kniebeugenstreit in Bayern. Das dortige Kriegsministerium wies alle Soldaten – ohne Rücksicht auf ihre religiösen oder weltanschaulichen Überzeugungen – an, bei Fronleichnamsprozessionen und ähnlichen Anlässen vor dem Allerheiligsten niederzuknien.

Der Brüskierung von Protestanten folgten bis 1870 schließlich die päpstliche Verurteilung von Wissenschaft und Pressefreiheit sowie der Anspruch des „Heiligen Vaters" auf die Unfehlbarkeit bei Glaubenslehrsätzen. Die „Infallibilität" rief Liberale auf den Plan, die sich für die Trennung von Kirche und Staat stark machten. In Preußen und im wilhelminischen Deutschland schwenkten Regierungskreise auf Konfrontationskurs ein. Notfalls riskierten sie sogar den Widerstand evangelischer Gruppierungen.

Hauptgegner aber war der Katholizismus, als es um die bis zur Beeinträchtigung von verfassungsmäßigen Rechten gehende Zurückdrängung des kirchlichen Einflusses ging. Unter anderem Ehe- und Schulgesetze erwiesen sich als dauerhafte Konfliktherde, wobei der katholische Klerus im Hohenzollernreich eine geschlossene Abwehrfront bildete und seinen Anhang wirkungsvoll mobilisierte. Nichtsdestoweniger befand sich gegen Ende des Jahres 1878 „über die Hälfte der katholischen Bischöfe Preußens entweder im Exil oder im Gefängnis". Über 1800 Priester hatte man inhaftiert oder des Landes verwiesen, Kirchenbesitz im Wert von 16 Millionen Mark war beschlagnahmt worden. (Clark 648) Der Kulturkampf prägte mehrere Generationen hindurch die deutsche Politik und das öffentliche Leben im Allgemeinen.

Die katholische Habsburgermonarchie blieb von solchen Auseinandersetzungen weitgehend verschont. Zwar wurden kirchliche Einflüsse etwa auf das Schulwesen zurückgedrängt und das Konkordat 1870 formell aufgehoben. Insgesamt aber war der Kulturkampf in Österreich „vielfach ein Schattenboxen um Symbole und Ideologien, das einen seltsam virtuellen Charakter" trug. (Höbelt 73) Das heimische Episkopat war uneins und – mit wenigen Ausnahmen – ebenso milde gestimmt wie seine liberalen Verhandlungspartner auf Regierungsseite. Fürchtete man zudem in Preußen-Deutschland den Separatismus der papsttreuen Bevölkerung, so ernteten Klerus und Dynastie in Österreich die Früchte der Gegenreformation: Die kleine protestantische und nicht selten liberal gesinnte Minderheit gab sich in einem von Kompromissbereitschaft charakterisierten Verhandlungsklima mit bescheidenen Reformschritten zufrieden.

Deutlich offensiver agierten hingegen jene Kräfte, die sich – „politisch-protestantisierend" – von „Rom lossagten" und damit speziell ihren Deutschnationalismus zum Ausdruck brachten. Ihnen und den aufstrebenden Sozialdemokraten blieb es im Zuge eines letztlich unaufhaltsamen Säkularisierungsprozesses überlassen, schärfere antiklerikale Töne anzuschlagen.

SEELENFORSCHUNG

In den letzten Dekaden des 19. Jahrhunderts erlebten vornehmlich die Metropolen weitere Modernisierungsschübe. Industrielles

157

Wachstum und rasche Bevölkerungszunahme kennzeichneten eine Epoche der Urbanisierung. Zeitgleich führte die Entstehung von Massenparteien zur Einbindung großer Teile der Gesellschaft in den politischen Entscheidungsprozess. Soziale und ökonomische Umbrüche, wissenschaftliche Entdeckungen, technische Innovation, beschleunigte Kommunikation und künstlerische Neuorientierung förderten das Gefühl der Unsicherheit und Schnelllebigkeit. Die Ballungszentren repräsentierten modellhaft das „nervöse Zeitalter". Deutsche Repräsentanten des Jugendstils zogen daher das Leben auf dem Land vor, während ihre Kollegen im Habsburgerreich inmitten der urbanen Gesellschaft wirken wollten. Hier fühlten sich Impressionisten durch die Wandelbarkeit des städtischen Stils zur Distanzhaltung aufgerufen. Das „Nichtengagiertsein", verstärkt durch ein alles beherrschendes Gefühl der Vergänglichkeit, steigerte sich schließlich zur Todessehnsucht als „Erlösung von der Langeweile". Möglicherweise handelte es sich dabei um eine in dieser Form recht österreichische Erscheinung des „Fin de Siècle". Eine solche These vertritt zumindest der amerikanische Kulturhistoriker William M. Johnston, wenn er schreibt: „In einer Atmosphäre, auf der Protektion und Zweideutigkeit drückend lasteten, zogen verzweifelte Intellektuelle den Selbstmord zwielichtiger Existenz in einem Irrenhaus vor." Das Habsburgerreich habe „kaum irgendwelche Fälle lang anhaltender Geisteskrankheit gekannt, vergleichbar mit den Deutschen Hölderlin, Robert Schumann, Nietzsche oder Oskar Panizza, von den Franzosen Gérard de Nerval etwa oder Paul Verlaine ganz zu schweigen. Ist es möglich, daß das barocke Totenzeremoniell und sein Nachfolger, der impressionistische Vergänglichkeitskult, den Selbstmord manchen Österreichern als anziehend, vielleicht sogar als natürlich erscheinen ließen? Römisch-katholische Skrupel hatten nicht die Kraft, selbst gläubige Männer [...] abzuschrecken, ja vielleicht haben sie in einer Kultur, die den Tod als die verborgene Seite des Lebens schätzte, den Suizid sogar herausgefordert." (Johnston 189)

Wie immer man die Mutmaßungen Johnstons kommentiert, die späte Donaumonarchie sendete widersprüchliche Signale aus. Traditionelles Herrschaftsverständnis und verkrustete Strukturen einerseits, rasche Veränderung und tiefgreifende Umwälzungen andererseits waren ineinander verflochten und stießen sich gleichzeitig ab. Auf Reibungsflächen deutete eine Modernisierungskritik hin, die sich besonders im steigenden Antisemitismus manifestierte. „Der Jude" wurde zum Sündenbock für jene, die sich von den Neuerungen bedroht fühlten. Für „ungebührliche" Freiheiten der Presse, „kosmopolitischen Vaterlandsverrat", „wurzelloses" Händlertum und „kapitalistische Gier" schienen die „Israeliten" einem immer radikaleren Rassismus und Nationalismus verantwortlich zu sein. Angriffe auf die „mosaischen" Mitbürger und Zuwanderer gehörten zum Standardrepertoire populistischer Strömungen. Massenparteien wie die Christlichsozialen unter dem Wiener Bürgermeister Karl Lueger profitierten von Polemik und Hetzparolen. Zeithistoriker gehen bisweilen so weit, eine spezifisch österreichische Judenfeindlichkeit als regelrechte „Volkskultur" auszumachen. Sie, heißt es, übersteige das übliche Maß an europaweiten Ressentiments und könne als „fauler" Export auch und gerade in das benachbarte Deutschland angesehen werden.

Ungeachtet dessen gewann der Antisemitismus überall dort an Bedeutung, wo Krisen und Zäsuren destabilisierend wirkten. Das Ende des Ersten Weltkrieges, Revolutionen in Mittel- und Osteuropa, der Untergang des Habsburger- und des Hohenzollernreiches entpuppten sich als „Traumahorizonte" mit kaum erkannten Langzeitwirkungen. Zu den wenigen, die tiefer schauten, gehörten die Psychoanalytiker um Sigmund Freud. Seine Schüler befassten sich mit den Konsequenzen eines „Vaterverlusts", den es, so die Annahme, nach dem Ende des monarchischen, paternalistischen Systems zu bewältigen galt.

Davor hatten hingegen der „kaiserliche Übervater" von „Gottes Gnaden", Standesdünkel und starre Verhaltensregeln, aber auch, wie man konstatierte, emotionelle und nicht zuletzt sexuelle

Beklemmungen dominiert. Unter der Oberfläche entfalteten sich indessen ein unbezähmbarer Befreiungsdrang und Umgestaltungswille sowie die vielschichtigen Potenziale und Probleme der multikulturellen Donaumonarchie. Nirgendwo, glaubten manche, habe sich demnach „die Seele" besser erforschen lassen. Freud, der eher Deutschland oder Großbritannien reif für seine Ansichten hielt, äußerte Zuneigung für Österreich, ohne dessen Abgründe zu übersehen: Das habsburgische Vielvölkerreich glich dem erschütterten Selbstverständnis des Einzelnen, ein Umstand, dem psychoanalytische Theorien entsprachen: Die Auflösung der Donaumonarchie spiegelte sich metaphorisch im Verlust des Individuums. Dessen Unteilbarkeit, Willensfreiheit und Rationalität hinterfragte das Modell vom „Über-Ich", „Ich" und „Es". Die „Avantgarde der Moderne" rüttelte an Fundamenten der Aufklärung.

Sonderwege

Mit den Kernthesen der Französischen Revolution hatte man im Herrschaftsgebiet der Habsburger seit Langem seine Mühe. Vom „Ausgang des Menschen aus seiner selbstverschuldeten Unmündigkeit", so hatte es der ostpreußische Philosoph Immanuel Kant formuliert, wollten Hof und Kirche in der Donaumonarchie unter Franz II., dem letzten Kaiser des Heiligen Römischen Reiches, nichts wissen. (Demandt 317) Religiöse Toleranz, politische Freiheiten und selbstständiges Denken wehrten die maßgeblichen Autoritäten Österreichs mit dem Hinweis auf die unantastbaren Wahrheiten der göttlichen Schöpfung ab. Die Weltordnung zu hinterfragen und eigene Gesamtentwürfe zu präsentieren, beantwortete man mit „neoscholastischen" Standpunkten. Für Karl Marx oder Hegels Idealismus war vorerst kein Platz.

Im Unterschied zu Preußen konzentrierten sich herausragende Denker im Habsburgerreich hauptsächlich auf das unmittelbar Erfassbare sowie die Verarbeitungsmechanismen des menschlichen Geistes. Empirische, deskriptive, mathematisch-logische, psychologische und sprachanalytische Forschungsprogramme standen

hoch im Kurs. Spezifika der österreichischen „Wissenschaftslehre" –
lautet eine These – reichten von Männern wie Bernhard Bolzano
in der ersten Hälfte des 19. Jahrhunderts bis zum „Sprachkritiker"
Ludwig Wittgenstein und dem „Logischen Positivismus" oder
„Kritischen Rationalismus" des sogenannten Wiener Kreises um
den Philosophieprofessor Moritz Schlick in der Zeit zwischen den
beiden Weltkriegen. Die Untersuchungen erlangten ein beträchtliches Maß an Unabhängigkeit und Originalität. Obwohl dabei schließlich auch
christliche Prinzipien ins Zwielicht gerieten, setzte man sich jenseits kirchlicher Traditionen vor allem mit den Wirklichkeitskonzepten Immanuel Kants auseinander. Auf die philosophische Skepsis gegenüber „realen Phänomenen" und menschlichen
Wahrnehmungen hatte der Kantianismus mit der Vorstellung von
etwas a priori Gegebenem reagiert, einem „Ding an sich", das vor
und außerhalb der herkömmlichen Denkkategorien, Begriffe und
Anschauungsformen anzunehmen sei. Der österreichische Physiker, Psychologe, Wissenschafts- und Ideenhistoriker Ernst Mach
meinte dazu: „Das `Ding an sich` erkannte ich noch als Knabe als
eine metaphysische Illusion." (Geier 64) Mach wandte sich vom
Apriorismus ab, und Otto Neurath, ein wichtiger Vertreter des
Wiener Kreises, behauptete gar, Österreich habe sich „das Zwischenspiel mit Kant" erspart.

Dem ist entgegenzuhalten, dass kaum eine andere, in gewisser Weise „deutsche" Philosophie so viel Einfluss auf die „Empiriker und Logiker" um Schlick ausgeübt hat wie die von Immanuel Kant. Richtig ist aber, dass man in der Donaumetropole den
Weg ohne betonten Bezug auf ihn und nicht selten in deutlicher
Abgrenzung von ihm fortgesetzt hat. Die liberalere Endphase der
Habsburgermonarchie und die Reformen des „Roten Wien" in
den 1920er- und frühen 1930er-Jahren müssen in diesem Zusammenhang als Kontext mitgedacht werden.

Ungeachtet dessen vertraten die „Wissenschaftsphilosophen"
in der Hauptstadt der Alpenrepublik eine winzige Minderheit.

Sie umgab Gleichgültigkeit, intellektuelles Unvermögen und eine teils religiös, teils „völkisch" motivierte Intoleranz. Autoritäre und schließlich faschistische Geistesströmungen gaben den Ton an, wobei auch „positivistische" und mitunter marxistische Forscherkreise von Tendenzen zur dogmatischen Verengung nicht verschont blieben.

Bezeichnend für das politisch-weltanschauliche Klima, in dem der Wiener Kreis zusammenfand, waren im Übrigen die Reaktionen auf die Ermordung von Moritz Schlick durch einen seiner ehemaligen Studenten. Psychische Labilität und beruflicher Misserfolg dürften die Tatmotive gewesen sein. Die Presse des autoritären „Ständestaates" klagte jedoch eher das Opfer an, dessen „jüdischen Formalismus und Logizismus". Mit dem „Giftfusel" seiner „Ametaphysik", hieß es, habe der „gehätschelte Hausphilosoph des Austromarxismus" und „Mephisto des Geistes" die Jugend in das seelische Siechtum getrieben. (Geier 8f.)

Schlick – kein Jude, sondern deutscher Protestant – fungierte als Hassobjekt, mit dem die vorherrschenden Ressentiments und Feindbilder verknüpft wurden. Dazu gehörte auch ein ungeliebter „Kosmopolitismus". Der alles andere als homogene Wiener Kreis entwickelte sich nämlich zum internationalen Netzwerk, lud ausländische Intellektuelle ein oder korrespondierte zumindest mit ihnen. Dabei fällt auf, dass „deutsche Denker" die spezifisch österreichische Tradition des Positivismus und Rationalismus nicht unwesentlich mitgeprägt haben.

Unter solchen Gesichtspunkten erweist sich die regionale oder nationale Zuordnung von „Geistesströmungen" als zweifelhaftes Unternehmen. Andererseits steht freilich außer Frage, dass gesellschaftliche Rahmenbedingungen spezifische Ansichten, Werthaltungen und Gefühlswelten beeinflussen – ohne sie jedoch zwangsläufig in eine bestimmte Richtung zu lenken. Kollektiv und Individuum scheinen sich in einem eigentümlichen Spannungsverhältnis zu befinden. Es existieren Gruppenidentitäten, von denen uns die Soziologie lehrt, dass sie nicht einfach als Summe ihrer Bestandteile begriffen werden können. Der Einzelne in seiner wie immer gedachten Vielschichtigkeit verfügt umgekehrt wiederum bis zu einem gewissen Grad über eine Autonomie, die sich der Gemeinschaft entzieht.

Man hat oftmals die Auffassung vertreten, dass die herausragenden „Geistesmenschen", die „weiter sahen", „tiefer schauten" und „differenzierter dachten", über eine besondere Unabhängigkeit verfügten. An die Stelle eines Kommentars über „Geniekult" oder „komplexe Identität" mögen Worte von Goethe und Schiller treten, die allgemeine Gültigkeit besitzen und jede Gruppierung und Nation betreffen. „Deutschland? Wo liegt es?", fragten die „Dichterfürsten" 1796, um hinzuzufügen: Wir wissen „das Land nicht zu finden. Wo das gelehrte beginnt, hört das politische auf." (zit. nach Wiegrefe/Pieper 84)

TRENNENDE GEMEINSAMKEITEN
Fremdenverkehr, Heimatklischees,
Sprachwirklichkeit

Sie machen gerne „Urlaub bei Freunden" und gelten als „treue
Gäste": Die Deutschen sind „Wiederholungstäter", sie kommen
immer wieder ins Tourismusland Österreich – trotz diverser
Verständnisprobleme. Wie aber steht es um das heimische Be-
harrungsvermögen in Sachen „österreichisches Deutsch"? Hat
der Kartoffel- den Erdäpfelsalat nicht längst schon verdrängt?

DIE DEUTSCHEN KOMMEN

Österreich ist ein Tourismusland. Dem Fremdenverkehr kommt hierzulande eine außerordentlich große Bedeutung zu. Damit verbunden ist aber auch eine enorme Abhängigkeit: Ohne Urlauber aus dem Ausland wäre die Alpenrepublik eine wirtschaftliche Krisenzone. Vor allem dem Bundesland Tirol, das sowohl im Sommer als auch im Winter Zehntausende wanderfreudige beziehungsweise skisportbegeisterte Gäste beherbergt, stünde bei Ausbleiben der Fremden eine Katastrophe bevor. 1970 entfielen 56 Prozent aller Nächtigungen in Österreich auf deutsche Urlauber, 30 Jahre später waren es 46 Prozent und 2008 immer noch an die 40 Prozent. Umgekehrt ist der Anteil österreichischer Touristen in Deutschland verschwindend gering. Im Jahr 2000 lag er bei überaus bescheidenen 0,5 Prozent.

Den Versprechungen der österreichischen Tourismuswerbung am meisten vertrauen also die Deutschen. 2007 nahm die Alpenrepublik den vierten Platz im „Ranking" der beliebtesten Reisedestinationen der Nachbarn im Norden ein. Diese machen gerne „Urlaub bei Freunden", und sie sind „treue Gäste". An Wiener Schnitzel, Sachertorte, Apfelstrudel oder Kaiserschmarren isst man sich offenbar nicht so schnell satt, und der Charme der Gastgeber wirkt anscheinend unwiderstehlich. Die Deutschen sind „Wiederholungstäter", sie kommen immer wieder. Selbst zu jenen Zeiten, da Österreich als „Skandalrepublik" Schlagzeilen machte und gepanschter Wein das Gläschen beim Heurigen zum Wagnis werden ließ, durften die verunsicherten heimischen Fremdenverkehrsbetriebe auf sie zählen. Obwohl in den letzten Jahren der Anteil der osteuropäischen Touristen stark angestiegen ist, sind es trotz merkbarer Rückgänge in den vorangegangenen Jahren traditionell die reisefreudigen Nachbarn, auf die das Gros der Nächtigungen entfällt. Während es die einen ins geschichtsträchtige Wien oder in die Festspielstadt Salzburg zieht, bevorzugen andere das Abenteuer in den Bergen oder die Geruhsamkeit der Sommerfrische. Allen wird etwas geboten, keiner soll enttäuscht werden. Der geächtete deutsche Ballermann-Tourist tobt sich allerdings lieber anderswo aus. In Österreich, das sich gerne als Kultur- und Wellnessland präsentiert, ist der von H. C. Artmann als „lärmend urlaubend" beschriebene Piefke eher die Ausnahme von der Regel.

Auch in der Vergangenheit punktete Österreich bei seinen Gästen nicht mit schrillen Events, sondern mit „Natur pur", gesunder Luft, klaren Seen und einsamen Gipfeln. Schon im 18. Jahrhundert erregte der landschaftliche Reiz vor allem der alpinen Regionen die Aufmerksamkeit von Reisenden. Das Salzkammergut beschrieb der preußische Gelehrte und Staatsmann Wilhelm von Humboldt – in seiner „geografischen" Zuordnung ganz dem „Reichsdenken" verhaftet – bezeichnenderweise als „Gegend, die man wohl die schönste von Deutschland nennen kann". (zit. nach Brusatti 15) Das 19. Jahrhundert bereitete den Massentourismus des 20. in vielen Bereichen vor. Die Eisenbahn machte das Reisen nicht nur bequemer und schneller, sie drang auch in vormals entlegene Gebiete vor. Früher Unerreichbares wurde somit erreichbar. Selbst eine für gewöhnlich nur wenigen zugänglich gewesene Bergwelt erschloss sich nun der Neugier einer „schaulustigen" Masse, die die künstlichen Panoramen gemalter Bilder mit den authentischen der „Naturkulisse" vertauschen wollte. 1862 wurde der Österreichische Alpenverein gegründet und 1873 mit dem vier Jahre zuvor ins Leben gerufenen deutschen Pendant zum „Deutschen und Österreichischen Alpenverein" zusammengeschlossen.

Während diese Vereinigung, deren österreichische Sektion 1921 aufgrund ihrer antisemitischen Ausrichtung die Alpen zu einem quasi exklusiven „arischen" Erlebnisraum erklärte, immer mehr Menschen von der Einzigartigkeit der Bergwelt überzeugte, wetteiferte Wien in Sachen Tourismus vergeblich mit Berlin. In der Stadt an der Spree begrüßten die Hoteliers Anfang des 20. Jahrhunderts doppelt so viele Gäste wie ihre Kollegen in der Donaumetropole. Fachkreise machten hierfür nicht zuletzt den Gang der Geschichte verantwortlich. 1907 meinte man in der Zeitschrift

„Der österreichische Hotelier" Antworten auf die Frage nach dem Ausbleiben des „internationalen Fremdenaufkommens" gefunden zu haben: „Einst war Wien die Hauptstadt des deutschen Bundes, weil Österreich die Vormacht Deutschlands war; die ganze Habsburger Monarchie, die heute in zwei vollständig getrennte Hälften geteilt ist, bildete früher ein Ganzes und Wien war das Zentrum dieses Ganzen." (zit. nach Brusatti 87f.) Nun aber sei die Bedeutung der Stadt bei Weitem geringer als früher. Bei der Suche nach Gründen für die gesunkenen Gästezahlen verwies man des Weiteren auf verkehrspolitische Defizite und übte auch „kulinarische Selbstkritik". Engländer und Franzosen beispielsweise seien bei allen Vorzügen der „guten alten österreichischen Küche" nicht allein mit heimischen Speisen zufriedenzustellen. Während man nun einerseits den Einzug der Haute Cuisine in die von Hausmannskost beherrschte österreichische Gastronomie forderte beziehungsweise mehr Rücksicht auf die Essgewohnheiten der Fremden empfahl, erschienen andererseits gerade die Gäste aus dem Nachbarland ohnehin eher pflegeleicht zu sein. Ihr Gaumen galt als weit weniger verwöhnt als jener der Reisenden aus Frankreich oder England. Freilich zählte man das Gros der deutschen Touristen nicht unbedingt zur noblen Gesellschaft, zum „Millionärs-Publikum" mit gehobenen Ansprüchen, das für gewöhnlich in ausgesprochenen Luxushotels abstieg. Die Besucher aus dem nördlichen Nachbarstaat stellten schon 1911 den Großteil der in die cisleithanische Reichshälfte der Habsburgermonarchie reisenden ausländischen Gäste. Mehr als zwei Drittel der Fremden kamen aus dem deutschen Kaiserreich.

Dennoch waren die Nachbarn nicht überall gerne gesehen. In Tirol beispielsweise warnten klerikale Kräfte vor den negativen Einflüssen des Fremdenverkehrs auf „Land und Leute". Sie hatten dabei vor allem die „Brüder aus dem Norden" in Verdacht, Sitte und Moral des katholischen Bauernvolks zu gefährden. Die „protestantischen Touristen" erschienen regelrecht als Bedrohung. Leider seien „manche der reisenden Herrschaften" nicht bloß

„arrogant", sondern auch „sehr ungeniert in ihren Ausdrücken über kirchliche Dinge". In den „Hotels und in Eisenbahn-Koupees" müsse man immer wieder „höchst ungeziemliche Bemerkungen" über die Geistlichkeit und die katholische Kirche mit anhören. (zit. nach Hackl 367) Als Reaktion darauf idealisierte man den Stillstand als allein wirksame Verteidigung gegen angeblich schädliche Neuerungen, als deren Antriebsmotor nicht zuletzt der Fremdenverkehr identifiziert wurde. Verwies die heimische Tourismuskritik um die Jahrhundertwende einerseits auf die bekannten Konfliktzonen des „Kulturkampfes", thematisierte sie andererseits aber auch Probleme, die bis heute nicht an Aktualität verloren haben. Man sorgte sich um die „naive Ursprünglichkeit" von Menschen und Landschaft sowie um die von Zerstörung bedrohte „Unschuld der Natur".

Treue Gäste

Den frühen Tourismuskritikern stand jedoch eine ungleich größere Zahl derjenigen gegenüber, die an die wirtschaftlichen Vorteile des Geschäfts mit den Fremden dachten. 1908 meinte der für den Tourismus zuständige k.k. Minister für öffentliche Arbeiten, man müsse sich bemühen, die „Reisenden länger auf dem Gebiete der Monarchie festzuhalten". (zit. nach Brusatti 93) Für sie gebe es „in der Hauptsache drei Anziehungspunkte: die Naturschönheit der Alpen, die Kurorte und in der Wintersaison den alpinen Sport". Um noch mehr Gäste nach Österreich zu locken und gleichzeitig deren Aufenthaltsdauer zu verlängern, wurden umfangreiche finanzielle Förderungen für den Fremdenverkehr in Aussicht gestellt. Dann aber machte der Erste Weltkrieg all diese Anstrengungen zunichte. Der Tourismus kam mehr oder weniger zum Erliegen, und die wenigen Reisenden gerieten zusehends in Verdacht, nicht der Erholung wegen gekommen zu sein, sondern um zu spionieren. In einigen Tourismusorten nächtigten nun überdies nicht Urlauber, sondern kriegsgefangene Offiziere, die in Ermangelung geeigneter Unterkünfte und im Unterschied zu den einfachen Soldaten die einigermaßen komfortablen Zimmer von Hotels und Privatpensionen bezogen. Viele Gaststätten wurden überdies zu Lazaretten und Erholungsheimen für Rekonvaleszente umgestaltet. Nach dem Krieg kam der Fremdenverkehr zunächst nur langsam wieder auf Touren. In der wirtschaftlich schwer angeschlagenen Alpenrepublik, die von Hilfslieferungen aus dem Ausland abhängig war, empfand man die wenigen Fremden, die sich anfangs einfanden, mehr als Nahrungskonkurrenten denn als willkommene Gäste. Wenig Sympathie wurde auch den Kriegsgewinnlern und Neureichen entgegengebracht, die von der Hyperinflation profitiert hatten und es sich nun in jenen Luxushotels gemütlich machten, die früher vor allem der Aristokratie vorbehalten waren. Der allgegenwärtige Antisemitismus fand wieder neue Nahrung, und zahlreiche Gemeinden erklärten sich als „judenrein". (Sandgruber 375) Erst nachdem sich die Währung stabilisiert hatte, ging die Fremdenfeindlichkeit zurück und der Gast durfte wieder König sein, ohne gedanklich gemeuchelt zu werden. Antisemitische Ressentiments aber hatten immer „Hochsaison". Der Fall des in Tirol urlaubenden jüdischen Zahnarztsohnes Philipp Halsmann, dem 1928 zur Last gelegt wurde, seinen Vater während einer Bergwanderung im Zillertal ermordet zu haben, machte dies einmal mehr sichtbar.

Indessen begann die Weltwirtschaftskrise den Höhenflug des Fremdenverkehrs, der sich seit Anfang der 1920er-Jahre sukzessive vom Tief der ersten Nachkriegsjahre erholt und schließlich einen beachtlichen Boom erlebt hatte, wieder zu bremsen. Trotz des Einbruchs bei den Nächtigungszahlen erwiesen sich einmal mehr die Gäste aus dem Nachbarland als diejenigen, die die Statistik anführten. 1928 fielen über 60 Prozent aller „Ausländermeldungen" auf die Deutschen, und 1931, als die Krise im Fremdenverkehr bereits deutliche Spuren hinterlassen hatte, waren es immer noch an die 50 Prozent. Zwar gehörten viele dem finanziell wenig einträglichen Segment der sogenannten Rucksacktouristen an. Deren Sparsamkeit änderte aber nichts daran, dass der österreichische Fremdenverkehr auf die mäßig spendablen deutschen Gäste angewiesen war. Diese Abhängigkeit hatte sich immer dann am klarsten gezeigt, wenn die Nachbarn Ausreisegebühren verlangten. Immerhin entsprach es den Eigeninteressen, dass das Geld im Lande blieb. Schon in den 1920er-Jahren hatten Versuche, mit derlei Maßnahmen die deutsche Zahlungsbilanz zu verbessern, heimische Tourismusbetriebe zum Jammern gebracht. 1931 sorgte die Einhebung von 100 Mark Gebühr für Auslandsreisen für neuerliche Panikstimmung in der österreichischen Fremdenverkehrsbranche. 1932 stabilisierte sich die Lage dann als Folge eines bilateralen Abkommens. Nun reisten wieder mehr Deutsche nach Österreich.

Doch insgesamt befand sich der Fremdverkehr ebenso auf Talfahrt wie die gesamte Wirtschaft. Beschleunigt wurde der Abwärtstrend durch die 1933 vom nationalsozialistischen Deutschland verhängte Tausendmarksperre, welche die Ausreise in das seit Ausschaltung des Parlaments im März 1933 autoritär regierte Nachbarland de facto verunmöglichte. Diese politisch motivierte Regelung, die über die wirtschaftliche Zerrüttung zum Zusammenbruch des Regimes unter Bundeskanzler Dollfuß führen und eine nationalsozialistische Machtübernahme bewirken sollte, versetzte dem österreichischen Fremdenverkehr einen schweren Schlag. Vor allem in den westlichen Bundesländern verzeichnete man niederschmetternde Einbußen. In einigen Tiroler Orten musste man Ausfälle von bis zu 80 Prozent hinnehmen. (Sandgruber 377) Auch in Salzburg gingen die Gästezahlen drastisch zurück – um fast die Hälfte. In der Steiermark, in Oberösterreich und Kärnten beklagte die Branche einen Rückgang bei den Nächtigungen von mehr als 30 Prozent. Nichtsdestoweniger wirkte sich die Tausendmarksperre bei Weitem weniger fatal aus als befürchtet. Bis Mitte der 1930er-Jahre gelang es, den Ausfall der Deutschen weitgehend auszugleichen. Nun kamen vermehrt Tschechoslowaken und Ungarn, aber auch Gäste aus England, Frankreich,

den Niederlanden, Belgien oder Dänemark. Die Salzburger Fest-
spiele gewannen überdies „eine wichtige politische Dimension als
Gegen-Bayreuth, gestützt von reichen amerikanischen Juden, die
aus Protest gegen Hitler kamen, mit dem Antifaschisten Arturo
Toscanini als Aushängeschild". (Sandgruber 377)

Als im Zuge des Juliabkommens zwischen Österreich und
Deutschland 1936 die Tausendmarksperre fiel, blieb der ersehnte
neuerliche Ansturm deutscher Touristen aus. Restriktive Devisen-
schutzbestimmungen bestanden nämlich weiterhin, und die mit
großem bürokratischen Aufwand verbundenen Ausreiseformali-
täten ließen Österreich auch jetzt noch als kaum erstrebenswerte
Urlaubsdestination erscheinen. Dennoch hielt der Aufschwung
des heimischen Tourismus an. Kaum aber hatte man sich an die
Absenz der Nachbarn gewöhnt, kamen sie, um zu bleiben. Nicht
als Touristen, sondern als „Volksgenossen". Nach dem Anschluss
stürmten die „Altreichler" die heimischen Alpen. Über eine halbe
Million Deutsche zog es 1938 beispielsweise nach Tirol. Doch hielt
die Begeisterung der Hoteliers über das gewaltige Plus an Gästen
nicht lange an. Der Ausbruch des Zweiten Weltkrieges beeinflusste
das Reiseverhalten der Deutschen nachhaltig. Jetzt galt es, sich
auf Gäste einzustellen, die im Rahmen der Organisation „Kraft
durch Freude" (KdF) kamen und die Erwartungshaltungen eines
Massentourismus nationalsozialistischer Prägung im Gepäck trugen. Bald darauf sollten sich die Fremdenverkehrsbetriebe aber
vor allem nach den Bedürfnissen von Fronturlaubern ausrichten,
schließlich von Kriegsbeschädigten oder Kriegerwitwen und -wai-
sen. Der Urlaub mutierte immer mehr zu einer Flucht vor Hunger
und Bomben.

Das Piefke-Trauma

Nach Ende des Zweiten Weltkrieges gab es viele Gründe, die einen
erneuten Zustrom deutscher Gäste verzögerte. Der Wiederaufbau
band die Kräfte beider Länder, und die bilateralen Beziehungen
standen nicht zum Besten. Österreich wandte sich in Vielem von

TRENNENDE GEMEINSAMKEITEN

Deutschland ab und vollzog seine Identitätsbildung vor dem Hintergrund einer Abgrenzung zu oder gar Ablehnung von allem, was deutsch war. Die österreichische Abwehrhaltung war derart ausgeprägt, dass man offenbar glaubte, in deutschen Urlaubern eher Invasoren sehen zu müssen als erholungsbedürftige Gäste. Vor diesem Hintergrund hatten einreisewillige Nachbarn eine Reihe von bürokratischen Hürden zu überwinden, um in der wiedererstandenen Alpenrepublik ausspannen zu dürfen. Jetzt, so könnte man sagen, nahm Österreich Urlaub von den Deutschen. Unerwünscht blieben sie aber dennoch nicht lange. Schon in den 1950er-Jahren stieg zur Freude der Tourismusbranche der Anteil der deutschen Touristen wieder deutlich an. Die Gäste aus dem Wirtschaftswunderland bekamen die in den österreichischen Heimatfilmen gefertigten Klischees vom sympathischen heimischen Menschenschlag serviert und begannen sich, umsorgt von Charme versprühendem Hotelpersonal, wieder richtig wohlzufühlen. Getrübt wurde dieses Idyll erst Anfang der 1980er-Jahre, als die Deutschen via Fernsehen und Presse anscheinend zum ersten Mal regelrecht schockartig mit dem zweiten Gesicht ihrer österreichischen Gastgeber konfrontiert wurden. Letztere erschienen plötzlich als verlogene Verstellungskünstler, hinter deren Freundlichkeit eine ausgewachsene Antipathie, ja ein Deutschenhass schlummerte. Der österreichische Schriftsteller Peter Turrini hat das ambivalente Verhalten des heimischen Gastgebers gegenüber dem deutschen Urlauber so charakterisiert: „Wen man von Angesicht zu Angesicht lieben muß, dem sagt man jegliche Gemeinheit in den Rücken." (zit. nach Scherb 20)

In der im Februar 1982 ausgestrahlten Eurovisions-TV-Show „Auf los geht's los" bekannten sich sechs von neun österreichischen Kandidaten dazu, Deutsche als „Piefke" zu bezeichnen. Dem vom Wiener Publikum mit tosendem Applaus unterlegten Outing ihrer Landsleute folgten die wenig schmeichelhaften Erklärungen zur Bedeutung dieses Wortes. Auf diese Weise erfuhren die Nachbarn im Norden, dass man solcherart betitelte Deutsche als eingebildete und überhebliche Touristen abstempelte. (Müller-Salget 511) Ergänzt wurden und werden solche Definitionen mit dem Vorwurf eines nie abgelegten Kommandotons gegenüber den vielfach als rückständig abqualifizierten Österreichern, mit dem Eindruck von einer latenten Selbstüberschätzung der Nachbarn, von angeblich notorischer Großmäuligkeit und mit der Beobachtung, die „Piefkes" neigten zu besserwisserischen Belehrungen. Umgekehrt wurden und werden solche Wahrnehmungen auf eine allzu ausgeprägte Empfindlichkeit der Österreicher zurückgeführt, auf Minderwertigkeitskomplexe und womöglich Neidreflexe. In jedem Fall machte sich nun auch im Nachbarland eine gewisse Empfindlichkeit bemerkbar, als das Thema dann auch noch in der Presse breitgetreten wurde. Vor diesem Hintergrund sah sich der damalige österreichische Handelsminister Josef Staribacher veranlasst, via Hubschrauber „durch die Lande zu fliegen", um die vergraulten Deutschen zu versöhnen. (Müller-Salget 511)

Eine derartige Aktion erschien umso dringender, als seit 1982 zum Entsetzen der hiesigen Verantwortlichen für den Fremdenverkehr ein stetiger Rückgang deutscher Österreich-Urlauber zu beobachten war. Die „Älteren", die das Nachbarland geradezu gewohnheitsmäßig Jahr für Jahr aufsuchten, um in vielen Fällen das immer gleiche Zimmer mit Dusche zu beziehen, kamen zwar immer noch. Die „wanderbare" Alpenrepublik wurde hingegen von einer jüngeren Generation in Deutschland zunehmend als langweilig empfunden. Andere Feriendestinationen lockten mit abwechslungsreicheren Angeboten. Der Abwärtstrend bei den Nächtigungsziffern konnte jedoch gestoppt werden, als man sich auch in Österreich auf die Begleiterscheinungen einer sich verändernden Freizeitkultur einstellte.

Nichtsdestoweniger reagierten die heimischen Touristiker geradezu hysterisch, als ein paar Jahre nach dem „Piefke-Zwischenfall" bei „Auf los geht's los" Felix Mitterers „Piefke-Saga" ins Fernsehen kam und die TV-Produktion die scheinbar so harmonische Symbiose von österreichischem Gastgeber und deutschem Touristen endgültig zu zerstören drohte. Spätestens seit Anfang der 1990er-Jahre weiß hierzulande nun jeder zumindest umrisshaft um die Wurzeln der Bezeichnung „Piefke" Bescheid. Ohne sich auf quasi etymologische Details einzulassen, hat der Durchschnittsösterreicher dabei allerdings vorwiegend einen zackigen preußischen Militärkapellmeister mit den Vornamen Johann Gottfried und mit markanter Pickelhaube auf dem Kopf vor Augen. Diesem Bild entspricht die Hauptfigur der „Piefke-Saga", der alljährlich in Tirol urlaubende Karl Friedrich Sattmann, freilich nicht einmal entfernt, die Eigenschaften eines typischen „Piefke" erfüllt er allemal. Die Satire karikierte aber nicht nur den unsympathischen deutschen Urlauber, der, ohne es ursprünglich zu wissen, „österreichinkompatibel" ist. Sie nimmt auch eine sich bis zur Selbsterniedrigung und -verleugnung anbiedernde geldgierige Fremdenverkehrsbranche aufs Korn, die den Kuhstall zur Erlebniszone erklärt und Schwammerlsuchen als durchorganisierten Event für naturabstinente Städter aus dem Ruhrpott inszeniert. Waren die einen der Meinung, dass Mitterer beide Seiten durch den Kakao gezogen hatte und am Ende, wie es Pressestimmen in der Schweiz ausdrückten, keiner beleidigt sein könne, sahen die Tiroler Hoteliers und Wirte ihre Existenz ob in Hinkunft Österreich meidender deutscher Touristenströme hochgradig gefährdet. Die Wogen gingen hoch, von Geschäftsschädigung war die Rede, und Mitterer wurde zur Zielscheibe heftiger Angriffe. Landeshauptmann Weingartner ermahnte seine Landsleute, aus dem Schriftsteller keinen „Salman Rushdie des Tiroler Fremdenverkehrs" zu machen (Müller-Salget 515), befand es aber für notwendig, die letzte Folge der Saga, in der Touristen zu „echten" Tirolern umoperiert werden, im Ausland nicht kommentarlos zeigen zu lassen. Weingartner befürchtete unnötige Missverständnisse und unangebrachte Zweifel an der Tiroler Gastfreundschaft. Doch zum Erstaunen der Österreicher hatten sich die Deutschen mittlerweile eine dickere Haut zugelegt. Der Umstand, dass die ARD die Saga im Jänner 1994 ausstrahlte, zog keineswegs die von

der österreichischen Fremdenverkehrsbranche befürchtete Katastrophe nach sich. Dennoch liefen Touristiker auch im darauffol-
genden Jahr Sturm, als nun der ORF ankündigte, die TV-Satire im
Sommerprogramm wiederholen zu wollen. Doch die deutschen
Urlauber reagierten gelassen, und viele fühlten sich obendrein gar
nicht erst angesprochen. Adressaten der Kritik seien ja ohnehin
nur die Preußen. Zur umstrittenen TV-Serie befragte Österreich-
Touristen aus Stuttgart oder Darmstadt gaben an, dass sie die
„Piefke-Saga" im Grunde völlig kalt lasse.

Selbst- und Fremdbilder

Negativklischees über den jeweiligen Nachbarn finden sich in
deutschen Medien ebenso wie in heimischen. Schnell ist da von
Mentalität die Rede, von typischen Eigenschaften, die eben nicht
in Abrede zu stellen seien. Darüber hinaus sind apodiktische Be-
hauptungen über das Wesen angeblich typischer Österreicher
oder angeblich typischer Deutscher verführerisch – vor allem
dann, wenn sich als Kronzeugen für solche Beurteilungen diverse
wortgewaltige Prominente anführen lassen. Auch befördert der
durchaus positive Hang zur Selbstkritik ungewollt Klischees, und
die Alpenrepublikaner gelten schließlich als Meister der Selbst-
beschimpfung. Die Stichhaltigkeit kritischer Aussagen interessiert aber hierzulande oft weniger als der befürchtete Imageverlust
im Ausland. Eine intellektuelle Friedhofsstille ist diesem freilich
immer noch vorzuziehen.

Bis heute beliebt sind bei unseren Nachbarn jedenfalls nicht
zuletzt diverse Kakanien-Klischees, denen tatsächlich vorhandene
Absurditäten immer wieder zu neuer Bestätigung verhelfen. Regelmäßig erörtert und wohl zu Recht belächelt wird beispielsweise die
„typische", aus der Monarchie ererbte österreichische Titelsucht.
Der umgekehrt in Deutschland anzutreffende noble Verzicht des
Professors, als solcher angesprochen zu werden, heißt aber noch
lange nicht, dass sich dadurch das Hierarchiedenken vom hiesigen prinzipiell unterscheidet. Den Chef kann man schließlich

auch unter so betitelten „Kollegen" hervorkehren. Mitunter existieren also hinter diversen vordergründigen Unterschieden mehr Gemeinsamkeiten, als Österreichern oder Deutschen bewusst ist. In jedem Fall ist das ambivalente Verhältnis der „verfreundeten Nachbarn" nicht nur ein medialer Dauerbrennner, sondern bietet sich auch im Alltag immer wieder als Gesprächsthema an.

Interessanterweise setzt die in den letzten Jahren boomende deutsche Selbstbespiegelungsliteratur des Öfteren bei der Frage an, warum Deutsche im Ausland angeblich so unbeliebt sind. Dabei fällt die entwaffnende Selbstverständlichkeit auf, mit der Überheblichkeit als eines der hervorstechendsten negativen Wesensmerkmale der Deutschen genannt wird. Nicht minder interessant sind die Ergebnisse der Suche nach den österreichischen Hauptverantwortlichen des „Deutschenhasses". So heißt es beispielsweise in einem „Die Deutschen sind schrecklich" betitelten Buch einigermaßen bissig: „Während in einfachen Kreisen oft ungetrübte Sympathie mit den Deutschen herrscht, ist der statistische Homunkulus des [österreichischen] Deutschenfeindes ein Wiener mittleren Alters, der sich der Intelligenzschicht zurechnet, schlecht verdient und um seinen sozialen Status besorgt ist." (Koch-Hillebrecht 328) Mit diesem „Steckbrief" hatte der Salzburger Historiker Georg Schmid lediglich das „mittlere Alter" gemein, als er in einem 1990 erschienenen Sammelband seinen Essay über die Stellenbesetzung an heimischen Universitäten mit folgender Frage begann: „Wie wird man in Österreich Universitätsprofessor?" Die Antwort lautete: „Indem man Deutscher ist." (Schmid 192) Schmid, der dieser apodiktisch anmutenden Behauptung differenzierte Ausführungen nachschickte, verwies auf die heimische Tendenz zur devoten Bewunderung der Nachbarn und den Hang, sich selbst kleiner zu machen, als man ist. Deutsche Karrieren im österreichischen akademischen Betrieb werden jedenfalls immer wieder kritisch beäugt. 2008 etwa musste sich der Rektor der Medizinischen Universität Innsbruck gegen den Vorwurf zur Wehr setzen, er hätte Professuren vor allem an deutsche Staatsbürger vergeben. (science.orf.at 9.7.2008) Dennoch, so eine oftmals anzutreffende Einschätzung, scheinen tatsächlich mehr Deutsche in Österreich Karriere zu machen als Österreicher in Deutschland. Mit der größeren Bevölkerungszahl im Nachbarland ist dieses Phänomen wohl nur unzureichend zu erklären. Fest steht jedenfalls, dass 189.000 Österreicher in Deutschland leben und etwa 130.000 Deutsche in der Alpenrepublik. Verstärkt wird die „deutsche Gemeinde" in Österreich durch weitere 77.000 Personen, die hier ihren Nebenwohnsitz haben. Darüber hinaus hat sich innerhalb der vergangenen acht Jahre die Zahl der in Österreich studierenden Deutschen verdreifacht.

Eine ewige Frage bleibt: Sind die Deutschen tatsächlich effizienter und qualifizierter – kurz gesagt: einfach besser? Halten sich demgegenüber die Bewohner der Alpenrepublik für „Provinzler", für ein Volk von Kellnern und Skilehrern? Und stimmt es wirklich, dass die Deutschen ihre Nachbarn so sehen? Auf diese Überlegungen geben Umfragen zu Selbst- und Fremdbild von Österreichern und Deutschen keine schlüssigen Antworten. Im Gegenteil. Diesbezüglich vorhandene Einschätzungen scheinen mehr zur Stereotypenbildung beizutragen als sie zu erforschen. Fest steht aber, dass Herr und Frau Österreicher von sich selbst behaupten, leistungsfähiger zu sein, als ihnen die Nachbarn zugestehen wollen. Von österreichischem Minderwertigkeitskomplex also keine Spur. Außerdem muss man das kompetitive Element, das sich von österreichischer Seite in Bezug auf das Verhältnis zum Nachbarn in so ziemlich allen Bereichen reflexartig zu regen scheint, nicht unbedingt negativ sehen. Darüber hinaus haben gerade in den letzten Jahren deutsche Medien das bereits angestaubte Bild vom Deutschland wirtschaftlich traurig hinterherhinkenden Nachbarn korrigiert und dabei die ökonomische Entwicklung der Alpenrepublik regelrecht als Vorzeigemodell bejubelt. Vorbei sind die Zeiten, wo das übermäßige Aufkommen alter VW-Käfer auf österreichischen Straßen Gradmesser deutschen Bedauerns über die alpenländische Rückständigkeit war.

Der infolge der derzeitigen Wirtschaftskrise als eher desolat zu beschreibende Zustand von Österreichs Staatsfinanzen lässt im Nachhinein aber befürchten, dass die deutschen Lorbeerkränze angesichts einer scheinbar so außergewöhnlichen heimischen Prosperität allzu voreilig geflochten worden sind. Nichtsdestoweniger hatte die Alpenrepublik den „großen Bruder" 2005 gemäß den Zahlen für das BIP tatsächlich überflügelt. Zwischen 2000 und 2007 konnte Österreich den Nachbarstaat im Norden sowohl in Sachen Wachstum als auch hinsichtlich Arbeitslosenquote oder Budgetdefizit abhängen. Zu erreichen war dieser Erfolg allerdings nicht zuletzt in Anbetracht der schwierigen wirtschaftlichen Bedingungen, die sich für Deutschland im Zuge der Wiedervereinigung ergeben hatten. Davon abgesehen ging etwa 2005 immer noch ein Drittel aller österreichischen Exporte nach Deutschland. Eine starke deutsche Wirtschaft kann demnach nur im Interesse Österreichs liegen. Der in Wien lehrende Wirtschaftshistoriker Dieter Stiefel endete einen Aufsatz über die österreichisch-deutschen Wirtschaftskontakte nach 1945 daher auch mit folgenden Worten: „Im Grunde genommen sollte man im katholischen Österreich jede Woche eine Messe lesen lassen, um dafür zu beten, dass der Herrgott Deutschland seine führende Rolle wieder gibt, um weiterhin als Lokomotive für die österreichische Wirtschaft zu fungieren. Amen." (Stiefel 260)

Als Indiz für Österreichs wirtschaftliche Erfolge wird jedenfalls auch die steigende Zahl von Deutschen angeführt, die nicht kommen, um Ferien zu machen, sondern um zu arbeiten. Allerdings blickt man weniger auf jene – und das sind die meisten – , die mittlere bis gehobene Positionen einnehmen. Nein, die Aufmerksamkeit gilt vor allem den Deutschen, die sich in der Gastwirtschaft verdingen. Dass beispielsweise in der österreichischen Fremdenverkehrsbranche heimisches Personal mancherorts bereits exotisch anmutet und stattdessen deutsche „Gastarbeiter" Speis und Trank servieren, erfüllt den einen oder anderen hierzulande regelrecht mit Genugtuung. Andererseits fühlen sich einige

Einheimische angesichts deutscher Gäste, deutscher Kellner, deutscher Zimmermädchen und womöglich deutscher Köche, Skilehrer und Schuhplattler bereits ein wenig unwohl. Es ist aber auch zu fragen, ob auf diese Weise Österreicher und Deutsche nicht einander fremd werden. Bis jetzt jedenfalls schien man sich doch ganz gut zu kennen. So weisen Eigen- und Fremdwahrnehmung alles in allem eine beachtliche Übereinstimmung auf. Deutsche halten Österreicher für besonders freundlich, und Österreicher glauben von sich selbst, besonders freundlich zu sein. Österreicher definieren sich beziehungsweise ihre Identität in hohem Maße über heimische Naturschönheiten, über Kunst und Kultur oder die schmackhafte heimische Küche, und Deutsche schätzen an Österreich die reizvollen Landschaften, halten ihre Nachbarn für Musikliebhaber, kunst- und kulturbegeisterte Zeitgenossen und finden das Essen in der Alpenrepublik überaus „lecker". Die in Meinungsumfragen zum Ausdruck gebrachte wechselseitige Wertschätzung widerspricht überdies in Vielem dem Eindruck vom österreichischen Deutschenhass ebenso wie der Meinung von der notorischen deutschen Abschätzigkeit gegenüber den Einwohnern des kleinen Nachbarlands. Kurz gesagt: Österreicher und Deutsche mögen sich mehr als man glaubt. Oder doch nicht?

Verständnisprobleme

„Ich hasse Euch Deutsche. Der Magen dreht sich mir um, wenn ich in *meinem* Wien, in *meinem* Salzkammergut, in *meinem* Tirol Deutsche deutsch reden höre – dieses deutsche Deutsch, das dem Österreicher sofort Minderwertigkeitsgefühle eingibt, es klingt alles so kompetent und effizient, und wenn's der größte Blödsinn ist." (Nenning 79) Der österreichische Journalist Günther Nenning verwies mit diesen freilich selbstironisierenden Äußerungen auf einen spezifischen Aspekt des Verhältnisses zum Nachbarland. Kaum ist man also versucht, die endgültige Beilegung der deutsch-österreichischen Differenzen auszurufen und gegenseitige Sticheleien als harmlose Traditionspflege zu betrachten, drängen sich dann doch wieder die trennenden Gemeinsamkeiten in den Vordergrund. Zumindest in puncto Sprache sehen vor allem engagierte „Schützer" des österreichischen Deutsch Bedarf an einer angemessenen Abgrenzung zum deutschen Deutsch. Hier orten Experten mangelndes Selbstbewusstsein und einen tatsächlichen österreichischen Minderwertigkeitskomplex gegenüber Sprache und Aussprache der Nachbarn. Ein „bundesdeutsch orientiertes Hochdeutsch" werde als „Norm angenommen", während es „kaum ein Bewusstsein von einer eigenen österreichischen standardsprachlichen Varietät der plurinationalen Sprache Deutsch" gebe. (Kaiser 89) Hochdeutsch wird mit „nach der Schrift reden" gleichgesetzt, und das fällt vielen schwer. Trotzdem, warnen Pessimisten, seien etliche Austriazismen vom Aussterben bedroht und würden lediglich als unterhaltsames Kuriosum für deutsche Touristen beibehalten. Letztere sind aber anscheinend mäßig interessiert, die Rätsel der österreichischen Sprache zu entschlüsseln. Dass Palatschinken nichts mit Schinken zu tun haben, hat sich noch immer nicht bei allen Österreich-Urlaubern aus dem Nachbarland herumgesprochen. Auch deutsche „Zuwanderer" erweisen sich als eher resistent, wenn es um die heimische Variante ihrer Muttersprache geht. Vielen „Exilanten" in der Alpenrepublik will der „Kaffeeeeeee" auch nach jahrelangem Aufenthalt nicht über die Lippen kommen. In einem augenzwinkernden Artikel über die Deutschen als mittlerweile zweitgrößte „Einwanderergruppe" nach den türkischen MigrantInnen erklärte die Wiener Stadtzeitung „Falter" sie für besonders „integrationsunwillig". Dass einige Zeitgenossen den hier lebenden Deutschen ernsthaft raten, österreichische „Vokabeln" zu lernen, erscheint dann aber doch ein wenig skurril. (Frankfurter Allgemeine Sonntagszeitung, 3. 5. 2009)

Davon abgesehen sagen sich scheinbar immer mehr Österreicher von ihrer Sprache los. Trostlos ist es demnach auch um die Dialekte bestellt. Ihrem offenbar für schädlich befundenen Einfluss werden bereits österreichische Kleinkinder tunlichst entzogen. Die heimischen Sprösslinge sind hinsichtlich der Sprache bisweilen kaum noch von ihren deutschen Altersgenossen zu unterscheiden. Sie essen „Käsekuchen" anstatt „Topfentorte" und finden es gar nicht „krass", sich von einander mit dem deutschen „Tschüss" zu verabschieden. So wundert es auch nicht, dass der Austro-Pop mit seinen Dialekt-Liedern, der sich bis vor 20 Jahren am Projekt der österreichischen Nationswerdung beteiligt hatte, heute out ist und bestenfalls auf den i-pods der Generation 40+ Speicherplatz belegen darf. Wenngleich diese Entwicklung aufgrund ästhetischer Erwägungen nur bedingt bedauernswert erscheint, verwundert gleichzeitig die nunmehrige Begeisterung für das deutsche oder eingedeutschte Pop-Liedgut. Letzteres unterscheidet sich überdies nur mehr geringfügig vom deutschen Schlager, der hierzulande eine traditionell große Fangemeinde hinter sich weiß. Dass das deutsche Deutsch einen größeren Markt eröffnet, wusste man freilich schon vor Jahrzehnten. Auch Stars und Sternchen mit heimischem Stammbaum tragen nun diesem Umstand vermehrt Rechnung, nehmen Sprachunterricht und trällern quotenkonform.

Das deutsche Deutsch gilt überdies als korrekt, die österreichische Variante mit ihren vielfältigen Besonderheiten mitunter als regelrecht peinlich und provinziell. Das Deutsch in österreichischen TV-Produktionen unterscheidet sich immer weniger von jenem der nachbarlichen Fernsehrealität. Übernommen wird nicht nur „deutsch-deutsche" Lexik. Auch hierzulande unübliche Satzstellungen und Zeitformen kommen in Mode. Lektoren deutscher Verlage, wird beklagt, befreien österreichische Literatur von Austriazismen, die bei deutschen Lesern angeblich Verständnisprobleme und Irritationen hervorrufen würden. Österreichische Autoren sowie Fernseh- und Radiomoderatoren passen sich, meinen manche, mittlerweile bereits in vorauseilendem Gehorsam der Sprache der Nachbarn an. Neben diesem teilweise als Imitationsdeutsch-Österreichisch zu bezeichnenden Duktus hat sich eine seltsame Mischform zwischen Dialekt und Hochsprache entwickelt, mit willkürlichen Präferenzen entweder für das eine oder das andere. Hier lassen sich wiederum dort und da Affinitäten zum sogenannten Schönbrunndeutsch ausmachen, der Sprache der „besseren Leute" mit gedehnten Vokalen und nasalem Tonfall. Die früher auch in der Sprache manifestierten Klassenunterschiede verschwimmen jedoch zusehends. Proletarier und Hofrat – wirklicher und „unwirklicher" gleichermaßen – tendieren mittlerweile zu einer Koine. Der echte Wiener im Sinne des Eingeborenen, der an einem unverwechselbaren Dialekt festhält, ist im Gegensatz zu der „Ein echter Wiener geht nicht unter" betitelten TV-Serie des ORF untergegangen oder zumindest vom Untergang bedroht.

Gute Überlebenschancen werden immerhin den Diminutiva prophezeit, die alles zu handlichen Proportionen schrumpfen lassen, damit wiederum gängigen Klischees vom österreichischen Hang zur „Verzwergung" entsprechen und gut in die „kleine" Alpenrepublik passen. Die netten -erls haben offenbar auch den Effekt, dass man sich die Wirklichkeit schöner zu denken vermag, als sie ist. So lässt sich anscheinend auch der Ekel vor an sich Ekelhaftem verringern. Wiener Hundebesitzer werden mittlerweile nämlich aufgefordert, das „Gackerl" ihres Vierbeiners im „Sackerl" zu entsorgen. Diese österreichische Lösung hat nun auch im Nachbarland Nachahmung gefunden – allerdings ohne verharmlosende Verkleinerungsform. Man könnte sagen: Deutsche Hundebesitzer stellen sich der Realität, wie sie ist: besch…en.

Abgesehen von solch weltbewegenden Themen bleibt folgende Frage aufrecht: Kämpften die Österreicher immer schon mit Komplexen, wenn es um ihre Sprache ging? Schämten sie sich für ihre, wie Anton Kuh zusammenfasste, -itscherls, -uckerls und -itschi-atschis?

„Bemühungen um die Valorisierung der österreichischen Ausprägungen des Hochdeutschen" nahm man im Nachbarstaat jedenfalls nicht immer ernst. „Der Spiegel" stellte 1962 mit Erleichterung und vor allem Häme fest, dass an der deutsch-

österreichischen Grenze „keine Sprachschranke niedergelassen"
werde, der deutsche Tourist auch weiterhin Sahne ordern dürfe,
um Obers zu bekommen, und dass Tomaten Tomaten bleiben
dürften, selbst wenn sie die Österreicher als Paradeiser bezeichneten. Allerdings lässt sich Sahne ohne größere Schwierigkeiten als
Obers identifizieren. Bei Pfifferlingtunke statt Eierschwammerl-
sauce tut sich ein Österreicher aber dann doch nicht ganz so leicht,
die Entsprechung zu finden. Nichtsdestoweniger, triumphierte das
deutsche Nachrichtenmagazin, hätten „begeisterte österreichische
Patrioten" schließlich erkannt, wo ihre Sprachheimat tatsächlich
liege: „Vor die Alternative gestellt, zwischen der Sprache Schillers
und Poldi Hubers […] zu wählen, plädierten sie für Schiller." (zit.
nach Pollak 67)

Einem Martin Luther, der mit seiner Bibelübersetzung die Entwicklung der deutschen Sprache nachhaltig prägte, oder einem
Johann Christoph Gottsched, ohne den ein normiertes Hochdeutsch nicht denkbar wäre, hat die österreichische Seite keine
vergleichbaren Pendants entgegenzusetzen. Eine Führungsrolle
bei der Standardisierung der deutschen Sprache beanspruchte die
Habsburgerin Maria Theresia jedenfalls nicht. Man fügte sich den
„‚vorbildlichen' Formen aus dem sächsisch-meißnischen Gebiet"
und kaum einer dachte daran, den Spezifika der eigenen Sprache
besondere Aufmerksamkeit zu schenken. (zit. nach Ammon 118)
Ausnahmen bestätigen die Regel, werden aber in ihrer Bedeutung
unterschiedlich bewertet. Gegenüber Johann Christoph Gottsched
meinte Maria Theresia jedenfalls: „Wir Österreicher haben eine sehr
schlechte Sprache." (zit. nach Wiegrefe/Pieper 94f.) Die „Kaiserin"
war, soweit man das sagen kann, eine ausgeprägte Dialektspreche-
rin. Davon abgesehen bevorzugte man abseits des „einfachen Volkes" ohnehin Französisch. In jedem Fall waren „Österreich wie der
ganze katholische deutsche Süden" schon seit dem „ausgehenden
16. Jahrhundert an der Diskussion über die Hochsprache praktisch
nicht mehr und an der mittel- und norddeutschen Sprachentwick-
lung nur peripher beteiligt." (Reifenstein 294)

ALLES POWIDL

Die „äußeren Voraussetzungen für eine auch sprachliche (varietätsmäßige) Sonderstellung Österreichs", das heißt für „seine Ausbildung zu einem eigenen Zentrum der deutschen Sprache" ergaben sich erst nach 1866. (Ammon 120f.) Nichtsdestoweniger erachtete gerade das Bildungsbürgertum „Hochdeutsch" als Teil seines Selbstverständnisses und verwies beispielsweise stolz auf das sogenannte Burgtheater-Deutsch. Indizien für das Bewusstwerden einer sprachlichen Eigenständigkeit in Abgrenzung zum „Hochdeutschen" blieben zunächst eher rar. Vielmehr überwog abseits der Burgtheaterbühne „das schlechte Gewissen der unzureichenden Normerfüllung". (Reifenstein 304)

Erst an der Wende vom 19. zum 20. Jahrhundert lassen sich einzelne kräftigere „Lebenszeichen" eines österreichischen „Sprachbewusstseins" nachweisen. Ein „österreichisches Schriftdeutsch" hielt man nichtsdestoweniger für überflüssig, und auch nach dem Ersten Weltkrieg scheinen sich „kaum Bekundungen eines österreichischen Varietätseigenständigkeitsbewußtseins zu finden". (Ammon 125) Karfiol oder Marille statt Blumenkohl oder Aprikose wurden aber bereits als standardsprachlich empfunden. In den Jahren nach dem Anschluss mag sich angesichts des „reichsdeutschen" Einflusses auch sprachlich ein gewissermaßen dagegenhaltendes Selbstbewusstsein der „Ostmärkler" gefestigt haben. Von einer sprachlichen Gleichschaltung als Angriffsfläche österreichischer Widerständigkeit kann aber nicht unbedingt die Rede sein. So hatte beispielsweise im Lexikon „Regeln und Wörterverzeichnis für die Aussprache und Rechtschreibung" die Anzahl der Austriazismen 1941 gegenüber vorangegangenen Ausgaben sogar zugenommen. (Ammon 126)

Nach dem Zweiten Weltkrieg wollten die politisch Verantwortlichen in Österreich selbst hinsichtlich der Sprache möglichst alle Berührungspunkte mit Deutschland eliminieren. Ein solches Ansinnen unterstützten auch die alliierten Siegermächte. Statt Deutsch brachten österreichische Lehrer ihren Schülern ab

1949 die „Unterrichtssprache" bei. Spötter bezeichneten Letztere in Anlehnung an den damals verantwortlichen Unterrichtsminister Felix Hurdes als „Hurdestanisch". (Ammon 127) Bereits 1952 erfolgte aber die Umbenennung des Schulfachs in „Deutsche Unterrichtssprache" und 1955 in die einfachere Bezeichnung „Deutsch". Parallel dazu gingen die Bemühungen, die eigene Sprache vom Deutschen abzuheben, weiter. Fünf Jahre vor Unterzeichnung des Staatsvertrags und des Abzugs der alliierten Mächte hatte das Bundesministerium für Unterricht bereits das Erscheinen eines Nachschlagewerks angekündigt, das „den in Österreich gebräuchlichen Wortschatz enthält und für alle Fragen der Rechtschreibung, die erfahrungsgemäß in Schule, Amt oder Büro auftauchen, die passende Lösung" bereithalten werde. (Österreichisches Wörterbuch 7) Das Österreichische Wörterbuch, das 1951 erstmals erschien, war „von Anfang an ein Organ, das die eigene nationale Varietät Österreichs maßgeblich" stützte. (Ammon 128) Jene Sprachwissenschaftler, die sich hierzulande um Erforschung und Pflege des österreichischen Deutsch kümmerten, blieben allerdings eher isoliert. Außerhalb der Alpenrepublik nahm die Zunft kaum von ihnen und ihrer Arbeit Notiz. Das jedenfalls behaupten vor allem deutsche Linguisten – wahrscheinlich nicht ganz zu Unrecht.

Dass das Österreichische Wörterbuch sogar an bayerischen Schulen verwendet wurde, sahen einige „Sprachschützer" in Hinblick auf die Betonung der Besonderheiten der Sprache in Österreich eher negativ. Tatsächlich scheint der Verweis auf Bayern immer wieder Argumente hinsichtlich Österreichs Sonderrolle oder Eigenständigkeit gegenüber dem „großen Bruder" an sich zu entwerten. Der langjährige, aus Bremen stammende Burgtheaterdirektor Claus Peymann hatte, eigenen Aussagen zufolge, ebenfalls den Vergleich Österreich-Bayern im Kopf, als er seine Arbeit in Wien begann. Doch dann stellte sich heraus, dass die Alpenrepublik und der Freistaat weniger Gemeinsamkeiten hatten als ursprünglich angenommen. Nach der ersten Zeit der Eingewöhnung, habe er, so Peymann, Österreich mit anderen Augen gesehen und erstaunt feststellen müssen: „Das ist ein anderes Land. Im Grunde ist das Ausland." (zit. nach Coudenhove-Kalergi 61)

Mit dem Slogan „Bayern darf nicht Österreich werden oder Österreich nicht Bayern", sind Probleme in der Definition der heimischen Sprachwirklichkeit in Kontrast zu jener im Nachbarland nicht zu lösen. Überdies ist die Gefahr, wenn man so will, nicht blau-weiß. Es sind nicht zuletzt inflationär auftretende Anglizismen, die die Sprache sowohl in Österreich als auch in Deutschland in den letzten Jahrzehnten immens verändert haben. Insofern ist die vom Nachbarland ausgehende „Bedrohung" lediglich ein Nebenschauplatz.

Manche sehen indessen in einem übertriebenen Abgrenzungsbemühen kein probates Rezept gegen den Anpassungsdruck, dem der österreichische Wortschatz seitens des Nachbarstaates ausgesetzt ist. Sie blicken vielmehr verwundert auf die scheinbar beliebig zu vergrößernde Zahl von Austriazismen im Österreichischen Wörterbuch. Der Status einiger dieser Neuzugänge sei umstritten, vermelden Kritiker und wollen Dialektbegriffe und umgangssprachliche Bezeichnungen nicht ohne weiteres integriert wissen. Außer Streit stehen jedoch Wörter wie Topfen, Grammeln oder Powidl. Gemeinsam mit anderen 20 Austriazismen wurden sie für würdig befunden, der Amtssprache der Europäischen Union anzugehören. Tatsächlich konnte die vor dem 1995 erfolgten österreichischen EU-Beitritt verbreitete Sorge, dass nun ein sprachlicher Anschluss oder eine „Preußifizierung" zu befürchten sei und der Erdäpfel- dem Kartoffelsalat zu weichen habe, nicht bloß als Posse abgetan werden. Schließlich erscheint die Vorstellung, beim Metzger Hochrippe zu kaufen anstatt beim Fleischhauer Rostbraten, auch heute noch vielen Österreichern als unzumutbar. Aber lässt sich das österreichische Deutsch wirklich auf ein paar Obst- und Gemüsesorten oder einzelne Rinderteile beschränken? Die EU-Liste der Austriazismen nimmt sich in den Augen von Kritikern als Minikompromiss aus. Vorhandene Unterschiede im morphologischen, syntaktischen und pragmatischen Bereich, in Phonetik beziehungsweise Phonologie seien einfach unter den Tisch gefallen. Immer wieder wird daran erinnert, dass die Mitgliedschaft in der EU nicht dazu führen dürfe, dass kleine Nationen ihre Identitätsmerkmale opfern müssen. Zweifelsohne ist die Sprache, und sei sie auch nur eine „Varietät", zu Letzteren zu zählen. Unterschieden sich die Österreicher von den Deutschen früher vor allem durch die gemeinsame Sprache, sind Erstere heute aber anscheinend weniger bemüht, diese Differenz aufrecht zu erhalten. Ist es der „Appetit darauf, verschlungen zu werden", der sich hierzulande geregt hat? (vgl. Gauss)

Offenbar war die Anfang der 1990er-Jahre spürbare Angst vor einem „Einheitsdeutsch" nicht ganz unbegründet. Die Medienrealität ubiquitärer Satellitenschüsseln, die deutsche Fernsehunterhaltung in die heimischen Wohnzimmer spülen, ist wohl nur ein Teil des Problems. Festzustehen scheint jedenfalls, dass der Widerstand des österreichischen gegenüber dem deutschen Deutsch schwächelt. Von einer „feindlichen Übernahme" kann allerdings weniger die Rede sein als von tendenzieller Kapitulation. Die Aprikose ist daran unschuldig, und der Widerstand der Marille hat nicht viel genützt.

KINOWELTEN
Eine Filmgeschichte

Rosen in Tirol

In mehr als 20 Filmen traten Theo Lingen und Hans Moser als deutsch-österreichisches Komikerduo in Erscheinung. Sie sorgten während und auch nach dem Zweiten Weltkrieg für unbeschwerte Unterhaltung. Deutsch-österreichische Mentalitätsunterschiede und sprachliche Missverständnisse wurden von den „streitbaren Brüdern" gekonnt in Szene gesetzt. Immer wieder wandelte sich die Gegnerschaft zur Freundschaft. Gemeinsamkeiten wurden entdeckt und Gegensätze letztlich als Bereicherung wahrgenommen.

Ton-Film-Krise

„Nun, zu einem schlechten Film ein paar Lieder auf dem Grammophon zu spielen, das konnte man schon vor fünfzehn Jahren, dazu braucht es keine Tonfilmerfindung. Dass die Wiener Filmbranche vor dem kommenden Tonfilm Angst hat, ist ja bekannt; sie scheint es darauf anzulegen, den unaufhaltsamen Tonfilm zu kompromittieren, bevor er noch da ist." (Arbeiter-Zeitung, 23.1.1929)

Die Kritik des Filmrezensenten der Wiener „Arbeiter-Zeitung", Fritz Rosenfeld, anlässlich der ersten Tonfilmvorführung in Wien im Jänner 1929, war vernichtend. Noch steckte der „sprechende und tönende Film" in den Kinderschuhen und konnte vielleicht noch nicht alle Skeptiker für sich gewinnen, doch das sollte sich bald ändern. Die österreichische Filmproduktion würde durch den Tonfilm einen Aufschwung erfahren, der deutsche Sprachraum wirtschaftlich noch näher rücken. Vorerst überwogen allerdings die Zweifel. Die Umstellung der Produktion und die Umrüstung der Kinos auf Tonfilmapparaturen kostete viel Geld – und das in ökonomisch angespannter Lage. Die Besucherzahlen waren im Zuge der Wirtschaftskrise zurückgegangen und die größte österreichische Filmproduktionsfirma, die Sascha Film AG, stand vor dem Bankrott. 1931 konnte das Unternehmen jedoch infolge einer Partnerschaft mit der deutschen Tobis-Tonbild-Syndikat AG, dem größten deutschsprachigen Tonfilmpatenthalter, vor dem Zusammenbruch bewahrt werden. Von nun an hieß die Gesellschaft Tobis-Sascha Filmindustrie AG. (Fritz 144)

Deutsches Kapital und der Zusammenschluss von österreichischem und deutschem Know-how retteten in diesem Fall ein Prestigeunternehmen vor dem Untergang. Eine Vielzahl österreichischer Regisseure, Autoren und Darsteller hatte ja schon seit Jahren die deutsche Filmproduktion nachhaltig geprägt. So etwa inszenierten Joe und Mia May exotisch kriminalistisches Serial-Kino („Die geheimnisvolle Villa", „Das Gesetz der Mine"). Carl Mayer und allen voran Fritz Lang waren das Aushängeschild des deutschen Expressionismus („Das Cabinet des Dr. Caligari", „Dr.

Mabuse, der Spieler"). Richard Oswald klärte das deutschsprachige Publikum mit seinen als anrüchig empfundenen Filmen auf („Das gelbe Haus", „Anders als die Andern"). Billy Wilder, Fred Zinnemann und Edgar G. Ulmer erschufen mit dem semidokumentarischen Streifen „Menschen am Sonntag" eine neue Sachlichkeit. G. W. Pabst widmete sich sozialkritischen Dramen ebenso wie dem Antikriegsfilm („Die freudlose Gasse", „Westfront 1918"). Fritz Lang, Walter Reisch und Gustav Ucicky huldigten mit ihrer Arbeit bisweilen sogar dem deutschen Heldenmythos („Die Nibelungen", „Das Flötenkonzert von Sanssouci", „Yorck", „Morgenrot"). Letzterer „schenkte" dem NS-System auch den einen oder anderen Propagandafilm. Die Liste ließe sich beliebig fortsetzen.

Das künstlerische Potenzial orientierte sich nun einmal am größeren Markt. Der Tonfilm verstärkte dieses Phänomen. War mit dem Stummfilm das internationale Kinogeschäft für alle offen, so musste man nun mit Sprachbarrieren kämpfen. Eine Intensivierung der österreichisch-deutschen Kooperation schien sich vor diesem Hintergrund aufzudrängen. Gleichzeitig eröffneten sich neue Chancen. Da die Synchronisation vorerst noch nicht zum Standard gehörte, holprig war oder Untertitel in mangelnder Qualität eingeblendet wurden, bevorzugte das Publikum Filme in der eigenen Sprache. Außerdem konnten mit dem Ton als Stilmittel andere Akzente gesetzt und neue Filmgenres etabliert werden.

Der Ton macht die Musik

„Wienerisch ist flüssig gemachtes Deutsch, dem man anhört, dass Sprache, ehe sie, geformt zur Kommunikation, Bedeutungen generiert, eine Matrize ist, dem Sinn abgewandt, den Tönen zugeneigt." (Grafe 228)

Die deutsche Filmkritikerin Frieda Grafe hat es auf den Punkt gebracht: Wien ist eine Tonlandschaft. Schon die Sprache sei offenbar von verführerischem Charme, der jedoch in eine verletzend weichliche Brutalität umschlagen könne. Wie viel an unterbewussten Botschaften liegt schon in diesen gesprochenen Tönen und wie viel mehr klangvolle Metaphern lassen sich wohl mit jenen schwungvollen Musikstücken generieren, die so untrennbar mit der ehemaligen k.k. Residenzstadt verbunden sind? Es wundert daher nicht, dass mit Beginn der Tonfilmära das Genre des „Wiener Films" neu erfunden und letztlich zu dem Aushängeschild der österreichischen Filmproduktion wurde.

Bereits unmittelbar nach dem Ersten Weltkrieg griffen die Filmemacher bevorzugt originär österreichische Themen auf. Nach dem Zusammenbruch der Monarchie blickte man allzu gern auf die „glänzende Vergangenheit" und das große kulturelle Erbe zurück. Ein Stückchen Identität wurde gesucht und in einem verklärten monarchischen Patriotismus wiedergefunden. Filme wie „Das Drama von Mayerling", „Der junge Erzherzog" oder „Erzherzog Otto und das Wäschermädel" ließen in nostalgieschwangerer Manier die „gute alte Zeit" und mit ihr die „Habsburger" wiedererstehen.

Doch das „Traumreservoir" Wien inspirierte nicht allein die österreichischen Filmemacher. In den USA war Wien die Stadt der „Dekoration par excellence", der „Inbegriff des Paradieses", wo Leichtsinn, Dekadenz und Begierde, adeliges Flair und kleinbürgerliche Träumereien aufeinandertrafen. Österreichische Literatur, etwa Werke von Arthur Schnitzler, wurde oft in recht unkonventioneller Art für das amerikanische Kinopublikum adaptiert. Wiener Emigranten wie Josef Sternberg und Erich von Stroheim, aber auch deutsche Filmemacher wie Ernst Lubitsch oder Max Ophüls sorgten für das von Offiziersuniformen und mehr oder weniger glücklichen Liebeleien geprägte Wien-Bild Hollywoods. In Österreich, wo man wiederholt betonte, dass „atmosphärisch echte Wien-Filme" nur im eigenen Land entstehen könnten, wurden diese amerikanischen Produktionen nicht immer mit Wohlwollen aufgenommen. Die Kritik echauffierte sich nicht selten über unpassende Dialekt-Zwischentitel, verfehlte Milieuzeichnungen sowie über die karikierende und als abstoßend empfundene Darstellung Österreichs und des Adelstandes. (Paimann's Filmlisten

21. 6. 1929 und 17. 1. 1930, Kritiken zu „The Case of Lena Smith" und „The Wedding March")

Die eigene Illusion von der schönen, ja sogar „besseren" Kaiserzeit ließ man sich in Österreich eben nicht gerne zerstören. Vielmehr wurde hier mit Anbruch der Tonfilmära begonnen, bereits existierende Klischees zu verfeinern und den Topos vom Kulturland Österreich in die Welt zu tragen. Das Grundkonzept des typischen Wiener Films österreichischer Herkunft war schnell gefunden: Meist in der Zeit vom Wiener Kongress bis zum Fin de Siècle angesiedelt, basiert er auf einer Mischung aus Phantasie und Historie. Kleinbürgertum und Aristokratie treffen aufeinander, um bei Tanz, Musik und Leichtsinn die Grenzen zwischen Arm und Reich aufzulösen. An dieser „Grundausstattung" des Wiener Films maßgeblich beteiligt war der Schauspieler und Regisseur Willi Forst. Mit seinen Filmen „Leise flehen meine Lieder", „Maskerade" und „Burgtheater" begeisterte er nicht nur das österreichische, sondern auch das internationale Publikum. Von den beiden erstgenannten Produktionen wurden außerdem englischsprachige Remakes gedreht.

Sängerfilme, die Opern- zu Leinwandstars machten, erweiterten die Variation des Wiener Musikfilms ebenso wie Operettenstreifen. Tanzend, singend und jubilierend wurde in klischeeträchtigen Szenerien – ob beim Heurigen, im Wienerwald oder selbst in so mancher Bergkulisse – Werbung für Österreich gemacht. Gezielt kombinierte man österreichische Lebenslust und Gemütlichkeit mit „ein bissl Schmäh" und monarchistischer Rührseligkeit, um das deutsche Publikum in die Kinos zu locken und für einen Urlaub in Österreich zu begeistern. Dafür legte selbst Hans Moser, der österreichische Volksschauspieler schlechthin, einen Teil seines Jargons ab, um für das deutsche Publikum verständlicher zu klingen. (Fritz 163)

In Deutschland kam der Wiener Film derart gut an, dass man nun auch dort beim jungen Tonfilm verstärkt auf Wiener Sujets setzte. Titel wie „Wien, Du Stadt der Lieder", „Königswalzer",

„Zwei Herzen im ¾ Takt" oder „Der Kongreß tanzt" machen die „Verwienerung" und „Verwalzerung" der deutschen Produktion allzu deutlich. (Moritz/Moser/Leidinger 159) In Österreich fanden die deutschen Musikfilme mit Wiener Einschlag meist positive Resonanz, umso mehr als oftmals österreichische Darsteller, Autoren, Musiker oder Regisseure maßgeblich daran beteiligt waren. Kritik wurde nur dann laut, wenn man etwa die Darstellung großer historischer Persönlichkeiten als „allzumenschlich" bis „trivial-ordinär" empfand, wie im Fall der Komponisten Josef Lanner und Johann Strauß Vater in „Walzerkrieg". (Österreichisches Unterrichtsministerium, Filmbegutachtung „Walzerkrieg", 6.2.1935) Auch ein auffallend preußischer Akzent stieß auf Ablehnung, wenn es österreichische Künstler und Milieus darzustellen galt. Dass man die österreichische Mimin Therese Krones und auch alle anderen Schauspieler des in Wien angesiedelten Films „Ihr größter Erfolg" durchwegs „preußisch" reden ließ, wurde gar als „vollends unerträglich" beanstandet. (Das Kleine Blatt, 24.2.1935)

Der große Boom des Operetten-, Revue- und somit des beschwingten Wiener Unterhaltungsfilms setzte in beiden Ländern just zu jenem Zeitpunkt ein, als sich auf politischer Ebene neue Kräfte bemerkbar machten. Während im Jänner 1933 in Deutschland die Nationalsozialisten an die Macht kamen, erfolgte im März desselben Jahres die Ausschaltung des österreichischen Parlaments und die Errichtung eines „austrofaschistischen" Regimes. Obwohl hierzulande mit einem etwas schwammig definierten Österreich-Patriotismus gegen das NS-Regime Position bezogen wurde, lagen der „Ständestaat" und der Nationalsozialismus gerade bei der Bewertung filmischer Erzeugnisse allzu nahe beieinander. Nicht nur lehnte man beiderseits Antikriegsfilme, „moralisch nicht einwandfreie" Streifen und als zu sozialkritisch bzw. „links" eingestufte Produktionen ab; man hatte auch ähnliche Vorstellungen von einem adäquaten oder eben auch völlig unpassenden Wiener Film. Einem Zuviel an Leichtsinn und Vergnügungssucht konnte man hüben wie drüben nichts abgewinnen, obwohl das Publikum danach verlangte. Ein Filmplot, der den Wiener Prater ins Zentrum des Geschehens stellte, musste demnach bei der „austrofaschistischen" und der nationalsozialistischen Zensur gleichermaßen auf Widerstand stoßen. Als Schauplatz der unkontrollierbaren Emotionen, wo die hemmungslose Ausgelassenheit zum Prinzip wird, wo sich windige Figuren, aufreizende und leicht verführbare Mädchen sowie fremdartige Schausteller einfanden, galt er den Zensoren als untragbar. Es erscheint daher nachvollziehbar, dass der Film „Prater" (Regie: Willy Schmidt-Gentner), auch bekannt unter dem Titel „Der Weg des Herzens", in Österreich und Deutschland aus „geschmacklichen Gründen" abgelehnt wurde. Spieler, Schürzenjäger und ein Suizidversuch gäben ein „verzerrtes Bild von Wien und den Wienern wieder", hieß es. Man war sich einig, dass „solche österreichischen Filme besser ungedreht" bleiben sollten. (Moritz/Moser/Leidinger 359f.)

Als positives Gegenstück betrachtete man hingegen Produktionen, die „wahre, lebensnahe Bilder" von Wien mit „arbeitenden Menschen" zeigten. Für „ordentliche" Wiener Filme dieser Art war der Regisseur E. W. Emo bekannt, der in Paul Hörbiger die Personifizierung seines idealen Wiener Typs fand. Gedreht wurde in Wien, die Produktionsfirma war allerdings eine deutsche. Paul Hörbiger gab stets den pflichtbewussten, dem Anstand verpflichteten Wiener aus kleinbürgerlichem Milieu. Ein Paradebeispiel dafür ist der Film „Endstation" aus dem Jahr 1935. Hier mimt Hörbiger den Straßenbahner Karl Vierthaler, der sich einer braven, biederen kleinen Hutmacherin annimmt und sie letztlich vor den Verführungen der mondänen Welt bewahrt. Das so in Szene gesetzte Idyll wurde von der österreichischen Zensur und Presse euphorisch aufgenommen. Man lobte die „saubere und gesunde Einstellung zum Leben und zum Beruf", den „einwandfreien", „gesunden" und „unverlogenen" Inhalt sowie den Mut, „das arbeitende Volk zu zeigen". „Endstation" könne als „beste Fremdenverkehrspropaganda für Österreich", als „wahrhaftiger österreichischer Film" gewertet werden. Das „austrofaschistische" System hatte somit seinen idealen Österreich-Film gefunden, doch handelte es sich dabei bezeichnenderweise um eine deutsche Produktion. (Moritz/Moser/Leidinger 364f.)

SELBSTAUSLIEFERUNG

Die kulturpolitische Annäherung Österreichs an Deutschland sollte aber bis zum „Anschluss" noch weiter voranschreiten. Vor allem die jüdischen Filmschaffenden waren Opfer dieser Entwicklung. Tausende von ihnen verloren mit der Machtergreifung der Nationalsozialisten in Deutschland ihren Lebensunterhalt. Mit April 1933, dem Beginn des Boykotts von jüdischen Künstlern, fanden sie in der deutschen Filmindustrie de facto keine Anstellung mehr. Viele hofften, nun in Österreich Arbeitsmöglichkeiten zu finden – ein Wunsch, der nicht in Erfüllung ging. Als im Herbst 1933 die deutschen Zensurstellen erstmals österreichische Streifen blockierten, wurde klar, dass Berlin sich auch vom Nachbarstaat eine rein „arische" Filmproduktion erwartete. Man missbilligte die Mitwirkung jüdischer Filmschaffender an österreichischen Produktionen und gab zu verstehen, dass auch künftig derartige Streifen in Deutschland nicht zur Aufführung kommen würden. Um den Österreichern weitere Zugangsbeschränkungen zu ersparen, bot Berlin an, Manuskripte und Besetzungslisten noch vor Drehbeginn zur Prüfung bei der Reichsfilmkammer einzureichen. Die österreichischen Filmdelegierten kamen diesem an sich unerhörten Ansinnen prompt nach. Zudem garantierten sie im deutsch-österreichischen Filmverkehrsabkommen den deutschen Produktionen weiterhin freien Zugang zum österreichischen Markt, während umgekehrt Österreich nur bis zu zehn Filme pro Jahr nach Deutschland exportieren durfte. (Moritz/Moser/Leidinger 325–328)

Um österreichische Streifen in die deutschen Kinos zu bringen, waren die alpenländischen Produzenten und Regierungsstellen offensichtlich bereit, ureigene Kompetenzen abzugeben. Wohl glaubte man, sich mit ein wenig List behelfen zu können. So wurde wiederholt versucht, die Mitarbeit jüdischer Künstler an österreichischen Filmen zu verschweigen. Doch auf Dauer gelang es nicht, die von Deutschland „herausgeschmissenen Juden wieder einzuführen". (Goebbels 708) Die letzten Ausnahmebewilligungen für die Regisseure und Autoren Max Neufeld und Walter Reisch liefen 1935 aus. Danach überprüften eigene NS-Vertrauensleute akribisch die „arische Herkunft" jedes Mitarbeiters – vom Techniker bis zum Komparsen. (Loacker 156)

Die jüdischen Filmemacher, soweit sie nicht bereits nach Frankreich, England oder Hollywood emigriert waren, suchten nach neuen Wegen, um in Österreich weiter ihrem Beruf nachgehen zu können. Oftmals in Koproduktion mit ungarischen, tschechoslowakischen oder niederländischen Firmen, entstanden nun Filme, die explizit nicht für den deutschen Markt gedacht waren. Das hohe künstlerische Potenzial der Exilanten kam in dieser „unabhängigen Filmproduktion" zum Einsatz. Die von ihr bedienten Genres reichten von Sängerfilmen über subtile Melodramen bis zu Screwball-Comedies. Die Emigrantenfilme fanden durchaus ihr Publikum, scheiterten letztlich jedoch an den Herstellungskosten und der fehlenden Unterstützung der österreichischen Behörden, die sich von NS-Deutschland neuerlich unter Druck setzen ließen – anders als etwa die italienische oder ungarische Regierung, die sich bisweilen auch mit einem Zulassungsverbot ihrer Filme in Deutschland konfrontiert sahen. Auch hier waren jüdische Mitwirkende die Ursache für den Boykott. Doch Italien und Ungarn legten Protest ein und drohten, die Einfuhr deutscher Filmerzeugnisse im Gegenzug ebenfalls zu untersagen. Deutschland machte daraufhin einen Rückzieher. (Moritz/Moser/Leidinger 325–343)

Das „austrofaschistische" System erwies sich dagegen als willfähriger Helfer der nationalsozialistischen antisemitischen Ausgrenzungspolitik. Als der deutsche Produzentenverband „arische Filmschaffende" warnte, an „unabhängigen Emigrantenfilmen" mitzuwirken, da sie sonst mit einem Arbeitsverbot in Deutschland rechnen müssten, nahm Österreich dies einfach nur zur Kenntnis.

Der zuständige Beamte im österreichischen Handelsministerium, Eugen Lanske, lehnte es sogar offen ab, die „unabhängige Produktion", die auf der Stufe „polnischer, tschechischer oder ungarischer Filme" stünde, zu fördern. Die Chance, das künstlerische Potenzial der Emigranten und der eigenen jüdischen Filmschaffenden in Österreich zu zentrieren und eine kleine, aber sehr umtriebige heimische Produktion, ähnlich wie in der Tschechoslowakei und der Schweiz, zu etablieren, wurde schlicht vergeben. (Moritz/Moser/Leidinger 346f.)

Eine weitere Möglichkeit, die österreichische Filmbranche gegenüber NS-Deutschland zu stärken, ergab sich im Jahr 1936. Die amerikanische Filmindustrie bot Österreich an, den Wiener Film als Markenprodukt nachhaltig am US-Markt zu etablieren. Zudem wollten die US-Produzenten pro Jahr fünf Spielfilmproduktionen in Österreich mitfinanzieren und der österreichischen Filmbranche jährlich zwölf bis 15 Synchronisationsaufträge erteilen. Die reichsdeutschen Stellen waren bald von den österreichisch-amerikanischen Gesprächen informiert. Deutschland, das seit geraumer Zeit die Einspielerträge österreichischer Filme im eigenen Land einfror, sah sich nun veranlasst, Österreich „entgegenzukommen". Man war bereit, den Devisentransfer beschränkt wiederaufzunehmen. Allerdings sollten die Österreicher zuvor sicherstellen, dass der amerikanische Film zugunsten des deutschen am österreichischen Markt zurückgedrängt werde. Von österreichischer Seite wurde prompt reagiert. Die Importgebühren für englischsprachige, aber auch für französische Filme wurden erhöht. Somit tat Österreich mehr, als Deutschland gefordert hatte. Dem österreichischen Film konnte offenbar nicht geholfen werden, die führenden Kräfte spielten der deutschen Seite in die Hand und manövrierten sich selbst in eine ausweglose Situation. (Loacker 190–197)

Die Filmindustrie war durch das Einfrieren der österreichischen Verleih- und Lizenzerlöse in Deutschland bereits nachhaltig geschädigt worden. Monatelang standen die österreichischen

Ateliers infolge eines Produktionsstopps leer. Im Herbst 1936 wurde allmählich erkennbar, welches Ziel hinter dieser finanziellen Ausblutung steckte. Der deutschen Seite waren die in Österreich tätigen jüdischen Teilhaber bei der deutsch-österreichischen Tobis-Sascha Filmindustrie AG, die Gebrüder Pilzer, ein Dorn im Auge. Man ließ durchblicken, dass nach einer „Lösung dieses Problems" auch die finanziellen Transferschwierigkeiten beseitigt werden könnten. Nun lenkte die österreichische Seite ein. Die Tobis-Sascha AG stand aufgrund der eingefrorenen Guthaben in Deutschland bereits vor dem Konkurs. Ein Kredit wurde dem Unternehmen verweigert. Oskar Pilzer stimmte unter diesen Bedingungen und ohne politische Rückendeckung dem Verkauf seiner Anteile zu. (Loacker 198–201)

Nur wenige Tage nach dem Ausscheiden der Pilzer-Gruppe aus der Tobis-Sascha AG einigte man sich über den Transfer der Erlöse, wobei die Österreicher dazu genötigt wurden, einen Teil ihrer Gelder in die deutsche Filmwirtschaft zu investieren. Die so im Nachbarland produzierten „Österreich-Filme" sollten als heimische „Stammfilme" am internationalen Markt verkauft werden. Auf diese Weise wollte man den Boykott NS-deutscher Filme, etwa in den USA, Polen, Ägypten oder Palästina, gekonnt umgehen. Dieser Etikettenschwindel, der deutsch-österreichische Koproduktionen, die den NS-Vorschriften unterlagen und größtenteils in Deutschland hergestellt worden waren, als „rein österreichisch" auswies, hatte dem Filmexport bereits Probleme bereitet. So wurde etwa ein Aushängeschild der österreichischen Filmproduktion, „Maskerade", in Brasilien und Ägypten als deutscher Film angepriesen und für nationalsozialistische Propagandazwecke missbraucht. Österreichs Filmwirtschaft verlangte daraufhin mehrmals, die eigenen Produktionen speziell zu kennzeichnen, um eine nachteilige Verwechslung auszuschließen. Man fürchtete Zugangsbeschränkungen für den heimischen Film und somit Exportrückgänge. (Moritz/Moser/Leidinger 347 und 392)

Doch spätestens 1936 konnte von einer selbstständigen österreichischen Film- und Kinoindustrie ohnehin nicht mehr die Rede sein. Nach der Unterzeichnung des Juliabkommens (vgl. oben Seite 132) waren zudem Zensur-Interventionen und offenen NS-Kundgebungen Tür und Tor geöffnet worden. Bei der Vorführung NS-deutscher Filme in österreichischen Kinos kam es immer öfter zu nationalsozialistischen Demonstrationen und zu handgreiflichen Auseinandersetzungen mit Andersgesinnten. Zensurschritte und Verbote konnten kaum mehr gesetzt werden, denn jedem Vorgehen gegen einen deutschen Film folgten massive Proteste der deutschen Stellen und die Androhung von Vergeltungsmaßnahmen. (Moritz/Moser/Leidinger 392–410)

Somit war der Anschluss der österreichischen Filmwirtschaft schon vor 1938 weitgehend vollzogen. Letztlich mussten nur jene Branchenteile, auf die das NS-Regime zuvor noch keinen Zugriff hatte, den politischen und rassischen Bestimmungen des Deutschen Reiches unterstellt werden. Dies betraf die Kinounternehmer sowie die Verleih- und Produktionsfirmen. Auch sie wurden nun im Schnellverfahren „arisiert". Für die umstrittene Tobis-Sascha Filmindustrie AG gab es noch ein Nachspiel. Die Firma wurde im Dezember 1938 aus dem Handelsregister gelöscht, um als Wien-Film GmbH wiederzuerstehen. Das neu gegründete Unternehmen zeichnete fortan verantwortlich für alle Wiener Filmproduktionen des Dritten Reiches. (Moritz/Moser/Leidinger 414–416)

Das Jahr 1938 bedeutete für das österreichische Filmschaffen folglich keine Zäsur, denn der gesellschaftliche, kulturelle, politische und wirtschaftliche Umstrukturierungsprozess war bereits vorbereitet worden. Die österreichischen Regierungsstellen haben mehrfach Chancen vergeben oder auch gar nicht erst in Erwägung gezogen, die heimische Produktion zu stärken und gegenüber der deutschen autark zu machen. Die Abhängigkeit vom deutschen Markt war letztlich nicht erkauft. Vielmehr passte sich die österreichische Filmpolitik allzu bereitwillig an die nationalsozialistische an.

Kontinuitäten und Brüche

Das Firmenzeichen der neu gegründeten Firma Wien-Film vermittelte bereits die Aufgabe des Unternehmens. Es zeigte den Namensschriftzug in einer Raute, getrennt durch einen Violinschlüssel – Wiener Musikfilme waren somit Programm. „Nur" vier einschlägige Propagandafilme sollte die Wien-Film bis 1945 produzieren („Leinen aus Irland", „Liebe ist zollfrei", „Wien 1910", „Heimkehr"), ansonsten stand gefällige Unterhaltung nach altbewährter Manier auf dem Plan. Wiener Charme garniert mit einer Liebesgeschichte und leichter Musik waren jenes Rezept, mit dem die Wien-Film Erholung und Ablenkung vom Krieg, aber auch Devisen sichern sollte. Österreich, das als solches nicht einmal mehr als Begriff im NS-Staat existierte, lebte im Film als eine Art Märchenland weiter. Der Anschluss wurde filmisch kaum thematisiert, vielmehr ging es um eine mit Bedacht vollzogene Eingliederung der „Ostmärker" in das Reich. Dabei musste auch im Film das Kunststück vollbracht werden, den eigenen NS-Propagandaidealen treu zu bleiben und zugleich die Veteranen des Ersten Weltkrieges nicht vor den Kopf zu stoßen. Besonders schwierig gestaltete sich dies bei der Darstellung der Habsburgermonarchie. Das bislang unantastbare Adelsgeschlecht wurde nun karikiert und offen angeschwärzt. Filme über den Ersten Weltkrieg machten kein Hehl daraus, dass der von Kaiser Karl angestrebte Separatfrieden als Verrat am deutschen Bündnispartner und am ganzen „deutschen Volk" bewertet wurde. Als positive Gegenparts zu verschlagenen Erzherzögen bot man allerdings aufrechte, einfache Soldaten oder Offiziere der österreichisch-ungarischen Armee auf, die mit dem „habsburgischen Treuebruch" haderten (z. B. „Der Fall Rainer"). Inwieweit einzelne Heldenfiguren die Demontage der einstigen Armee und ihrer allerhöchsten Führung wettmachten, bleibt fraglich.

Die Mentalitätsunterschiede zwischen „Altreich" und „Ostmark" blieben jedenfalls ein Thema und wurden durchaus als ein, wenn auch zu bewältigendes, Problem wahrgenommen. Der von

Paul Hörbigers deutscher Produktionsfirma gedrehte Film „Herzensfreud – Herzensleid" etwa widmete sich dem leidvollen Weg, den eine junge Wienerin, die ihre Liebe in Bremen fand, zu gehen hat. Als „Fremde" ist sie mit Ablehnung konfrontiert, Demütigungen folgen. Erst die Geburt des gemeinsamen Kindes bringt bei einem Zusammentreffen in Wien Versöhnung und Akzeptanz – eine recht banale Form der Konfliktlösung. (Altendorf 16–18)

Deutsch-österreichische Ehebündnisse mussten wiederholt herhalten, um den „Gegensatz" aufzulösen und das „Gemeinsame" als verbindlich auszuweisen. Willi Forst ließ in seinem Film „Wiener Blut" sogar zwei „deutsch-österreichische Paare" den heiter gestalteten Konflikt im Rahmen des Wiener Kongresses austragen: die Eheleute Willy Fritsch und Maria Holst und deren Kammerdiener Theo Lingen und Hans Moser. In der Wiener Atmosphäre mit all ihren musikalischen Klängen und dem mitreißend bejahenden Lebensgefühl lassen sich der „reuß-schleiz-greizsche" Graf und sein Diener „eines Besseren belehren". In Wien finden sich Gegner als Freunde wieder. Hier kommt nach ersten Anlaufschwierigkeiten jeder mit jedem aus. Die Preußen verzichten auf Pflicht, Disziplin und Haltung. Man strebt nach der Leichtigkeit und Unbeschwertheit des Wieners und entschließt sich, den neuen Lebensmittelpunkt in die k. k. Residenzstadt zu verlegen. Nicht selten werden in den Wiener Filmen der NS-Zeit die „Preußen" zum „Österreichertum bekehrt". Die daraus abgeleitete Behauptung Willi Forsts und Karl Hartls (des Leiters der Wien-Film), auf diese Weise subversive Propagandafilme gedreht und damit Widerstand geleistet zu haben, ist jedoch aus heutiger Sicht mehr als unverfroren. (Heiss 112, 115) Die Filme waren gewünscht, von oberster Stelle abgesegnet und versuchten, möglichst nicht bei der Zensur anzuecken. Vielmehr ging es darum, die Unterschiede zu nivellieren – schließlich waren „Altreichler" und „Ostmärker" doch gleichermaßen „Deutsche".

Im Gegensatz zu 1938 stellte sich die Situation nach 1945 deutlich anders dar. Nun war man bemüht, das „Österreichische" sprachlich und mental ausdrücklich zu betonen und in Opposition zum „Deutschen" zu stellen. In der Wochenschau wie auch in der Spielfilmproduktion wurde das österreichische Idiom mit aller Hingabe gepflegt. Bei nicht deutschsprachigen Filmen legte man auf eine österreichische Synchronisation wert. Die österreichische Filmpresse beklagte, dass in Deutschland gefertigte Dialoge durch den „allzu preußischen Anklang", „die leidige Erinnerung an die Jahre unserer ‚innigen' Verbindung mit dem Großdeutschen Reich" wachriefen. Österreichs und Deutschlands Filmschaffende verlangten indessen gleichermaßen nach Synchronisationsaufträgen. (Österreichische Film- und Kinozeitung, 14. 9. 1946 und 26. 5. 1951) Wer diesen „Synchronisationskrieg" letztlich gewonnen hat, ist bekannt. Die überwiegende Mehrheit aller Film- und Fernsehsynchronisationen wird in Deutschland angefertigt. Angeblich irritiert die Deutschen das österreichische Idiom in der Übersetzung. Umgekehrt scheint man sich in Österreich letztlich an die ebenfalls künstliche „Hannoveranische Norm" gewöhnt zu haben. Es setzte sich, wie zu erwarten, der größere und somit mächtigere Sprachraum durch – es gibt eben beinahe zehn Mal mehr Deutsche als Österreicher. (Schmid 160f.)

Unmittelbar nach dem Zweiten Weltkrieg wies Österreich jedoch nicht nur jede Vereinnahmung seitens des deutschen Nachbarn zurück. Letzterer wurde nun auch gerne angeschwärzt. Man ging etwa daran, deutsche Protagonisten, die hierzulande an der anderen, vor allem härteren Betonung der Silben und zuweilen am Gebrauch anderer Wort-, Satz- und Grammatikkonstruktionen sofort erkannt werden, im österreichischen Film besonders negativ und im Gegensatz zum positiv besetzten Österreicher zu zeichnen. Besonders deutlich trat dieses Prinzip bei der Gestaltung der sogenannten Heimkehrerfilme der Jahre 1946–1948 zu Tage. Sie erzählen von geläuterten Soldaten, die von einem sinnlosen Krieg, den sie nie gewollt hatten, gebrochen in die Heimat zurückkehren. Es fehlt ihnen an Halt und Zuversicht. Eine Frau, ein Kind, die Familie können letztlich den Heimgekehrten Glaube und Hoffnung wiedergeben. Am Ende sind sie bereit für den Wiederaufbau. Auf

dem Weg zum hoffnungsvollen Neubeginn müssen die Heim-
kehrer aber noch ihr Bekenntnis zu Österreich abgeben und dem
gewohnten „Herrenmenschentum" und den Systemzwängen ab-
schwören. Im Film „Der weite Weg" zeigt sich die Läuterung schon
zu Beginn: In einem russischen Kriegsgefangenenlager träumen
die österreichischen Soldaten wehmütig von einem Wiener Schnitzel und einem Ausflug zum Heurigen. Die Idylle stört ein schroffer
Neuankömmling, der sich noch dem NS-System verpflichtet sieht.
Er wird zurechtgewiesen: „Bei uns hat sich's ausgehitlert, wir san
hier alles Österreicher, für uns ist der Krieg aus."

In „Gottes Engel sind überall" wiederum ist es ein unbedarft
wirkendes opportunistisches deutsches Paar, das zur Präsentation
eines negativen Stereotyps herhalten muss. Auch sind sämtliche
Soldaten (ausgenommen die Deserteure) und nationalsozialistischen Funktionäre akustisch als Preußen erkennbar. Die Botschaft
ist einfach: Österreicher sind eben keine Deutschen und daher auch
keine Nationalsozialisten. „Verirrte sich" tatsächlich einmal ein
österreichischer Nazi in die Szenerie, so fand dieser innerhalb der
nachfolgenden 20 Minuten den sicheren Tod. Dieses Konzept zog
sich beinahe ausnahmslos durch den österreichischen Nachkriegsfilm der frühen Jahre. Nur fünf Filme thematisierten mehr oder
weniger explizit Österreichs NS-Vergangenheit („Der Engel mit der
Posaune", „Der Prozeß", „Das andere Leben", „Duell mit dem Tod",
„Der letzte Akt"). Eine mehr als geringe Zahl, wenn man bedenkt,
dass in den Jahren 1946–1955 pro Jahr zwischen 15 und 20 Spiel-
filme in Österreich produziert wurden. (Moser 119f. und 132f.) Der
Grund ist ein simpler: Antifaschistische Produktionen und die als
„zu realistisch" empfundenen „Heimkehrerfilme", die in Deutschland mit den antinazistischen „Trümmerfilmen" gewissermaßen
ein Pendant haben, waren schlicht keine Kassenschlager – ganz im
Gegenteil. (Brandlmeier, 139–143 und 163) Die Menschen wollten
im abgedunkelten Raum lieber vergessen, der Nachkriegsmisere
oder vielleicht auch dem eigenen schlechten Gewissen entfliehen.
Die Produzenten kamen dem Wunsch gerne nach.

Heimatklang – Abgesang

Dem bewährten Wiener Film waren nach dem Krieg die Kulissen abhandengekommen. Wien lag noch in Trümmern. So suchte die Filmproduktion zusehends, die Handlung in die unversehrte österreichische Landschaft zu verlegen. Brüche waren da und dort noch zu erkennen, ab und zu verwiesen Überblendungen, indirekte Verweise oder das Nennen der Jahreszahl 1938 noch auf Krieg und Exil. Der erste Reise- und Heimatfilm der österreichischen Nachkriegsproduktion, „Der Hofrat Geiger", ließ die Spuren der Vergangenheit noch erkennen. 1938 sei der Hofrat freiwillig in Pension gegangen, weil „es ja nicht egal ist, wer einen regiert", hieß es da. Auch der Begriff „Wiedergutmachung" deutete mit einer gewissen negativen Konnotation den schwelenden Konflikt zwischen Vergangenem und Gegenwärtigem, zwischen Erinnern und Vergessen an. (Brecht 162–173) Doch damit war es dann auch genug, denn schon der Vorspann des Films versprach: „Dieser Film spielt im heutigen Österreich, das arm ist und voller Sorgen. Doch – haben Sie keine Angst – davon zeigt er Ihnen wenig." Bald sah man gar nichts mehr davon. Alte Konzepte wurden von jenen Filmschaffenden wiederbelebt, die bereits unter dem NS-Regime und nicht selten schon zuvor die österreichische Filmwirtschaft geprägt hatten. Diese „Experten der leichten Unterhaltung" frönten neuerlich dem aristokratischen Kult. Ernst Marischka und Franz Antel eröffneten mit Filmen wie „Die Deutschmeister" und „Der Kongreß tanzt" eine monarchistische Celluloid-Schlacht, wobei abwechselnd Romy Schneider und Hannerl Matz als lieblich-süße Munition ins Feld geschickt wurden. Immer öfter trafen Kaiser, Erzherzöge und hohe Militärs ihre natürlichen und unverdorbenen Mädeln im entsprechenden Umfeld – im Wald oder in den Bergen. Franz Joseph verlor sein Herz an „Die Försterchristl", „Erzherzog Johanns große Liebe" tauchte in der grünen Steiermark auf. Und auch Kaiserin Elisabeth entpuppte sich in der „Sissi-Trilogie" als naturverbundenes Wesen, das unter dem Zeremoniell des strengen Wiener Hofes litt. Das von Beziehungsproblemen geplagte Kaiserpaar entfloh in „Sissi, die junge Kaiserin" dem „destruktiven Einfluss" der Stadt. In der „gesunden Atmosphäre" der Alpen stellten sich Harmonie und eheliches Glück wieder ein. „Sissi" folgte bereits dem Prinzip des profitträchtigen Heimatfilms und nahm zudem jenes Schicksal vorweg, das die österreichische Produktion fortan ereilen sollte. Der große Erfolg der Trilogie verleitete deutsche Verleihfirmen, Journalisten und (bis heute) noch so manchen Filmwissenschaftler dazu, das österreichische Erfolgsprojekt als „deutsch" zu deklarieren. Die österreichische Filmwirtschaft protestierte, und das Handelsministerium verlangte von Deutschland den Schutz der Herkunftsbezeichnung „Österreich" bei Verhandlungen mit ausländischen Verleihfirmen. (Stirken 141f.)

Bald schon sollte man zwischen deutschen und österreichischen Filmen keinen Unterschied mehr machen oder einen solchen gar erkennen können. Die Verquickung der österreichischen mit der deutschen Produktion schien wieder einmal unauflösbar. Die Filmemacher hatten ein Profit versprechendes Genre entdeckt, das nun gemeinsam bis auf den letzten Groschen und Pfennig ausgewertet werden sollte. Den deutsch-österreichischen Heimatfilmboom lösten zwei Produktionen aus, die bereits die neuen „Traumpaare" des Genres präsentierten. Am Zusammentreffen Rudolf Pracks und Sonja Ziemanns im deutschen Film „Schwarzwaldmädel" erfreuten sich 16 Millionen Zuschauer. (Steiner 89) Dem österreichischen „Echo der Berge" (in der Bundesrepublik erschienen unter „Der Förster vom Silberwald") mit Rudolf Lenz und Anita Gutwell folgten 22 Millionen Besucher – ein bahnbrechender Erfolg, von dem auch das österreichische Handelsministerium profitierte, welches „Echo der Berge" mitfinanziert hatte. (Buchschwenter 262) Diese gelungene Investition sollte eine Fortsetzung finden. Das klar konstruierte Grundkonzept – eine überschaubare dörfliche Gemeinde, Pfarrer, Bürgermeister und adeliger Gutsherr als Autoritätspersonen, eine beschauliche Landschaft, eine von Intrigen bedrohte Liebe – war variierbar. „Gut"

und „Böse" stehen einander gegenüber. Der „ehrenhafte Weid-
mann" und das „anständige Dirndl" triumphieren letztlich immer
über den Wilderer und die intrigante Gegenspielerin. Wer außerhalb der Gemeinschaft steht, hat in der Gesellschaft keinen Platz.
Das so definierte kleinräumige Weltbild erfüllte den Wunsch nach
Rückzug und Stillstand, nach „Ruhe und Ordnung", weitab von
gesellschaftlichen Modernisierungseffekten.

Selten folgte ein Heimatfilm nicht diesem Prinzip. Der Bild-
hauer und Regisseur Kurt Steinwendner durchbrach bewusst die
Konvention. Sein Film „Flucht ins Schilf" machte einen Raub-
mord zum Ausgangspunkt der Handlung. Die Landschaft – der
Neusiedler See – war hier nicht beschauliche Kulisse. Auch die
gewohnte Schwarz-Weiß-Malerei fehlte. Unerbittlicher Katholizismus, Denunziantentum und Intoleranz zeichneten die Dorf-
gemeinschaft aus. Die Kritik feierte Steinwendners andere Heran-
gehensweise an das Thema „Heimat", das Publikum lehnte den
Film jedoch ab. (Steiner 118)

Gefragt war leichte, fremdenverkehrstaugliche Kost, abge-
stimmt auf den Geschmack des deutschen Publikums. Um den
Export in die Bundesrepublik zu erleichtern, forcierte man zusehends deutsch-österreichische Koproduktionen. Da Österreich
als Billigproduktionsland mit schöner Landschaft galt, lag die
Kooperation auch ganz im deutschen Interesse. Den Ton gab von
nun an der deutsche Verleih an. Er sicherte vorab die Übernahme
der Filme durch die bundesdeutschen Kinos und nützte seine
Vormachtstellung, indem er Drehbücher, Sujets und Besetzungslisten beeinflusste. Um am gesamtdeutschen Markt „verständlich"
zu sein, musste das österreichische Deutsch künstlich normiert
werden. Dialekte fielen oft gänzlich weg. Es konnte sogar vorkommen, dass „Bergbauernbuben" preußische Töne anschlugen, wenn
der Verleih verlangte, möglichst viele bundesdeutsche Darsteller
zu engagieren. (Steiner 86–88) Die Abhängigkeit vom deutschen
Markt und die damit einhergehenden Grotesken ließen die durchaus finanzkräftigen österreichischen Produzenten offenbar gerne

über sich ergehen. Es schien bequem, das Risiko klein zu halten, möglichst keine Experimente einzugehen und trotzdem die Kassen klingeln zu lassen. Die Rechnung ging vorerst auch auf. Doch 1956/57 machte sich in den Städten ein merkbar geringeres Interesse an dem gängigen Heimatfilmprodukt bemerkbar. Rasch fand man ein Gegenrezept: Der Heimatfilm musste modernisiert werden. Plötzlich tummelten sich Schlagerstars wie Peter Alexander, Trude Herr oder Gus Backus, Paradekomiker wie Gunther Philipp und Paul Löwinger oder auch die Sportasse Toni Sailer und Hans-Jürgen Bäumler im komisch-athletisch-musikalischen Tourismusheimatfilm. Doch dies war nur ein Intermezzo. Der Zusammenbruch war schließlich nicht mehr aufzuhalten. In den 1960er-Jahren gingen Kinobesuch und Filmproduktion stetig zurück. In immer mehr Haushalten stand ein Fernsehgerät. Die amerikanische Filmproduktion dominierte zusehends den österreichischen und deutschen Markt und konnte die dem „American Way of Life" zusprechende Jugend für sich gewinnen. (Steiner 218)

Der österreichische Film, der sich völlig auf Deutschland ausgerichtet, jede Identität und jeden künstlerischen Anspruch zugunsten des erhofften Profits aufgegeben hatte, stand praktisch vor dem Ende. Als letzte Ausläufer der gänzlichen Selbstmontage gestalteten sich die mehr als seichten Sex & Crime- sowie Blödelfilme der späten 1960er- und 1970er-Jahre. Den künstlerischen Nachwuchs ließ man nicht aufkommen. Der ging zum experimentierfreudigeren Fernsehen. Während sich in Frankreich die „Nouvelle vague" oder in England das „Free cinema" formierten und schließlich auch in Deutschland 1962 eine Gruppe junger Regisseure das „Oberhausener Manifest" herausgab und damit den „Neuen deutschen Film" begründete, werkte in Österreich die alte Garde wie bisher weiter. Im selben Jahr wurde die deutsche Filmförderung begründet. Österreich folgte diesem Beispiel nicht. (Steiner 224 und 250) Film galt der Produktion der vergangenen Jahre entsprechend als Kommerz und keinesfalls als förderungswürdige Kunst. Der Staat verschlief weitere 20 Jahre.

Neubeginn

Die Krise der österreichischen Produktion bot aber auch die Chance, neu zu beginnen und vielleicht erstmals einen „österreichischen Film" ohne Zurufe und Vorgaben aus Deutschland zu etablieren. Versuche, sich von der überholten Filmtradition zu distanzieren, unternahmen junge Künstler bereits in den 1950er- und 1960er-Jahren. Neoveristische Arbeiten („Asphalt", „Wienerinnen", „Flucht ins Schilf") zeugten von einem neuen Weg. Rund um den Wiener „Art Club" gründete sich eine avantgardistische Kunstszene, die auch mit surreal-abstrakten Filmwerken Aufmerksamkeit erregte („Der Rabe", „Und die Kinder spielen so gern Soldaten", „An diesen Abenden", „Mosaik im Vertrauen"). In das Spielfilmschaffen drangen Moderne und Avantgarde allerdings erst in den 1970er-Jahren ein („Unsichtbare Gegner", „Menschenfrauen"). Da Politik, Wirtschaft und Fernsehen kein Interesse an den Arbeiten der Avantgarde zeigten, konnten sich die Künstler auf Dauer nicht etablieren. Manche zogen es vor, ihr Schaffen in der Bundesrepublik fortzusetzen, andere passten sich den Bedingungen und dem Geschmack der Geldgeber an. (Büttner/Dewald 49–75)

Die Möglichkeit, an interessanten Projekten mitwirken zu können, schuf in den 1970er- und 1980er-Jahren vor allem der Österreichische Rundfunk, der eine Reihe erstklassiger und engagierter Serien und Fernsehfilme (ko)produzierte („Der Fall Jägerstätter", „Alpensaga", „Das Dorf an der Grenze" u.v.m.). Hier wie auch im Spielfilmschaffen wurden nun verstärkt historische Themen, Traumageschichten sowie gesellschaftliche Probleme aufgegriffen. Faschistische Traditionen („Kassbach", „Die Ausgesperrten") wurden ebenso gekonnt bedrückend ins Bild gesetzt wie Arbeitslosigkeit, Delinquenz und Selbstunterwerfung („Schwitzkasten", „Totstellen"). Auch der „Heimatfilm" fand in einer frischen, unverklärt kritischen Form einen Neubeginn („Schöne Tage", „Hirnbrennen", „Raffl", „Heidenlöcher").

Ein neues österreichisches Filmschaffen war dabei, sich zu etablieren. Doch fehlte es noch immer an den nötigen Geldern.

Begehrlich blickte die österreichische Filmszene nach Deutschland, wo infolge der Filmförderung der „Neue deutsche Autorenfilm" entstand und international Furore machte. Zwar dominierten auch in der BRD weiter die amerikanischen Anbieter das Kino, doch es war den Filmemachern erstmals möglich, ihre Projekte ohne Rücksicht auf finanzielle Verluste umzusetzen.

Im Dezember 1980 wurde endlich auch ein österreichisches Filmförderungsgesetz erlassen. Es sollte für die heimischen Filmschaffenden bessere Voraussetzungen schaffen und ihnen ermöglichen, dem deutschen Film- und Fernsehfilm „maßgebliche Arbeiten entgegensetzen zu können". (Peter Hajek in der ORF-Sendung Café Central, 7.1.1981) Die Subventionen machten allerdings nur einen verschwindenden Anteil jener Gelder aus, die jährlich zur Stützung der österreichischen Bundestheater bereitgestellt wurden. Trotzdem konnte sich nun neben einem zeitgenössischen Unterhaltungskino („Malaria", „Karambolage", „Exit – Nur keine Panik" etc.) auch ein österreichisches Autorenkino etablieren, als Beispiele seien hier nur die Arbeiten von Michael Haneke, Wolfram Paulus oder Wolfgang Murnberger genannt.

Zudem gelang es mithilfe zahlreicher außerinstitutioneller Initiativen und des Engagements unabhängiger Verleiher und Kinobetreiber, einen kulturellen Boden für den neuen österreichischen Film zu schaffen. Avantgarde-, Dokumentarfilm, Kurz- und Spielfilmarbeiten österreichischer Filmschaffender fanden und finden heute international Anerkennung. Bei den Filmfestspielen in Cannes, Venedig, Berlin und bei den Academy Awards in L.A. wurde die Arbeit österreichischer Künstler, wie etwa von Jessica Hausner („Lovely Rita"), Ulrich Seidl („Hundstage"), Virgil Widrich („Copy Shop"), Christoph Waltz („Inglourious Basterds"), Birgit Minichmayr („Alle Anderen") oder Götz Spielmann („Revanche") gewürdigt. Für Furore sorgten zuletzt Stefan Ruzowitzky und Michael Haneke. 2008 ging der Oscar für den besten fremdsprachigen Film an Ruzowitzkys „Die Fälscher" und damit erstmals an Österreich. Und Michael Haneke, der in Cannes bereits mehrmals prämiert wurde, gewann 2009 für „Das weiße Band" die Goldene Palme.

In Österreich brüstete sich vor allem die Politik mit dem Erfolg Michael Hanekes und verwies auf den hohen Stellenwert Österreichs im internationalen Filmschaffen. Im Nachbarland sprach man, bezogen auf „Das weiße Band", indessen von „einem weiteren Sieg des deutschen Kinos". (Die Welt, 24. 5. 2009) „Österreich feiert seine Talente, Deutschland seine Erfolge als Produktionsland", fasste es die Deutsche Presseagentur zusammen. Schon 2008 beanspruchten die deutschen Medien Ruzowitzkys Oscar für sich, wobei infolge der Berichterstattung auch der Alt- und Exilösterreicher Billy Wilder, weiters Oskar Werner, Klaus Maria Brandauer und der Schweiz-Österreicher Maximilian Schell in einem Rundumschlag als Deutsche deklariert wurden. (oscars.de.msn.com, 1. 9. 2009)

Während die Einbürgerung der genannten Filmschaffenden österreichischer Herkunft befremdlich erscheint, muss der „Streit" um die Produktionen „Die Fälscher" und „Das weiße Band" differenziert betrachtet werden. Ruzowitzkys Oscar-Film wurde je zur Hälfte von Österreich und Deutschland finanziert. Hanekes Werk wiederum widmet sich dem Entstehen von Gewaltpotenzial anhand der Geschichte eines Dorfes in Norddeutschland am Vorabend des Ersten Weltkrieges. Die deutsch-italienisch-französisch-österreichische Koproduktion ist demnach schon rein vom Schauplatz der Handlung und der Zusammensetzung des Darstellerstabs her deutsch. Außerdem lag die Federführung in der Produktion bei der Berliner Firma X-Filme Creative Pool.

Unmittelbar nach der Verleihung der Goldenen Palme stellten beide Länder Überlegungen an, „Das weiße Band" für den Auslandsoscar ins Rennen zu schicken. Nach Ansicht der Deutschen Filmakademie erfüllte der Film hierfür alle Bedingungen. In Österreich sah man das ganz anders. Martin Schweighofer, Leiter der Austrian Film Commission, erklärte, dass der Film „nur von

Österreich eingereicht werden könne". Entsprechend dem Reglement der Oscar-Nominierungen für den besten fremdsprachigen Film der vergangenen Jahre müssten zumindest zwei von drei Kategorien für das nominierende Land erfüllt sein: Produzent, Regisseur und Drehbuch. Da für Regie und Skript Michael Haneke zeichnet und mit Veit Heiduschka einer der vier Koproduzenten aus Österreich kommt, wäre die Sachlage ganz klar. Die schwammigen Regelungen der Academy und das vorzeitige Zusammentreffen der deutschen Kommission – eine Woche vor der Sitzung der österreichischen Jury – machten der neuerlichen Oscar-Hoffnung der Österreicher einen Strich durch die Rechnung. „German Films", die Auslandsvertretung der deutschen Filmbranche, die unter anderem auch festlegt, welche deutsche Produktion für den Oscar nominiert wird, hatte sich früher als gewohnt entschieden: Die Wahl fiel auf „Das weiße Band". In Österreich reagierte man verärgert und vermutete hinter diesem Entschluss taktische Überlegungen. Nachdem es Österreich in zwei aufeinanderfolgenden Jahren auf die Oscar-Nominierungsliste geschafft hatte, räumte man seitens der Geldgeber wohl Deutschland für das Jahr 2010 mehr Chancen ein, wie die Medien vermuteten. (Der Standard, 25. 5. 2009, Kurier und Kleine Zeitung, 27. 8. 2009)

Die Möglichkeit, eine Großproduktion wie „Das weiße Band" als österreichischen Beitrag bei den Academy Awards zu nominieren, wird sich in absehbarer Zeit wohl kaum ergeben. Dazu fehlen die Mittel. Österreichs Politik hat es bisher verabsäumt (obwohl nach dem Oscar-Gewinn angekündigt), die Fördersummen für den heimischen Film zu erhöhen. Filmemacher und Darsteller streben verständlicherweise danach, ihre Projekte zu verwirklichen und orientieren sich nach den ihnen gebotenen Möglichkeiten. Man greift auf internationale Gelder zurück, arbeitet lieber auswärts und sammelt Erfahrungen. Was bleibt, ist der kreative Input aus der Alpenrepublik. (Weekend Magazin 13. und 14. 6. 2009) Auf Wunsch der österreichischen Filmschaffenden soll nun ein neues Fördermodell, angelehnt an den deutschen

Filmförderungsfonds DFFF, entwickelt werden, um die Talente in Österreich zu halten. (Sound & Media, Juli/August 2009) Wie erfolgreich das angedachte System sein kann, wird die Zukunft zeigen. Realistisch gesehen, sind Großproduktionen heute europaweit nur im Zuge einer internationalen Finanzierung möglich. Daher liegt wohl Michael Haneke richtig, wenn er meint: „Lasst uns vom europäischen Film sprechen und nicht mehr von Nationalitäten." (Weekend Magazin 13. und 14. 6. 2009)

TELE-VISIONEN
50 Jahre Fernsehen

*„Wir sind Kaiser!" Die Satire-Talkshow mit Seiner Majestät, ge-
spielt von Robert Palfrader. Freundschaftliche Ressentiments
werden bewusst gepflegt. Nicht ohne Grund erklärt Palfrader
alias Kaiser Robert Heinrich I. die Deutschen wiederholt und mit
Nachdruck zu „Minderösterreichern". Hier wird der deutsche Moderator und Kabarettist Dirk Stermann eines Besseren belehrt.
Lächeln über den Nachbarn gehört zur TV-Tradition. „Feingefühl" und „noble Zurückhaltung" sind dabei nicht immer gefragt.*

„Fernsehen zum gern Sehen"

„Welche Nation ist die cleverste? Erstmals treten an mit Alpen-
hörnern und Birchermüsli – die Schweiz. Das Land der Dichter
und Denker – Deutschland. Und mit viel Charme und Schlag-
obers – Österreich." („Die Cleversten. Drei-Länder-Check", 27.8.2005)
    Die Begrüßungsworte zur ZDF-Quizshow „Die Cleversten"
verweisen Schweizer und Österreicher bereits auf die ihnen zu-
gewiesenen Plätze. In der von Deutschland dominierten deutschsprachigen Fernsehbranche werden die Nachbarn als originell-
groteske Tourismusclowns wahrgenommen, wobei Österreich
durch seine Selbstpräsentation dieses Fremdbild mitzuverantwor-
ten hat. Eine solche mitunter degradierende Rolle hat man in der
Alpenrepublik nolens volens akzeptiert, denn zweifellos war und
ist österreichisches Fernsehen ohne deutsche Beteiligung nicht
vorstell- und schon gar nicht realisierbar. Die vom ORF im Alleingang produzierten Sendungen dienen vor allem dazu, die Vorgaben des öffentlich-rechtlichen Auftrags, zumindest in seinen An-
sätzen, zu erfüllen. Informations- und Serviceformate zu lokalen,
politischen, sozialen, wirtschaftlichen, kulturellen, religiösen und
sportlichen Fragen, Wissenschaftsmagazine, Diskussionsreihen
sowie Programme, die heimatkundliche und oftmals traditionell
provinzielle Klischees transportieren, machen die Eigenproduktionen des ORF aus. Doch schon im Bereich des Fernsehfilms
wird großteils mit Deutschland koproduziert. Da stört es auch
nicht, dass österreichische Künstler, wie Josef Hader in der Kategorie „Bester Hauptdarsteller", mit dem deutschen Fernsehpreis
ausgezeichnet werden. Eher stolz verweist der ORF darauf, dass
Österreich sich im Zuge der gemeinsam mit dem ZDF gestalteten
Produktion „Ein halbes Leben" wieder einmal in Deutschland profilieren kann. (kundendienst.orf.at, 17.9.2009, orf.at, 27.9.2009)
    Noch stärker macht sich diese Ausrichtung bei deutschspra-
chigen Fernsehshows und Serien bemerkbar, die entweder direkt
angekauft oder aber in Zusammenarbeit mit deutschen Rund-
funkanstalten hergestellt werden. Zwar hatte man speziell in den

1980er-Jahren seitens des ORF angekündigt, die „Verösterreicherung" der Programme zu forcieren. Tatsächlich wuchs der Anteil von Kauf- und Koproduktionen jedoch stetig an. (Fabris 120)

Es ist dem ORF nicht annähernd möglich, mit Eigenproduktionen den Programmbedarf für zwei 24-Stunden-Kanäle abzudecken. Die Zahlen sprechen für sich: Der Auslandsanteil bei Spielfilmen und Serien macht über 90 Prozent aus. (Luger/Zielinski 17f.) Ähnlich verhält es sich bei Österreichs privaten Sendeanstalten. ATV übernimmt etwa Doku-Soaps deutscher Privatsender und produziert entsprechende österreichische Varianten („Bauer sucht Frau", „Tausche Familie") oder versucht bisweilen, anspruchsvollere Programme mit deutscher Beteiligung umzusetzen; so etwa die Adalbert-Stifter-Verfilmung „Der Bergkristall", eine ATV/ARD-Koproduktion. Bereits erfolgreich auf PRO 7 gelaufene Formate finden sich 1:1 beim österreichischen Privaten Puls 4 wieder, der einen Großteil seines Programms direkt vom deutschen „Mutterunternehmen" bezieht. Eines ist somit klar erkennbar: Noch stärker als im Bereich des Kinofilms gab und gibt im Fernsehen Deutschland den Ton an.

SHOW-BUSINESS

Fernsehen ist Amüsement. Unterhaltungssendungen und Krimis bringen seit jeher Topquoten. In Österreich und Deutschland war man sich dessen von jeher bewusst. Gerne schielten die Fernsehmacher über den großen Teich, um dort Anleihe zu nehmen, wo das TV-Entertainment erfunden wurde. Musik- und Quizshows, die in den USA schon zur Fernsehroutine zählten, versprachen Einschaltquoten und konnten sich mit Ende der 1960er-Jahre auch im deutschsprachigen Raum etablieren. Schwungvoll, singend und tanzend begann so eine neue Fernsehära. Mit „Musik ist Trumpf" oder „Anneliese Rothenberger gibt sich die Ehre" flimmerte musikalische Unterhaltung für das bereits angegraute Publikum von den Schirmen, der „Beat-Club", die „ZDF-Hitparade" und das ORF-Format „Spot Light" setzten auf die Jugend.

Als „Musik-Experten" hatten im deutschen Fernsehen auch österreichische Moderatoren und Künstler Erfolge zu verzeichnen. Ernst Stankovski erklärte etwas getragen und belehrend die Welt der Oper und der Operette in „Erkennen Sie die Melodie". Peter Fröhlich war einige Jahre Moderator der Sendung „Musik aus Studio B". Max Schautzer führte unter anderem durch das „ARD Wunschkonzert", präsentierte „Die schönsten Melodien der Welt" und war einer der meist beschäftigten österreichischen Moderatoren im deutschen Fernsehen. Der größte österreichische Star des Musik-Entertainments ist jedoch Peter Alexander, der ZDF und ORF in den Jahren 1969 bis 1995 mit seiner nach ihm benannten Show Quotenrekorde bescherte. Als gefälliger Plauderer, Sänger und Komiker begeisterte er das deutschsprachige Wirtschaftswunder-Publikum und verstand es, sich sprachlich anzupassen: Seinen Schlager „Das kleine Beisl" kennt man in Deutschland nur unter dem Titel „Die kleine Kneipe".

Umgekehrt konnten sich deutsche Künstler selten als Moderatoren in einem ORF-Format etablieren. Gelungen ist es dem Dresdner Schauspieler und Autor Erich Schleyer mit seinen Kindersendungen „Erichs Chaos" und „Der schiefe Turm". Und auch der Duisburger Dirk Stermann ist als Teil des Satiriker-Duos Stermann & Grissemann der Late-Night-Show „Willkommen Österreich" aus dem ORF-Programm nicht mehr wegzudenken.

Generell scheint es bisher für österreichische Künstler und Fernsehmacher leichter gewesen zu sein, Arbeits- und Verdienstmöglichkeiten bei deutschen Sendern zu finden und dort durchaus positiv aufgenommen zu werden. Ein Grund für die vielleicht schwierigere Ausgangsposition deutscher Moderatoren im österreichischen Fernsehen könnte deren Sprachfärbung sein. Während das österreichische Publikum das nördliche Idiom in deutschen Sendungen und bei Synchronisationen zumeist kritiklos akzeptiert, hagelt es Protestmeldungen, wenn ORF-Kommentatoren dem „preußischen" Raum zugeordnete Begriffe verwenden oder auf die bundesdeutsche Betonung zurückgreifen. (Russo 10)

Österreichischen Moderatoren fällt es zudem offensichtlich leichter, sich an den deutschen Duktus anzupassen. Zudem empfinden deutsche Ohren den Hauch eines österreichischen Einschlags wohl eher als charmant.

Sprache spielte allerdings keine Rolle, wenn es um die Beliebtheit deutscher Showmaster in Österreich ging. Peter Frankenfeld, Robert Lembke, Hans Rosenthal, Hans-Joachim Kulenkampff oder „Blacky" Fuchsberger galten auch in der Alpenrepublik über Jahrzehnte als die Aushängeschilder der guten, familientauglichen Abendunterhaltung. Musikalische Showeinlagen, Talkelemente, Ratespiele, die bisweilen auch die Zuschauer miteinbezogen, boten Spaß und Ablenkung vom Alltag. Da die Shows vom ORF oftmals mitproduziert oder angekauft wurden, lud man dementsprechend auch österreichische Künstler, Kandidaten und Jurymitglieder ein. Als „Quotenösterreicherinnen" in den Formaten „Dalli, Dalli" und „Was bin ich?" konnten sich etwa Brigitte Xander und Ingrid Wendl über Jahre halten.

Zweimal hatten auch Österreicher die Gelegenheit, sich als Moderatoren einer von ORF, SRG und ZDF produzierten Samstagabend-Spielshow zu präsentieren. Dietmar Schönherr leitete mit seiner dänischen Frau Vivi Bach die unter österreichischer Federführung stehende und damals als innovativ geltende Sendung „Wünsch Dir was", welche vor allem wegen diverser „Skandale" in Erinnerung blieb. So sorgten etwa eine transparente Bluse sowie ein Tauchunfall während eines Spiels für Gesprächsstoff. Frank Elstner, dem man seine Herkunft – er ist gebürtiger Linzer – nicht anhört, initiierte und moderierte über mehrere Jahre „Wetten, dass …?". Seit 1981 fixer Bestandteil des deutschen, österreichischen und Schweizer Fernsehens, zählt das Format zu den erfolgreichsten Unterhaltungsshows Europas.

Die Beteiligung des ORF führte die jeweiligen Shows alljährlich auch nach Österreich. Die Stationen Wien, Salzburg, Graz, Linz oder auch Innsbruck veranlassten die Gestalter, „österreichspezifische" Elemente, Fragen oder Themen aufzugreifen. Nicht selten wurde damit Österreich als attraktives Tourismusgebiet ins Bild gesetzt. Walzer- und Heurigenmusik, Fiakerfahrten, die österreichische Küche, Alpenkulissen und Festspielszenerien erfreuten sich hierbei besonderer Beliebtheit. Zu Gast in Österreich tendierten die deutschen Showmaster zu österreichischen Grußformeln, versuchten den österreichischen Sprachmodus zu imitieren und griffen kleidungstechnisch bisweilen zur Tracht. Die sprachlichen und kulturellen Gegensätze zwischen Österreich und Deutschland wurden bei dieser Gelegenheit gerne thematisiert. Hans-Joachim Kulenkampff ließ etwa in einem Sketch den österreichischen Kabarettisten Ernst Waldbrunn an der Ignoranz eines von „Kuli" gespielten Amerikaners verzweifeln, der den Unterschied zwischen Österreichern und Deutschen einfach nicht zu verstehen vermochte. („Einer wird gewinnen", 5.7.1986) Und beim „Drei-Länder-Check" mussten Schweizer, Österreicher und Deutsche umgangssprachliche Begriffe der jeweils anderen Nationen erraten.

Abgesehen vom „Piefke-Eklat" bei „Auf los geht's los" (Show mit Blackie Fuchsberger vom 28.8.1982, vgl. oben Seite 173) zogen die Moderatoren der alten Garde das Verbindende dem Trennenden vor. Man wollte möglichst nicht anecken, das Publikum, ob nun in Österreich, der Schweiz, Deutschland, Liechtenstein oder Südtirol, sollte nur nicht vergrault werden. Lächeln über die Nachbarn war möglich, doch sonst war saubere Familienunterhaltung abzuliefern. Für das hier Gebotene konnte allerdings die Jugend, welche man als Quotenfaktor durchaus erkannte, zusehends weniger begeistert werden. (Jörg 158–163) Einzig Thomas Gottschalk gelang es, durch jugendliches Auftreten, freche Sprüche und seinen unkonventionellen Umgang mit Gästen und Kandidaten die bisherige Norm zu brechen, einen neuen Typus des Showmasters zu etablieren und ein jüngeres Publikum für sich zu gewinnen. „Feingefühl" oder „noble Zurückhaltung" sind seither nicht mehr gefragt. Die koproduzierenden Nachbarn werden nicht mehr geschont, sondern teils mit untergriffig banalem Humor durch den Kakao gezogen. Ungeniert witzelt Gottschalk über den Sprachmodus in der Schweiz und Österreich, spricht vom „Heiligen St. Ricola" und erklärt, dass „die Österreicher zwischendurch ja auch denken". („Die Cleversten. Drei-Länder-Check", 27. 8. 2005) Seit mehr als 20 Jahren ist er das Zugpferd von „Wetten, dass...?". Doch mittlerweile sinken auch hier die Einschaltquoten – in Deutschland wie in Österreich. Wird von österreichischer Seite mit der geringen Anzahl an heimischen Promis argumentiert, so kommt insgesamt wohl ein Wandel in der Zuschauerstruktur und den Sehgewohnheiten zum Tragen. (TV-Media, 13. bis 19. 6. 2009) Das jüngere Publikum will mehr Trash und Action. Neben „Schlag den Raab", „Ich bin ein Star – Holt mich hier raus" oder den Jury-Kommentaren bei „Deutschland sucht den Superstar" wirkt selbst Gottschalk mittlerweile bieder und ein wenig überholt. Die Zeit der großen Samstagabendshows alter Machart scheint vorbei zu sein.

Dennoch floriert bis heute ein österreichisches Unterhaltungsformat, das höchste Einschaltquoten verbucht und dabei von jeher Generationen und Familien polarisiert hat. Die einen lieben und die anderen hassen es. Während die Kinder meist froh sind, dass ein zweites Fernsehgerät eine Fluchtmöglichkeit vor dem „Musikantenstadl" bietet, lassen sich ihre Eltern und Großeltern schunkelnd von volkstümlicher Unterhaltung und lauen Gags berieseln. Seit 1981 geht der „Stadl" regelmäßig, einst von Karl Moik, heute von Andy Borg präsentiert, auf Sendung. Populäre Volksmusik, deutscher Schlager, harmlose Plaudereien und Witze, musizierende Kinder, früher ein nationaler Dolm namens Hias und der musikalische Dackel Wastl machen das Erfolgsrezept aus und sollen demonstrativ „gemütliche Atmosphäre" vermitteln. Schon nach der ersten Sendung trafen begeisterte Zuschriften aus der Bundesrepublik, Ungarn, der Schweiz, Jugoslawien, der Tschechoslowakei und aus Südtirol ein. (Obermüller 34) Rasch erkannte man den touristischen Wert des Formats. Die Stadldekoration verwies mit Grasteppich, Blumengestecken, Heuwagen und Maiskolben auf ländliches Flair und wurde bei

diversen Heimatabenden und Frühschoppen von den österreichischen Tourismusbetrieben imitiert. Um im gesamten Sprachraum verständlich zu sein, konstruierte man zudem eine Art
Metadialekt, der eine Verallgemeinerung verschiedener österreichischer Soziolekte und Dialekte darstellt. (Pungerscheg 171–178)
Das gekünstelte Österreich-Bild war somit perfekt und hatte auch
grenzübergreifend Erfolg. 1987 machte der „Musikantenstadl"
erstmals in Deutschland Station. Karl Moik gab sich ganz besonders jovial, übersetzte wiederholt österreichische Dialektaus-
drücke ins Bundeshochdeutsche und sprach begeistert von einer
wahrhaft „deutsch-österreichischen Gemeinschaftsproduktion".
(„Musikantenstadl", 17. 9. 1987)

Der „Erfolgsstadl" fand auch international sein Publikum,
machte unter anderem in Moskau, Toronto, Kapstadt und Peking
Station und transportierte so das „idyllisch" anmutende Öster-
reich-Klischee in alle Welt. Die Kritik blieb nicht aus. Der Tiroler
Volkskundler und Schriftsteller Hans Haid warf der Show etwa
vor, mit verfälschenden Methoden um die Massen zu buhlen. Der
„Musikantenstadl" sei ein „inszeniertes Schauspiel, ein Wechsel-
balg, gezeugt von Tourismus und Dümmlichkeit". (Obermüller
92) Verweise dieser Art und offene Anfeindungen kritischer Zeitgenossen tun dem Erfolg des seit Mitte der 1980er-Jahre gemeinsam mit der ARD produzierten „Stadl" keinen Abbruch. Vielmehr hat er diverse Nachfolgeprodukte initiiert. Carmen Nebel,
Hansi Hinterseer und Florian Silbereisen lassen bei ZDF, ORF
und ARD die Quoten in die Höhe schnellen. „Pure Gemütlichkeit" und anspruchsloses Entspannungsprogramm haben offenbar noch immer Saison.

SERIENKULT
Weniger „gemütlich", aber gleichermaßen tourismusorientiert
entwickelte sich die deutsch-österreichische Serienlandschaft.
Nach bewährter Heimatfilmpraxis wurde ein sympathischer
Förster zum stillen Helden, diesmal am Schauplatz Bayerischer

Wald, auserkoren („Forsthaus Falkenau"), Hotelbesitzer trugen ihre Kämpfe mit der Konkurrenz aus, Gäste erlebten so manches Ferienabenteuer rund um den Wörther- oder Traunsee („Ein Schloß am Wörthersee", „Schloßhotel Orth"), eine aufrechte Juristin kämpfte im beschaulichen Weinviertel mit aller Leidenschaft für die Gerechtigkeit („Julia – Eine ungewöhnliche Frau") und ein ehrenhafter „Weinbaron" hatte sich im schönen Rust so manchen Feindseligkeiten entgegenzustellen („Der Winzerkönig"). Eine Erweiterung boten die Arztserien, beginnend mit der von der tschechoslowakischen Reihe „Das Krankenhaus am Rande der Stadt" und dem US-Klassiker „General Hospital" inspirierten „Schwarzwaldklinik", über „Der Landarzt", „Der Bergdoktor" bis zu „Medicopter 117 – Jedes Leben zählt". Die deutsch-österreichischen Serienhits fanden auf beiden Seiten ihre Fangemeinden, die, nicht selten vom Gesehenen fasziniert und bezaubert, die jeweiligen Orte des Geschehens aufsuchten. Eigene Serien-Führungen und -Reisen wurden angeboten und fanden mit dem „Traumschiff" und „Klinik unter Palmen" ein internationales Pendant. Die vom TV gesponserte Tourismusindustrie blühte, die Boulevardblätter berichteten vom realen Leben der Serienhelden und mit den Society-TV-Magazinen und Webportalen eröffneten sich den Öffentlich-Rechtlichen und den Privaten neue mediale Felder.

Für Generationen an Autoren, Regisseuren und Darstellern sichern die deutsch-österreichischen Koproduktionen das Einkommen und bereiten bisweilen auch den Weg zu einer Karriere im Film oder auf der Bühne vor. Wer im Stab dabei aus Deutschland oder Österreich kommt, scheint völlig nebensächlich, beeinflusst die Handlung nicht und ist sprachlich oft nur ansatzweise erkennbar.

Genre-Grenzen sind den Film- und Fernsehschaffenden grundsätzlich eher fremd. Sie arbeiten dort, wo sich die Gelegenheit dazu bietet, ob nun in den mehr oder weniger idyllischen Familien-, Arzt- und Reiseserien oder im, bei Österreichern wie Deutschen gleichsam beliebten, Fernsehkrimi. Die deutschen („Der Kommissar", „Pfarrer Braun", „Donna Leon") bzw. die in Koproduktion entstandenen Krimireihen („Derrick", „Der Alte", „Ein Fall für zwei", „Der Bulle von Tölz") boten vielen österreichischen Darstellern die Möglichkeit, als potenzielle Verdächtige, Täter oder Opfer in Erscheinung zu treten. Österreichische Serien-Kommissare profilierten sich dann erstmals bei den lokalen Ermittlerteams der Reihen „Tatort" und „Eurocops". Auch das RTL-Format „Doppelter Einsatz" ließ mit Sylvia Haider und Eva Herzig zwei Österreicherinnen bei der Hamburger Polizei agieren. Der wohl bekannteste österreichische Ermittler ist jedoch vierbeinig. „Kommissar Rex" gilt als die erfolgreichste Krimiproduktion, die bisher unter österreichischem Leadership entstanden ist. Der Plot rund um einen Polizeihund und sein „Herrl" machte die Wiener Szenerien und Landschaften, von der Wiener Secession und dem Stadtpark bis zu den Weingärten und den Heurigen-Etablissements weltweit berühmt. Selbst eine „Wurstsemmel" konnte der Österreicher in der Bundesrepublik nun bestellen, ohne völlig missverstanden zu werden. Ein spezielles „kulinarisches Junkfood" österreichischer Art war nun auch dort bekannt. Verkauft wurde die ORF/SAT 1-Serie letztlich in mehr als 100 Länder. Nachdem Rex mehrmals seinen Besitzer wechselte, ist seit 2008 ein italienischer Commissario mit dem Paradepolizeihund in Rom im Einsatz.

„Kommissar Rex" punktete vor allem mit dem transportierten Lokalkolorit und den spezifischen Milieuschilderungen. Neu war die Idee allerdings nicht. Die am längsten existierende deutsch-österreichische Krimireihe „Tatort" setzte jahrzehntelang auf diese Komponenten. Die unterschiedlichen regionalen Schauplätze wurden dadurch greifbar gemacht, die Menschen erkannten sich, ihre Städte und die eigene Sprache wieder. Mittlerweile geht man von diesem Konzept zusehends wieder ab. „Standarddeutsch" dominiert im „Tatort", lokale Sprachmodi und Dialekte werden, ob in Saarbrücken, Bremen, Köln, Leipzig, Berlin, München oder Wien, eher vermieden. Die Authentizität der Dialoge geht verloren. Etwas mehr lokale Nuancen lassen sich bei den „SOKO 5113"-Ablegern „SOKO Donau" und „SOKO Kitzbühel" erkennen; auf allgemeine Verständlichkeit legt man trotzdem Wert – die Serien sind schließlich auch im ZDF zu sehen.

Die Produktionen des ORF konzentrieren sich heute verstärkt auf einen größeren Markt. Österreichspezifische Shows wie etwa „Quiz in Rot-Weiß-Rot", „Made in Austria", „Wer A sagt" oder „Was wäre wenn" werden nicht mehr angedacht. In Österreich erfolgreiche, aber am internationalen Markt aufgrund des Lokalkolorits und/oder der dialektalen Machart nicht verwertbare Serien („Ein echter Wiener geht nicht unter", „Familie Merian", „Kaisermühlen Blues") sind seltener geworden. Die Erfahrung hat gezeigt, dass ORF-Serienhits mit starker Dialektfärbung in Deutschland nicht immer Akzeptanz finden. Die Krimireihe „Trautmann" war als zweite österreichische Staffel innerhalb der Gemeinschaftsproduktion „Tatort" geplant. Die ARD brachte diesen Plan jedoch mit dem Einwand zu Fall, dass der ausgeprägte Wiener Dialekt vom deutschen Publikum nicht einwandfrei verstanden werde. (Austria Presse Agentur, OTS-Aussendung Nr. OTS0021, 8. 3. 2003)

Noch in den 1980er-Jahren hatte das ZDF kein Problem damit, die den Wiener Jargon kultivierende Krimireihe „Kottan ermittelt" nicht nur in das eigene Programm aufzunehmen, sondern sie auch mitzuproduzieren. Allerdings kam es auch schnell zu Vereinnahmungen. Bundesdeutsche Zeitungen bezeichneten die Figur des Majors Adolf Kottan gar als Alpen-Schimanski. Kottan-Erfinder Helmut Zenker verwies hingegen darauf, dass so manche deutsche Krimiserie bei dem österreichischen Major Anleihe genommen habe. Vor allem bei Schimanski fänden sich Szenen und Dialoge, die schon lange zuvor bei „Kottan ermittelt" zu sehen waren. (Zenker 128) Wer auch immer den autoritätswidrigen Kommissar zuerst erfunden haben mag, die Austro-Krimireihe „Kottan ermittelt" war und ist ein Erfolg – auch und gerade in Deutschland, wo sich die DVD-Edition noch immer bestens verkauft. Vielleicht machen der satirische Blick auf Autoritätsgläubigkeit, Behörden und Beamte, der böse Humor und die österreichische Fertigkeit, sich über die eigenen Befindlichkeiten lustig zu machen, sprachliche Barrieren letztlich wett.

GRENZENLOSER HUMOR?

Man sagt den Deutschen nach, ihr Humor wäre so gefürchtet wie das englische Essen. Doch wenn es um den deutschen Witz tatsächlich so schlecht bestellt ist, dann sollten sich auch die Österreicher ernsthaft über ihren eigenen Geschmack Gedanken machen. Jahrelang amüsierte sich nämlich das österreichische Fernsehpublikum im ORF sehr wohl über deutschen Klamauk. Didi Hallervorden und Helga Feddersen trällerten Pop-Parodien, Peter Frankenfeld punktete mit Dialektimitationen, Harald Juhnke und Grit Boettcher gaben „Ein verrücktes Paar", Otto Waalkes' kindlich-skurrile Darbietungen verführten zum Schmunzeln und der absurd-anrüchige Witz der „Klimbim"-Familie kam auch bei den Österreichern gut an. Andererseits stößt der deutsche Humor in Österreich auch an seine Grenzen. TV-Auftritte Karl Dalls oder Piet Klockes vor österreichischem Publikum endeten mitunter desaströs: Die Lacher blieben aus, Stille und verhaltener Schlussapplaus waren untrügliche Zeichen eines fehlenden Verständnisses für den gebotenen „Humor". („Wetten, dass …?", 17. 4. 1993 und 8. 12. 2007). Auch „Mainz bleibt Mainz, wie es singt und lacht", vor Jahren wohl überlegt spätabends im ORF zu sehen, konnte niemals nur annähernd ein solches Interesse wie der am Hauptabendtermin präsentierte „Villacher Fasching" mit Brachialhumor österreichischer Provenienz erwecken. Doch bis zu einem gewissen Grad funktioniert Standup- und Slapstick-Comedy auf beiden Seiten der Grenze, obwohl mancher Witz aus dem Gebiet nördlich des „Weißwurstäquators" südlich davon nicht mehr verstanden wird. Regionale Unterschiede und Animositäten sind durchaus erkennbar, noch mehr, wenn politische Themen oder lokale Besonderheiten zur Sprache kommen. Der ORF hat diese Nische erkannt. Im Gegensatz zu Deutschland, wo die Privaten im Bereich Comedy dominieren, bedient in Österreich nahezu ausschließlich das staatliche Fernsehen die humoristische Schiene, wenn man von der unfreiwilligen Selbstparodie mancher Prominenter in Society-Magazinen und Doku-Soaps des Senders ATV absieht. Neben der Ausstrahlung von Boulevardkomödien und Kabarettprogrammen betreibt der ORF eine eigene satirische Schiene im Rahmen der „Donnerstagnacht". „Dorfers Donnerstalk", „Willkommen Österreich", „Wir sind Kaiser", „Die Vier da" greifen beziehungsweise griffen mit böser Satire politische, gesellschaftliche und mediale Zustände auf und vor allem an, wobei auch der eigene Sender nicht verschont bleibt. Produziert werden außerdem österreichische Pendants zu deutschen Formaten: „Echt fett" und „Was gibt es Neues" stehen etwa der „Comedy Falle" und „Genial daneben" gegenüber. Mit diesen gegen den ORF-Mainstream gerichteten Programmen, die Kritik und Zynismus zum Prinzip machen, wird ein jüngeres Publikum an den Sender gebunden. Einige Reihen haben, wenn auch von schwankender Qualität, bereits Kultstatus erlangt.

Die ORF-Kabarettformate setzen, wie es die Satire nun einmal vorschreibt, auf das gängige in- und out-group-Prinzip, wobei klarerweise über die out-groups gescherzt wird, zu welchen definitiv die deutschen Nachbarn zählen. Animositäten, Vorurteile und Klischees werden entsprechend bedient. Der laute, inflexible, humorlose und präpotente deutsche Besserwisser wird dem nonchalanten, gewiefteren, hintergründig-charmanten österreichischen Bonvivant gegenübergestellt. Auch die Sprache ist und bleibt ein Dauerbrenner im Bereich der „freundschaftlichen" Ressentiments. Nicht ohne Grund erklärt Robert Palfrader alias Kaiser Robert Heinrich die Deutschen wiederholt und mit Nachdruck zu „Minderösterreichern". Sie wären anders als die Österreicher und mitunter die Bayern, welche als „Nordösterreicher" wahrgenommen werden, nicht in der Lage, richtiges Deutsch zu sprechen. Denn die Norm sei nun einmal das österreichische Deutsch – eine

Erklärung, der vom Publikum stets mit Beifall zugestimmt wird. („Wir sind Kaiser", 4. 9. 2008 und 11. 9. 2008)

Aktuelle deutsch-österreichische Begebenheiten werden von Österreichs Kleinkünstlern mit Freude aufgegriffen, umso mehr, wenn sich Abartiges mit einem Klischee verbinden lässt. Der Kannibalenakt eines Kölners, der 2007 in einer Notschlafstelle einen Wiener Obdachlosen erschlug und dann teilweise verspeiste, bestärke, so der österreichische Kabarettist Alfred Dorfer, den ohnehin schon geübten Verdacht, dass „der Deutsche" nichts von guter Küche verstehe. „Eigentlich a bissl unfair. Die Deutschen versuchen mit allen Mitteln, momentan diese wirtschaftliche Rückständigkeit aufzuholen, gehen sozusagen auswärts essen. Ein Feinschmecker dürft's aber net g'wesen sein. Wenn i denk', i als Kannibale nimm kan 49-jährigen österreichischen Obdachlosen". („Dorfers Donnerstalk", September 2007, zitiert in stern, 12. 6. 2008)

Dieser ironische Seitenhieb verweist bereits auf ein neues Terrain der Schadenfreude, das sich gegenüber den deutschen Nachbarn eröffnet hat. Die als wirtschaftlich stärker geltenden Deutschen haben seit der Wende mit ökonomischen Problemen zu kämpfen. Österreich hingegen hat wirtschaftlich aufgeholt. In den alpenländischen Tourismusregionen bedient mittlerweile deutsches Personal österreichische Gäste. (stern, 9. 6. 2005) Ein gefundenes „Fressen" für die österreichischen Satiriker, die verlautbarten, dass Österreich dem „Schwellenland Deutschland" im Sinne von „Nachbar in Not" entgegenkäme. (Treffpunkt Kultur, 17. 6. 2007)

Macht die österreichische Kleinkunst in Deutschland Station, werden derartige Bemerkungen durchaus mit einer gewissen Entrüstung aufgenommen. An sich erkennen alpenländische Kabarettisten Unterschiede zwischen dem deutschen und dem österreichischen Humor: Treffend maliziöse Aussagen, die sich auch gar nicht auf Deutschland beziehen, oder sarkastische Scherze über den Tod können ein deutsches Auditorium schnell schockieren, während in Österreich lauthals gelacht wird. Der gemeine, schwarze, morbide und auch brutalere Humor dürfte so in der österreichischen Mentalität stärker verankert sein. (Die Presse, 18. 12. 2008, Treffpunkt Kultur, 17. 6. 2007)

Doch Österreich ist nicht gleich Österreich, oder Kärnten ist anders. Das deutsch-österreichische Satiriker-Duo Stermann & Grissemann, welches in seiner ORF-Show „Willkommen Österreich" Gäste aus Deutschland und Österreich gleichermaßen zu sarkastischen Selbstreflexionen zu bewegen weiß, bekam dies deutlich zu spüren. Seine satirische Auseinandersetzung mit den einer Heiligenverehrung nahekommenden Bekundungen anlässlich des Unfalltods des Kärntner Landeshauptmanns Jörg Haider führte zu ablehnenden Reaktionen, die weit über das übliche Maß hinausgingen. Jener Eventmanager, der den geplanten Auftritt des Duos in Klagenfurt vorbereitet hatte, wurde beinahe Opfer eines Anschlags. Stermann & Grissemann kündigte man in Drohbotschaften an, Kärnten in Holzsärgen zu verlassen. Die Satiriker sagten daraufhin ihre Vorstellung in Klagenfurt ab. (DiePresse. com und krone.at, 4. 11. 2008) Der schwarze Humor wird in manchen Teilen Österreichs offenbar todernst genommen.

Weniger „Gefahren" birgt wohl das als weniger „schwarz" empfundene deutsche Kabarett, das jedoch nur selten Eingang in das österreichische Fernsehen findet. Eine Ausnahme bildet der bayerische Komiker Michael Mittermeier, der es versteht, österreichischen und deutschen Humor gleichsam zu pflegen. Er präsentiert die Österreicher so, wie sie sich selbst gerne sehen wollen, und schafft zugleich genug Raum, um den deutschen Blick auf die Nachbarn nicht zu verstellen. So vergleicht er etwa sehr anschaulich deutsche und österreichische Reaktionsweisen: An einer Ampelkreuzung übersieht Mittermeier die Grünphase, da er einen Stadtplan studiert. In Deutschland wäre er nun bereits einem Tinnitus anheimgefallen, da die nachkommenden Fahrer ein unerbittliches Hupkonzert begonnen hätten. Anders in Österreich. Hier steigt der nachfolgende Lenker in aller Ruhe aus, klopft an sein Fenster und fragt: „Meister, wie schaut's aus? War für dich die richtige Farbe net dabei?" Die Lacher sind Mittermeier auf beiden Seiten sicher. Die Deutschen amüsieren sich über die als grotesk empfundene Langmut und den Sprachmodus der Österreicher. Letztere lachen über die deutsche Verbissenheit und fühlen sich in ihrer vorgeblich legeren Lässigkeit bestätigt.

Deutscher und österreichischer Humor lassen sich offenbar doch einen. Vor allem Österreichs Jugend begeistert sich zusehends für deutsche Comedy. Harald Schmidts Anhang, Oliver Pocher, aber auch Brachialkomiker wie Mario Barth, Atze Schröder oder Cindy aus Marzahn füllen die Hallen in der österreichischen Bundeshauptstadt. Der Umstand, dass sich die Zahl der Deutschen in Wien seit dem Jahr 2000 vervierfacht hat, kann nicht allein der Grund dafür sein. (Falter, 18. 3. 2009) Man kennt die deutschen Comedians aus dem Privatfernsehen, kann den gebotenen Humor nachvollziehen und findet als Österreicher in der deutschen Comedy kaum Reibungsflächen vor. Da Österreich in Deutschland weniger wahr- und wichtiggenommen wird, als es umgekehrt der Fall ist, hält sich der Spaß deutscher Comedians auf Kosten der Österreicher in Grenzen, wenn nicht eben eine Fußball-EM Raum dazu bietet. Im Übrigen gehören deutsche und österreichische Jugendliche derselben in-group an. Tabubrüche und Nonsense-Humor werden hier zum Prinzip. Dazu sprengt das Internet alle Grenzen. Im Netz findet die Jugend „in ihrem Hang zum absurden Schrecken und zur grausigen Komik", der „Gewalt, Sex, Blasphemie und Fäkalien" einschließt, zusammen. (Wehn 117, 125–128) Die gemeinsame Sprache führt hier, wo jeder zum eigenen Autor werden kann, österreichische und deutsche Kids eher wieder zueinander.

Einheitsbrei

Seit Beginn der 1980er-Jahre hat sich die TV-Landschaft durch eine zunehmende Liberalisierung und Deregulierung nachhaltig verändert. Der Einfluss deutscher Fernsehsender und Geldgeber in Österreich hat zugenommen – eine Entwicklung, die sich im Bereich der Printmedien bereits Jahre zuvor abzeichnete und die im europäischen Vergleich ohnehin schon hohe Medienkonzentration in Österreich zusätzlich verstärkte. Der deutsche Verlagsriese WAZ machte den Anfang und stieg 1987/88 bei der „Neuen Kronen Zeitung" und beim „Kurier" ein. Bei der Gründung des „Standard", bei der „Tiroler Tageszeitung", bei „News" und beim „Sportmagazin"-Verlag wurde die Springer-Gruppe aktiv. Der „Süddeutsche Verlag" hielt zudem von 1998 bis 2008 49 Prozent am „Standard". Nachdem Österreich 2001 als letztes Land in Europa den Markt für das Privatfernsehen öffnete, konnte auch in diesem Bereich das nachbarliche Engagement seinen Lauf nehmen. ATV gehört heute zur Gänze der „Tele München Gruppe" des Wieners Herbert Kloiber. Puls 4 steht im Besitz von „PROSiebenSat1". (Fidler 74f.)

Zu den Hauptkonkurrenten des ORF zählen aber nicht die österreichischen Privaten in bundesdeutscher Hand, sondern die deutschen Privatanstalten RTL, SAT 1 und PRO 7, wo sich wiederum Österreicher vor allem im Managementbereich profilieren konnten. Als Paradebeispiel gilt der Österreicher Gerhard Zeiler, auch als „Deutschlands Architekt des Fernsehens" bekannt, der noch bis 2011 Chef der größten europäischen Fernsehholding, der RTL-Group ist. (Fidler 618) Der Erfolg österreichischer Fernsehmacher in Deutschland wird mitunter mit deren in der Praxis erworbenen Flexibilität und Kreativität begründet. Sie hätten in ihrer Heimat gelernt, mit wenig Mitteln quotenträchtiges Programm zu machen. (Medienunternehmer Michael Grabner in der Sendung „Club 2", 16. 9. 2009)

In Österreich selbst scheinen diese speziellen Fähigkeiten seltener zu fruchten. 2008 wurde erstmals vor einer möglichen Insolvenz des ORF gewarnt, der sich sowohl aus Rundfunkgebühren als auch aus Werbeeinnahmen zu finanzieren hat. Vor allem die ab Mitte der 1990er-Jahre bei RTL, SAT 1 und PRO 7 eingerichteten Programm- und Werbefenster machen dem österreichischen

Staatsfunk schwer zu schaffen. (Steinmaurer 37–39) Die öffentlich-rechtlichen Quoten sinken, die Zuschauer wandern zu den deutschen Privaten ab. Aufgrund dessen sah sich der ORF gezwungen, seine Werbepreise massiv zu senken – um 15 Prozent allein im Jahr 2009. (Fidler 8) Auch die intern in Agenturkreisen geltende Weisung, wonach für alle im ORF laufenden Werbespots eine österreichische Synchronfassung vorzubereiten sei, da Norddeutsch vom Publikum nicht angenommen werde, fiel. Seither beschallen etwa quengelige, kreischende deutsche Werbekinder in Pudding-, Joghurt- oder Tee-Reklamespots die österreichischen Wohnzimmer. Trotzdem scheint es opportun, hin und wieder einem Spot auch eine österreichische Note zu geben. Die deutsche Firma „Wagner-Pizza" ließ in einem Werbefilm eine amerikanische Familie jubelnd verkünden: „We love Germany". Man vermutete wohl, dass eine derartige Beifallsäußerung in Österreich einen gegenteiligen Effekt auslösen könnte. Daher wurde der Spot für den österreichischen Fernsehmarkt adaptiert. Man fügte die Frage „Where is Germany?" ein. Mit der Antwort „It's a small country next to Austria" wurde dem österreichischen Ego schließlich Genüge getan.

Die Werbeeinnahmen sind für die TV-Anstalten von immer größerer Bedeutung, da die Preise für Film- und Sportlizenzen in die Höhe schnellen. Programm ist, seit der rapiden Zunahme der Fernsehstationen und der Tendenz, durchgehend 24 Stunden zu senden, zur teuren Mangelware geworden. Geworben wird aber nur dort, wo auch entsprechende Einschaltquoten zu verzeichnen sind. Amerikanische Serien und Fernsehfilme versprechen eine höhere Zuschauerzahl und dominieren daher bereits sämtliche deutschsprachigen Fernsehstationen. Um den von US-Formaten geprägten Sehgewohnheiten zu entsprechen und in der Hoffnung, auf Trends aufspringen zu können, produzieren die Sendeanstalten zudem vermehrt Serien, die vom amerikanischen Markt inspiriert sind. „Doctors's Diary" erinnert mit der zentralen Figur einer 30-Jährigen, die mit gewisser Selbstironie nach „Mister

Right" sucht, sowohl an „Bridget Jones" als auch an „Sex and the City". An die US-Originale „Crossing Jordan" oder „Bones – Die Knochenjägerin" sollte die deutsche RTL-Kopie „Die Gerichtsmedizinerin" anschließen. Und die österreichische Krimiserie „Schnell ermittelt" wurde bereits euphorisch als „CSI auf gut Wienerisch" gefeiert. (Der Standard, 21.4.2009)

Insgesamt gleichen sich auf diese Weise Private und Öffentlich-Rechtliche zusehends an. Während etwa der ORF bestrebt ist, mit Formaten wie „Die Millionenshow", „Starmania", „Dancing Stars" oder der an „Big Brother" angelehnten Reality-Sendung „Taxi Orange" momentanen Unterhaltungstrends hinterherzulaufen, versuchen etwa ATV und Puls 4 durch Diskussionsformate oder Wissenschaftsmagazine am Informationssektor zu punkten. Zappt man durch die Programme, so fällt es bisweilen schwer, zwischen deutschen, österreichischen, privaten oder öffentlich-rechtlichen Sendern zu unterscheiden. Vor allem der ORF, die ARD und der ZDF werden für das Mitmischen am Einheitsbrei kritisiert. Ihnen wirft man außerdem vor, öffentlich-rechtliche Programme nach Möglichkeit in Spartensender wie 3sat oder ARTE auszulagern, um das Hauptabendprogramm möglichst breitenwirksam und somit kommerziell gestalten zu können. (Fidler 23) Vermehrt werden Stimmen laut, die das Ende der Rundfunkgebühren fordern. Die Öffentlich-Rechtlichen kämen ihrem Programmauftrag nicht nach, die Privatisierung wäre daher die einzig logische Konsequenz. Andere sind hingegen der Ansicht, dass nur die öffentlich-rechtlichen Anstalten auf massenmedialer Basis die Idee einer nationalen und kulturellen Identität weitertragen können. (DiePresse.com, 30.3.2009) Im Fall des ORF wird auch auf dessen wichtige Rolle im Bereich des österreichischen Filmschaffens hingewiesen. Im Rahmen des Film- und Fernsehabkommens finanziert der ORF mit etwa 6 Millionen Euro jährlich die österreichische Kinofilmproduktion. Ein Ende des öffentlich-rechtlichen Rundfunks käme für den österreichischen Film daher einer Katastrophe gleich.

Erwartet wird insgesamt eine Spezialisierung der Sender. Eine Neudefinition der öffentlich-rechtlichen Anstalten mit einer Programmpolitik, die sich nicht nach der Quote richten muss und sich wieder mehr an nationsspezifischen Inhalten orientiert, ist letztlich aber nur im Rahmen eines öffentlichen Auftrages und einer entsprechenden Unterstützung möglich. Im Verlauf der jüngsten Diskussionen rund um die Zukunft des österreichischen Rundfunks bot Puls 4-Geschäftsführer Markus Breitenecker dem ORF sogar einen österreichischen Schulterschluss an. Man müsse künftig gemeinsam statt gegeneinander Programmlinien entwickeln, um mit österreichischen Inhalten den deutschen Sendern etwas entgegensetzen zu können. (Puls 4, „TV-Arena 2009", 16. 9. 2009) Ob die Puls 4-Geldgeber mit dieser Ankündigung übereinstimmen und wie „österreichisch" sich ein solches Programm gestalten kann, ist angesichts der Tatsache, dass Puls 4 mit dem Slogan „Die besten Privaten Österreichs" auch für Kabel 1, SAT 1 und PRO 7 wirbt, mehr als fragwürdig.

ERSATZSCHLACHTEN
Sport und Gemeinschaft

21. 06. 1978
Österreichs Stürmer Hans Krankl (r.) steuert mit dem Ball am
Fuß auf das deutsche Tor zu. Krankl schießt schließlich im Fuß-
ball-WM-Spiel der 2. Finalrunde am 21. Juni 1978 in Córdoba das
3:2 für sein Land. Österreich befand sich im Freudentaumel.

DAVID GEGEN GOLIATH

Unterpremstätten, 27. März 1994, Davis Cup-Einzel Thomas Muster gegen Michael Stich: Die Nummer zwei der Weltrangliste kämpft mit aller physischen und psychischen Kraftanstrengung gegen zwei unerbittliche Gegner. Mit dem „Konditionswunder" Muster war zu rechnen, mit dem tobenden Publikum, das die Halle zu einem „Tollhaus" macht, weniger. Alles wird versucht, um den deutschen Spieler aus der Fassung zu bringen. Sein Aufschlag wird wiederholt gestört, Doppelfehler mit Applaus bedacht und bei deutschem Punktgewinn setzen Pfiffe ein. Beschwerden des deutschen Teamchefs und Michael Stichs beim Schiedsrichter folgen. Der Tennisstar lässt sich zu wütend-verächtlichen Gesten hinreißen. Beides wird vom Publikum mit Pfeifkonzerten beantwortet. Bei Stich liegen die Nerven blank. Er vergibt einen Matchball, 21 Doppelfehler folgen. Auf der anderen Seite steht ein topmotivierter, von der Menge getragener Thomas Muster. Er ist an diesem Tag letztlich auch der bessere Spieler. Nach fünf Stunden und 24 Minuten gewinnt Muster die Partie. Ganz Österreich jubelt. Der Umstand, dass die heimische Mannschaft dann doch 3:2 gegen Deutschland im Davis-Cup verliert, erscheint nebensächlich.

Während man in Österreich noch Jahre später von der tollen Stimmung bei der Partie Muster – Stich schwärmt, zeigte sich Deutschland ob der „vergifteten Atmosphäre" und dem offensichtlichen „Preußenhass" wenig begeistert. Michael Stich bezeugte Muster gegenüber seine Wertschätzung, ließ aber über die Medien ausrichten: „Meine ehrliche Meinung über das Publikum sage ich lieber nicht. Wenn man nach fünf Stunden noch ausgepfiffen wird, haben die doch einen an der Waffel." (Hamburger Abendblatt, 28. 3. 1994)

Für den Boulevard war der „Hexenkessel von Unterpremstätten" ein gefundenes Fressen. Die „Bild-Zeitung" titelte mit „Nie wieder Urlaub in Österreich" und berichtete von empörten Anrufen in der Redaktion. Das Volk wäre „stinksauer" auf die „dämlichen Deutschenhasser", würde künftig den Verzehr von

Mozartkugeln verweigern und überhaupt sei Österreich für die Deutschen gestorben. (Neue Kronen Zeitung, 30. 3. 1994) Eine kolportierte Entschuldigung des österreichischen Bundespräsidenten wurde von dessen Sprecher dementiert. Andere deutsche Blätter belächelten die österreichische Euphorie: „Noch ein Sieg über Deutschland und Österreich ist endgültig eine Nation." Davon abgesehen sei es „den Deutschen meistens ziemlich Wurscht", gegen wen sie „manchmal verlieren". (Neue Kronen Zeitung, 30. 3. 1994)

Der elitär anmutende Tennissport war in Unterpremstätten zu einem Ländermatch ausgeartet. Wenn Österreich in einer sportlichen Auseinandersetzung auf Deutschland trifft, scheinen Zurückhaltung und Fairness fehl am Platz. Es herrscht Krieg.

RASENIDENTITÄTEN

Und doch war dem nicht immer so. Gerade in der Paradedisziplin des deutsch-österreichischen „Kriegsspiels", dem Fußball, konnte man zu Beginn keinesfalls von einer offenen Feindschaft sprechen. Vielmehr wirkten noch die aus der Monarchie herrührenden Gegensätze nach. Zu den Erzrivalen der österreichischen Fußballmannschaft zählten in der Zwischenkriegszeit Ungarn und die ČSR. Bei Spielen gegen Deutschland hielten sich die Emotionen in Grenzen. Nicht nur fanden, verglichen mit anderen Mannschaften, verhältnismäßig weniger Begegnungen statt, auch war das österreichische Team insgesamt erfolgreicher als das deutsche. Gewisse Animositäten gab es anlässlich eines Matches im Rahmen der Olympischen Spiele 1912. Nachdem sich der deutsche Tormann verletzt hatte, verhielt sich das österreichische Team unsportlich. Es verweigerte den Tausch eines gleichwertigen Ersatzmannes (damals regelkonform) und konnte so die Partie 5:1 für sich entscheiden. (Steinlechner 28, Urbanek 394)

Für das österreichische „Wunderteam" der 1930er-Jahre wäre ein derart erzielter Vorteil gar nicht vonnöten gewesen. Der damaligen österreichischen Elf brachte man selbst im „Mutterland des Fußballs", in England, größten Respekt entgegen, und auch in Deutschland konnte man sich der Faszination für das „Wunderteam" nicht entziehen. Im Mai 1934 fand ein deutsch-österreichischer Länderkampf in Berlin statt, wobei die Gastgeber mit 6:0 vom Platz gefegt wurden. Das mitreißende Spiel der österreichischen Elf veranlasste das Berliner Publikum zu stürmischen Beifallsbekundungen. Die deutsche Presse zeigte sich von der Darbietung des „Wunderteams" begeistert. (Urbanek 85f.)

Obwohl das über Jahre hinweg dominantere österreichische Team bei der WM 1934 das Spiel um Platz drei gerade gegen die deutsche Elf 2:3 verlor, konnte von einer Feindschaft vorerst nicht die Rede sein. Erst der Anschluss an NS-Deutschland geriet zu einem einschneidenden Moment der österreichischen Fußballidentität. 1938 wurden der Österreichische und der Wiener Fußballverband aufgelöst und den reichsdeutschen Organisationen eingegliedert, jüdische Spieler ausgeschlossen, jüdische Verbände aufgelöst und deren Eigentum beschlagnahmt. Die WM-Qualifikation Österreichs für das Jahr 1938 war somit auch hinfällig. Für die ehemalige österreichische Elf wurde ein Abschiedsspiel gegen das „Altreich" initiiert, in dessen Verlauf zudem für die Anschluss-Volksabstimmung geworben werden sollte. Am 3. April 1938 traf im mit Hakenkreuzfahnen übersäten Prater-Stadion die als „deutsch-österreichisch" ausgewiesene Auswahlmannschaft auf das Team aus dem „Altreich". Auffallenderweise trug die „Deutsche Elf" die Trikots der Heimmannschaft, während die „Deutsch-Österreicher" in ihrem rot-weiß-roten Auswärtsdress auf das Feld liefen und somit quasi im „Auslandseinsatz" waren. (Urbanek 404f.)

Das sogenannte Anschluss-Spiel endete mit einem klaren 2:0-Sieg der „Ostmärker". Deren überzeugende Darbietung ließ selbst die NS-Presse von einer „hinreißenden Leistung" sprechen. (Völkischer Beobachter, 4. 4. 1938) Die offen gezeigte Begeisterung der Wiener beunruhigte allerdings die Propagandastellen, die einen „befremdlichen Nationalismus" zu erkennen glaubten. Auch die Spieler des „Altreichs" brachten Beschwerde ein. Sie klagten über die „Arroganz der ‚Ostmark'-Spieler". (Urbanek 206)

Diese rivalisierenden Mannschaften sollten nun zu einer ge-samtdeutschen Nationalmannschaft vereinigt werden. Doch ließen sich der individuelle Stil und die Technik der „Wiener Schule" mit dem teamorientierten deutschen Kraftspiel nicht verbinden. „Die Wiener Melange mit dem preußischen Einschlag" scheiterte bereits bei der WM 1938, da „Deutsche und Österreicher" offensichtlich „auch im selben Team am liebsten gegeneinander" spielten. (Eichler 87, Steinlechner 51)

Die Gegnerschaft zwischen den Spielern und Fans aus dem „Altreich" und jenen aus der „Ostmark" machte indes den NS-Stellen zu schaffen. Verbale Ausschreitungen und gewalttätige Auseinandersetzungen häuften sich. Beim Endspiel um den „Tschammer-Pokal" 1939 in Berlin ging Rapid gegen FSV Frankfurt als Sieger hervor. Nach dem Match wurden die Rapid-Spieler in Chören als „brutale Ostmark-Schweine" beschimpft, ein Wiener Fotoreporter von einigen Frankfurter Spielern niedergeschlagen. Das Wiener Publikum revanchierte sich im Jahr darauf, als Rapid wieder um dieselbe Trophäe antrat. Diesmal hieß der Gegner SV Fürth. Als bekannt wurde, dass der Schiedsrichter der Partie aus Berlin stammte, setzten Pfiffe ein und „Parolen gegen das ,Altreich'" wurden laut. Der größte Skandal ereignete sich jedoch im November 1940 bei dem „Freundschaftsspiel" Admira gegen Schalke 04 im Prater-Stadion. Schon im Vorfeld heizte die Presse die Stimmung an. Schalke 04-Altstar Fritz Szepan etwa äußerte sich abfällig über den sportlichen Wert dieses Matches. Auslöser des Eklats war letztlich aber Schiedsrichter Schulz, der drei Admira-Tore annullierte. Das Spiel endete somit 1:1. Die wütende Menge begann ein Pfeifkonzert, „Österreich!"-Sprechchöre wurden laut, schließlich kam es zu einer wilden Rauferei. Die Fensterscheiben des Teambusses von Schalke 04 wurden eingeschlagen, die Limousine des Gauleiters Baldur von Schirach mit Steinen beworfen und die Reifen wurden aufgeschlitzt. Man zählte an die 200 Verhaftungen. 1941 revanchierte sich Schalke bei einem Spiel im Ruhrpott für die Ausschreitungen in Wien mit österreichfeindlichen Aktionen. Der Schalke 04-Spieler Ernst Kuzorra drohte den Austrianern: „Nach dem Krieg spielen wir mit euren Köpfen Fußball." Im „Altreich" zeigte man sich angesichts der zunehmenden Feindseligkeiten echauffiert. Ein Schriftverkehr zwischen Hitler, Bormann und von Schirach setzte ein, der mit der Order endete, dass „auch in Wien ein Gegensatz Altreich-Ostmark-Wien nicht mehr konstruiert werden dürfe". (John 148, Urbanek 244–247, 409)

Angesichts dieser Protestdemonstrationen ist man vielleicht versucht, von einem „Widerstand gegen das NS-System" zu sprechen. Das wäre allerdings übertrieben und ginge an der Realität vorbei. Beispiele wie jenes des Wiener Gausportführers und als Kriegsverbrecher verurteilten Thomas Kozich beweisen, dass es durchaus möglich war, überzeugter Nationalsozialist zu sein und trotzdem fanatisch für den Wiener Fußball und die „ostmärkischen" Klubs gegenüber Berlin einzutreten. Vielmehr sind die Protestaktionen als Folge eines zunehmenden Verlustes der eigenen „Fußballidentität" zu erklären. Der Ruf der „Wiener Schule" sollte gewahrt bleiben. Man setzte auf Lokalpatriotismus und ließ traditionell antipreußische Tendenzen aufleben. (Urbanek 260–263, 411, Horak/Maderthaner 16)

Das offenkundig zwiespältige Verhältnis des österreichischen Fußballs gegenüber dem Nationalsozialismus ist immer noch erkennbar. Als Beispiel sei der Fußballklub Rapid Wien genannt, der im Jahr 1941 den Titel „deutscher Meister" errang. Bis heute wird dieser Triumph in allen sporthistorischen Rückblicken mit einem gewissen Stolz angeführt. Doch es ist eine Auszeichnung, die im nationalsozialistischen Deutschland erworben wurde und daher einen unangenehmen Beigeschmack hinterlässt. Allzu auffällig verweist man dann darauf, dass Sport ja stets eine unpolitische Angelegenheit gewesen sei. Gerade die Ereignisse rund um die Spiele der Mannschaften des „Altreichs" und der „Ostmark" beweisen aber, dass dem eben nicht so war und ist.

Trauma dort, Wunder da

Nach dem Zweiten Weltkrieg suchte Österreich, sich tunlichst gegenüber Deutschland abzugrenzen. Sportliche Wettkämpfe konnten dazu ihren Teil beitragen und spielten speziell beim Aufbau der österreichischen Identität eine maßgebliche Rolle. Das erste Fußball-Länderspiel Österreichs gegen Deutschland nach dem Krieg fand im September 1951 in Wien statt und endete mit einem klaren 0:2-Sieg der deutschen Mannschaft. Trotzdem war dieses Match ein großer Erfolg für zumindest einen Österreicher – für den Reporter Heribert Meisel. Er kommentierte das Spiel nicht nur für den österreichischen, sondern auch für den deutschen Rundfunk. Zuvor bekrittelte die deutsche Presse den Einsatz eines Österreichers für die Übertragung, doch nach dem Match wurde verkündet, dass Wien wohl „eine Fußballschlacht verloren", aber dafür eine „eine Million zählende Hörerschaft gewonnen" hätte. Meisels unterhaltsamer, spritziger und rasanter Stil ließ ihn zu „Deutschlands populärstem Wiener werden". (Urbanek 299f.) Er sollte in Zukunft noch zahlreiche Reportagen für deutsche Sender bestreiten.

Im Verlauf der 1950er-Jahre konnte sich die österreichische Elf weiterentwickeln. Sie stieg in die Weltklasse auf und galt bei der Weltmeisterschaft in der Schweiz 1954 sogar als einer der Favoriten. Österreich zeigte bei der WM eine souveräne Leistung und konnte nach einem beeindruckenden 7:5-Erfolg über die Schweiz ins Semifinale einziehen. Dort traf das österreichische Team überraschend auf die deutsche Elf, die als Außenseiter galt. Die Österreicher traten dem deutschen Gegner mit einer gewissen Geringschätzung entgegen, was ihnen zum Verhängnis werden sollte. Die Partie endete mit einem 6:1 für Deutschland. Österreich belegte schlussendlich den dritten Platz bei der WM und errang somit die beste Platzierung, die ein österreichisches Team bei diesem Bewerb je erreicht hat. Und doch konnte man sich nicht darüber freuen. Der Hinauswurf durch Deutschland schmerzte zu sehr. Die österreichischen Medien übertrafen sich nun in absurden Gerüchten, die als Erklärung für die Niederlage dienen sollten. Wunderschuhe der deutschen Spieler, die diese dem Regenwetter trotzen ließen, wurden ebenso angeführt wie eine geheimnisvolle Dopingmethode mittels Traubenzuckerinjektion und Bestechungsgerüchte rund um einige Spieler der österreichischen Elf. (Urbanek 319f., 417) Den Umstand, dass Österreichs Team schlicht unvorbereitet in die Auseinandersetzung gegangen war und daher aus eigener Schuld verlor, wollte man einfach nicht wahrhaben.

Österreichs Trauma wurde nach einem weiteren Spiel zu Deutschlands „Wunder von Bern". Die Jubelrufe des Radiomoderators Herbert Zimmermann anlässlich des Siegestreffers gingen in das deutsche „Kulturgut" ein: „… Rahn schießt … Tooor! Tooor! Tooor! Tooor! … Tor für Deutschland! … Aus! Aus! Aus! Aus! Das Spiel ist aus! Deutschland ist Weltmeister!" Der WM-Titel 1954 war ein identitätsstiftender Moment der Bundesrepublik. „Endlich war man wieder wer", so der damalige Mannschaftskapitän. (Steinlechner 21) Doch gesellten sich zu dem neuen deutschen Selbstbewusstsein auch altbekannte Töne. 25.000 deutsche Fans stimmten voller Stolz das Deutschlandlied an. Manche Reporter zeigten sich unangenehm berührt und sahen „den im Krieg verpassten ‚Endsieg' doch noch gekommen". (Steinlechner 59) Zudem trat DFB-Präsident Peco Bauwens durch markante Sprüche über „Donnergott Wotan", das „Führerprinzip" und den „Erbfeind Frankreich" negativ in Erscheinung. In beiden Fällen wurden die Live-Übertragungen der Sender abrupt unterbrochen. (Urbanek 347, 350)

Mehr als 20 Jahre später ergab sich in Córdoba im Vergleich zu Bern 1954 eine beinahe spiegelverkehrte Ausgangssituation. Während Österreich sich von 1962 bis 1976 weder für die Fußball-EM noch für die WM-Endrunde qualifizieren konnte, wurde Deutschland 1972 Europa- und 1974 Weltmeister. Somit kam die österreichische Elf 1978 als großer Außenseiter zu der WM nach Argentinien. Sie unterlag in der Zwischenrunde gegen die Niederlande und Italien. Das letzte Gruppenspiel gegen Deutschland war für Österreich daher im Grunde bedeutungslos, da das Team bereits ausgeschieden war. Die deutsche Mannschaft hingegen musste gegen die österreichische gewinnen, um in die nächste Runde aufzusteigen, und sah angesichts eines „nicht ernst zu nehmenden Gegners" ihr Weiterkommen bereits gesichert. Der deutsche Teamkapitän Berti Vogts verlautbarte über die Medien: „Klar, die putzen wir 5:0 oder 6:0 weg." Gegenüber dem ORF gab sich Vogts zurückhaltender und erklärte, dass man „die österreichische Mannschaft einfach schlagen" müsse, was allerdings „nichts mit Überheblichkeit" zu tun habe. Journalisten und Medien taten ein Übriges, um die Stimmung zusätzlich anzuheizen. Ein Bericht der „Bild-Zeitung", über den die österreichischen Journalisten ihr Heimteam informierten, ließ die Wogen hoch gehen. Darin fanden sich provozierende Kommentare über das fehlende Können der österreichischen Spieler. (Sport am Montag, 26. 6. 1978, Steinlechner 76–79)

Währenddessen bangte der heimische Tourismus angesichts des bevorstehenden heißen Matchs um die deutschen Gäste und ersuchte das österreichische Team, „den heutigen Gegner Deutschland nicht allzu hart zu bedrängen und fremdenverkehrsfreundlich zu spielen". (Wiener Kurier, 22.6.1978) Von dieser operettenhaften Posse wenig beeindruckt, ging die österreichische Elf mit Wut im Bauch auf das Feld. Bissige Wortmeldungen deutscher Spieler im Verlauf des Matchs forderten das österreichische Team zusätzlich heraus. Nach einem 1:0-Pausenstand für Deutschland kam es in der zweiten Hälfte zur Wende. Einem Eigentor von Berti Vogts folgte ein Volleytreffer durch Hans Krankl. Kurz darauf glichen die Deutschen auf 2:2 aus. In der 88. Minute ereignete sich dann jener Treffer, der den Mythos Córdoba begründete. In das Gedächtnis der Österreicher eingebrannt ist jener Live-Kommentar von Edi Finger, der den Siegestreffer per Radio unterlegt hat: „Da kommt Krankl … in den Strafraum – Schuss … Tooor, Tooor, Tooor, Tooor, Tooor, Tooor! I wer' narrisch. Krankl schießt ein, 3:2 für Österreich! Meine Damen und Herren, wir fallen uns um den Hals …, wir bussln uns ab. Also das, das musst miterlebt haben. … I glaub' jetzt hammas g'schlagen!" Fingers emotionaler Ausruf steht für jene Begeisterung, die auf ganz Österreich übergriff. Ein Land befand sich im Freudentaumel.

Für die österreichische Elf war der Sieg eine Genugtuung. Endlich verstummten die ewigen Belehrungen, sich doch an den Leistungen der deutschen Mannschaft ein Beispiel zu nehmen. Nun schlug man auch verbal zurück. Vor allem Hans Krankl hatte sichtlich Spaß daran, sich mit provokanten Stellungnahmen bei der deutschen Presse unbeliebt zu machen. Er erklärte, dass es ihm keinesfalls leidtäte, die Deutschen aus dem Bewerb geworfen zu haben. Vielmehr freue es ihn ganz besonders, dass „jetzt die Deutschen den Mund halten müssen" und „wir gewonnen haben." (John 151, Sport am Montag, 26. 6. 1978) Die „Bild-Zeitung" rief Krankl daraufhin zum Staatsfeind aus und veröffentlichte seine private Telefonnummer. Allerdings ging der Schuss nach hinten los, denn Krankl bekam ausschließlich positive Rückmeldungen. Der Ärger der deutschen Fans konzentrierte sich offensichtlich auf das eigene Team. Deutschlands Elf erwies sich indessen als fairer Verlierer und gratulierte den Österreichern zu der erbrachten Leistung. Berti Vogts räumte zudem ein, dass die eigene Überheblichkeit ein Mitgrund für das Versagen gewesen sei. (Sport am Montag, 26. 6. 1978) Weniger friedlich ging es in einigen österreichischen Urlaubsorten zu: Österreichische und deutsche Fans ergingen sich in Handgreiflichkeiten. In Tirol unternahm ein über die Niederlage verzweifelter Deutscher sogar einen Selbstmordversuch. (John 151)

Für Österreich, das in den 1970er-Jahren ein außenpolitisches Profil entwickelte und international stärker wahrgenommen wurde, war das „Wunder von Córdoba" ein Grundelement der Identitätsfindung. Selbst die „Schmach von Königgrätz" wurde für so manchen durch Córdoba rückwirkend getilgt: „Der Sieg auf dem Fußballfeld" sei als „Revanche und Wiedergutmachung für die Niederlage der Vorväter auf dem Schlachtfeld" zu verstehen, erklärte der Wiener Bürgermeister Michael Häupl noch 20 Jahre später. Sport und Krieg liegen offenbar mental nahe beieinander. Córdoba hat letztlich vor allem eines bewiesen: Wie vielfältig die Mentalitäten in der Alpenrepublik auch sein mögen, wenn es gegen Deutschland geht, hält ein ganzes Land fest zusammen. Der „wahre" österreichische Patriotismus scheint sich hierin zu entfalten.

Ist nun aber Córdoba der eigentliche Ausgangspunkt einer bis heute existenten deutsch-österreichischen Sportrivalität? Spiele gegen die von der Wiener Presse als „Ostblockarmutschkerl" bezeichnete DDR waren jedenfalls nie von derartiger Emotionalität getragen. (John 150) Oder liegt die Feindschaft zwischen Österreich und der BRD doch in Bern 1954 oder gar im Spiel der „Ostmark" gegen das „Altreich" 1938 begründet? Die Fußballexperten sind sich darin nicht einig. Vielleicht braucht es aber mehr Humor als Expertise, um diesem Phänomen entsprechend entgegenzutreten. Das deutsch-österreichische Kabarettduo Stermann & Grissemann dürfte den richtigen Weg gefunden haben, um mit beißender Ironie die deutsch-österreichische Fußballfeindschaft aus einem anderen Blickwinkel zu betrachten. In ihrer Interpretation der Córdoba-Live-Übertragung kommentieren zwei nach Argentinien geflohene Nazis, einer aus dem „Altreich" und einer aus der „Ostmark", das Weltmeisterschaftsspiel. Sie jubeln dem „blonden Gott Rummenigge" ebenso wie dem „bergdeutschen Bomber Krankl Hans" zu. Durch den eingeblendeten Zwischenstand, der Österreich und Deutschland als eigene Mannschaften ausweist, und die unterschiedlichen Trikots solle man sich, so die Kommentatoren, nicht irritieren lassen. Tatsächlich stünden 22 Mann desselben Teams auf dem Feld, Endstand 5:0.

AMBIVALENTE VERBRÜDERUNGSTENDENZEN
Nur vier Jahre später, bei der WM 1982 in Spanien, hatte es tatsächlich den Anschein, als stünde eine deutsch-österreichische

Mannschaft auf dem Spielfeld. Nach der Auslosung für die Vorrundenkämpfe fanden sich Österreich und Deutschland (gemeinsam mit Chile und Algerien) erneut in einer Gruppe wieder. Nachdem die deutsche Elf überraschend gegen den Außenseiter Algerien verloren hatte, war klar, dass das Spiel gegen die Alpenrepublikaner entscheidend sein würde. Das deutsche Team musste gewinnen, während der österreichischen Elf auch eine knappe Niederlage für den Aufstieg genügte. Auf beiden Seiten begann man nun zu rechnen, auch nahmen Spieler beider Mannschaft miteinander Kontakt auf.

Córdoba war noch nicht vergessen. „Goliath" Deutschland zittere nun erstmals vor dem österreichischen „David", bemerkte die Presse pointiert. Man ging davon aus, dass bei einem Zusammentreffen von „Wiener Schmäh" und „preußischer Pflichterfüllung" eine spannende Auseinandersetzung zu erwarten sei. (Süddeutsche Zeitung, 25.6.1982) Doch es kam ganz anders. Ein Spiel fand eigentlich nur in den ersten elf Minuten statt – bis zu jenem Zeitpunkt, als das 1:0 für Deutschland fiel. Danach schob man den Ball in den eigenen Reihen nur mehr hin und her, der Strafraum des Gegners wurde tunlichst gemieden. Das Publikum reagierte empört. Man schwenkte als Zeichen des Missfallens weiße Tücher, winkte demonstrativ mit Geldbeuteln in die Kameras, Pfeifkonzerte und die Ausrufe „Feiglinge!" und „Betrüger!" waren zu vernehmen. Dem Kommentator der ARD fehlten bald die Worte, er schwieg. ORF-Reporter Robert Seeger brachte seine Enttäuschung zum Ausdruck: „Ich schäme mich für dieses Spiel der österreichischen Mannschaft. Warum sitze ich hier? Ich will ein Spiel übertragen, aber sie spielen nicht!" (Urbanek 381f.) Diesmal waren sich die österreichische und die deutsche Presse einig. Man sprach vom „Skandal von Gijón", die Zuschauer wären schlichtweg betrogen worden. (Neue Kronen Zeitung, Salzburger Nachrichten, Bild-Zeitung, Süddeutsche Zeitung, 26. 6. 1982) Auch international wurde das Match Gegenstand von Verhöhnungen. Der Trainer des französischen Teams schlug vor, Deutschland und Österreich den Friedensnobelpreis zu verleihen, andere sprachen gar von einer „unheilvollen Wiederholung des Anschlusses". (Steinlechner 108, Urbanek 382). Der „Nichtangriffspakt von Gijón" ergab sich aus einer geradezu paradoxen Situation. Die Deutschen fürchteten ein mögliches Aufbäumen der österreichischen Mannschaft und beließen es bei der 1:0-Führung. Das österreichische Team, das bereits körperlich angeschlagen war, konnte mit einem defensiven, möglichst nicht aggressiven Auftritt den Spielstand halten und sich somit den Aufstieg in die nächste Runde sichern. So entschieden sich beide Seiten für einen Waffenstillstand.

Die situationsbedingte Verbrüderung war allerdings nicht von Dauer. Aufeinandertreffen beider Mannschaften in den 1980er- und 1990er-Jahren bewiesen, dass die Rivalität nicht beigelegt war. „In aller Feindschaft" vollzog sich der letzte Sieg Österreichs über Deutschland im Freundschaftsspiel des Jahres 1986. (Neue Kronen Zeitung, 30.10.1986) Nach der Konfrontation kam es zu Geschäftsplünderungen und Schlägereien, deutsche Fans entrollten eine Kriegsflagge. 1994 wurden die Hymnen des jeweils anderen Teams durch Pfiffe und Spottgesänge gestört, Raufereien und Vandalismusakte vor dem Stephansdom endeten mit Verhaftungen. (John 150, Süddeutsche Zeitung, 3.6.1994) Und auch im neuen Jahrtausend setzten sich die Animositäten fort. Der 3:0-Sieg Rapid Wiens über den deutschen Tabellenführer HSV wurde in Österreich mit der Schlagzeile „Rapid bombt die Piefkes weg" gefeiert, während man in Deutschland bemerkte: „So hat Österreich seit 31 Jahren nicht mehr über den deutschen Fußball gelacht." (Heute und Bild-Zeitung, 18.9.2009)

Anlässlich der in Österreich und der Schweiz ausgetragenen EM 2008, wo das Los Österreich und Deutschland wiederum derselben Gruppe zuwies, schien man die neuerliche Auseinandersetzung vorerst gelassener und mit etwas mehr Humor anzugehen. Schließlich war das österreichische Team mittlerweile auf den 101. Weltranglistenplatz abgerutscht. Der Radiosender Ö3 brachte unter dem Titel „Hicke und die starken Männer" (bezogen auf

Trainer Josef Hickersberger und das Nationalteam) eine tägliche Comedy-Sendung, die „Trainingsmethoden" und „Fortschritte" der österreichischen Elf durch den Kakao zog. Aufkleber mit der Aufschrift „Dafür können wir Skifahren" verwiesen auf andere sportliche Qualitäten der Österreicher. Ein besonderes Glanzstück der Selbstpersiflage gelang mit der Filmsatire „Das Wunder von Wien", die unter Mitwirkung österreichischer und deutscher Fußballgrößen entstand und im Vorfeld der EM im ORF ausgestrahlt wurde. Das Science-Fiction-Szenario erzählt vom überraschend gloriosen EM-Sieg des österreichischen Teams. Alte Feindbilder und Rivalitäten werden ironisch in Szene gesetzt, historische Ereignisse, wie etwa Córdoba und Gijón, spitzfindig wieder aufgegriffen. Der besondere Clou: „Das Wunder von Wien" gelingt mithilfe eines im Eilverfahren eingebürgerten Deutschen, der fiktiven Gestalt Peter Hruska. Mit ihm an der Spitze erringt Österreich den Europameistertitel. Dass Hruska eigentlich Deutscher (wenn auch Bayer und nicht Preuße) ist, spielt für die Österreicher unter diesen Umständen keine Rolle mehr.

Österreich lacht über sich selbst. Doch sobald Deutschland in diesen Tenor einstimmt, findet der Spaß schnell sein Ende. Als die „Bild-Zeitung" den Vorschlag einbrachte, den Österreichern die deutsche B-Mannschaft für die EM zu leihen und zudem 20 Gründe anführte, warum die Ösis Dösis sind, schlug der österreichische Boulevard prompt zurück. Das Blatt „Österreich" bot, in Anspielung auf die bescheidenen Leistungen der deutschen Skispringer, den Nachbarn die österreichischen B-Adler an und listete im Gegenzug ebenso viele Argumente auf, warum Deutsche ewig Piefkes bleiben. (Österreich, 27.12.2007, 15.6.2008)

Im Vorfeld des Spiels Österreich gegen Deutschland entfachte gerade ein deutsch-österreichischer Fußballer den alten Konflikt. Martin Harnik (österreichische Mutter, deutscher Vater), der als Spieler der österreichischen Elf gerade durch seinen „preußischen" Akzent auffällt, ließ über die Medien verlautbaren: „Deutschland scheißt sich vor uns in die Hose." Josef Hickersberger mahnte

Harnik dafür öffentlich ab, doch die „Bild-Zeitung" titelte bereits mit „Die Ösis haben schon wieder 'ne große Klappe". (Österreich, 14. 6. 2008)

Das Spiel selbst lief dann wie erwartet. Die österreichische Elf zeigte zu Beginn Einsatz und hatte sogar Torchancen zu verzeichnen, doch dann erzielte Michael Ballack das 1:0 und aus war der Traum. Kaum in Rückstand geraten, ließ die Leistung der Österreicher nach. Letztlich ergab sich vor Ort ungeplant noch eine deutsch-österreichische Verbrüderung. Die Trainer beider Teams fanden sich nach einem Streit mit dem Schiedsrichter vereint auf der Zuschauertribüne wieder.

Als nach dem bemühten, aber erfolglosen Auftritt der österreichischen Mannschaft die Frage aufgeworfen wurde, ob denn als neuer Trainer ein Deutscher in Erwägung gezogen werde, meinte Hans Krankl: „Das schließt sich aus." Nicht etwa, weil ein Deutscher das nicht könne, aber „ich möchte das nicht". Mit dem Hinweis auf eine vor allem emotionale Unvereinbarkeit des österreichischen und deutschen Fußballs dürfte Krankl die Meinung vieler Alpenrepublikaner vertreten haben. Wohl aufgrund einer ähnlichen Befindlichkeit fiel eine in Österreich gemachte Umfrage, welches Land denn keinesfalls den EM-Titel erringen sollte, eindeutig für Deutschland aus. (stern, Nr. 25, 12. 6. 2008)

Anlässlich des Triumphs Spaniens über Deutschland im Finale verlautbarte ein österreichisches Blatt, „die Künstler" hätten über „die Handwerker" gesiegt – ein metaphorischer Vergleich, der durchaus an die Presseberichte der 1930er-Jahre erinnert. Nur dass „die Künstler" damals aus Österreich stammten. Die Zeit der großen Rivalität Österreichs und Deutschlands auf dem Fußballfeld ist vielleicht aufgrund der offensichtlich immensen Leistungsunterschiede vorbei. Doch der österreichische Beifall gilt immer noch jenen Teams, die den deutschen Gegner bezwingen. Eine Szenerie in Wien, 29. Juni 2008, 23.30 Uhr, U-Bahn-Station Hütteldorf: Ein leicht angetrunkenes österreichisches Paar steigt in den Waggon. Sie jubeln, klatschen und schwenken eine kleine spanische Flagge. Der Zug fährt los. Das Paar spricht einige Leute, die müde ins Leere blicken, an: „Na, wos schaut's denn so? Sad's leicht Deitsche?" Das Pärchen setzt ein breites, provokantes Grinsen auf. Die angesprochenen jungen Leute erwidern das Grinsen und meinen: „Na, wir san eh Österreicher. Super, dass verloren hab'n. In Wien wer'n die Deitschen nie wos g'winnen!" Allgemeiner Jubel bricht aus.

SCHLUSSAKT

SELBSTFINDUNGEN
Vom Beginn des Kalten Krieges bis zur Europäischen Union

*Zu Ehren von Johann Gottfried Piefke (1815–1884), dem Militär-
musiker der preußischen Armee, wurde im niederösterreichischen Gänserndorf ein Denkmal errichtet. Es soll – dem Ansinnen der Initiatoren entsprechend – „dekorativ rosten". In
Gänserndorf hatte „Piefke" aus Anlass des preußischen Sieges
über Österreich seinen Königgrätzer Marsch ertönen lassen.*

*Heute blickt man anscheinend gelassen auf eine konflikt-
behaftete, aber mittlerweile „rostende" Vergangenheit. Ganz
ungetrübt gestaltete sich das österreichisch-deutsche Verhältnis
aber auch in den letzten Dekaden nicht.*

SCHWIERIGER NEUANFANG
Wer nach der Art der diplomatischen Beziehungen zwischen
Österreich und Deutschland seit Ende des Zweiten Weltkrieges
fragt, wird im Wesentlichen eine Antwort bekommen: Das bilaterale Verhältnis ist nicht nur traditionell sehr eng, sondern auch
außerordentlich gut. Seit dem Beitritt der Alpenrepublik zur Europäischen Union ist man sich noch näher gekommen. Manche
sprechen von einer harmonischen Verflochtenheit seit 1945, von
einem konfliktfreien Miteinander, das geradezu als langweilig zu
bezeichnen sei. Sieht man genauer hin, sind jedoch einige markante Einschränkungen vorzunehmen. Sie beziehen sich bereits
auf die Frühphase des österreichisch-deutschen Verhältnisses
nach dem Ende des „Dritten Reichs".

Am 27. April 1945 bildete sich unter Führung von Karl Renner eine Provisorische Regierung, die Unabhängigkeit Österreichs
wurde proklamiert und der Anschluss vom März 1938 für null und
nichtig erklärt. Die „Gründerväter" der Zweiten Republik entsprachen mit diesem Akt der 1943 von den alliierten Mächten abgege-
benen Willensbekundung nach Wiederherstellung Österreichs in
den Grenzen von 1937. Im Nachhinein erschien diese „Scheidung"
von Deutschland so selbstverständlich, als hätte die „Ehe" gar
nicht existiert. (Benz 308)

Obwohl in der „Moskauer Deklaration" das Land als erstes
Opfer „der typischen Angriffspolitik Hitlers" bezeichnet wurde,
hatten die Alliierten auch auf dessen Verantwortung für die Teil-
nahme am Krieg Nazideutschlands hingewiesen. Nichtsdestoweniger reduzierte Österreich seine Rolle auf den solcherart an-
getragenen Opferstatus und konnte diese Selbsteinschätzung
zumindest partiell auch auf das Österreich-Bild der Alliierten
übertragen. Daraus ergaben sich im Vergleich zur Behandlung
Deutschlands durch die Siegermächte verschiedene Vorteile, die
sich im Ausmaß wirtschaftlicher Hilfe ebenso widerspiegelten wie
etwa in politischer Hinsicht. So wurde Österreich beispielsweise
mit der Anerkennung der im April gegründeten Republik sowie

auf Grundlage weiterer Abkommen ein Vorsprung an Staatlichkeit und Legitimität gegenüber den deutschen Nachbarn eingeräumt. Dennoch blieb, den Vorgaben der alliierten Politik entsprechend, Österreichs Zukunft an das Schicksal Deutschlands gebunden. Dieses wiederum erwies sich vor dem Hintergrund des allmählich eskalierenden Ost-West-Konflikts als höchst ungewiss. Österreich wähnte sich infolgedessen geraume Zeit angesichts der ungelösten deutschen Frage sozusagen im Wartesaal der Geschichte. Der Weg zum Staatsvertrag, der dem Land die volle Unabhängigkeit geben sollte, gestaltete sich vor diesem Hintergrund überaus schwierig und langwierig. Davon abgesehen hatte man hierzulande die 1949 erfolgte Gründung des deutschen Weststaates zunächst zurück- haltend, aber schließlich mit Wohlwollen aufgenommen. Wien unterstützte von Beginn an Bonns Alleinvertretungsanspruch. Die Beziehungen zur ebenfalls 1949 entstandenen DDR blieben hingegen vergleichsweise marginal. Mit der Niederschlagung des „Volksaufstands" im Juni 1953 hatte das SED-Regime seine ohnehin bescheiden dimensionierten Sympathien bei den Öster- reichern gänzlich verspielt. Die Anerkennung des deutschen Ost- staates durch Österreich erfolgte erst 1972, nachdem der deutsch- deutsche Grundlagenvertrag abgeschlossen worden war und eine Reihe von Weststaaten reguläre diplomatische Beziehungen mit der DDR aufnahm.

Zehn Jahre nach Ende des Krieges entließen die Alliierten, die in Anbetracht des Kalten Krieges kaum noch als solche bezeich- net werden konnten, Österreich endgültig in die Freiheit. Obwohl dessen Loslösung von Deutschland vom nunmehrigen Nachbarn prinzipiell akzeptiert und mit Verständnis aufgenommen worden war, konservierten sich teilweise dennoch gewisse Hoffnungen auf eine „Heimkehr" Österreichs. Im Bonner Auswärtigen Amt waren die Diplomaten der Alpenrepublik mitunter auf „krasse" Fehleinschätzungen der österreichischen Befindlichkeit getroffen. Manchen erschien die bereits im April 1945 ausgesprochene „Ver- abschiedung" der Nachbarn als reversibel, Österreichs Politik in

Richtung Souveränität als Experiment eines im Grunde orientierungslosen Selbstfindungsbemühens, an dessen Ende dann doch wieder die Vereinigung mit Deutschland stehen würde. (Pape 83) Freilich machten sich auch in Österreich Kräfte bemerkbar, die einen solchen Schritt nicht ausschließen wollten. Es ließen sich Haltungen ausmachen, die die Trennung von Deutschland zunächst nicht unbedingt als zwingend erachteten.

Der am 15. Mai 1955 unterzeichnete Staatsvertrag, der unter anderem auch ein „Anschlussverbot" enthielt, wurde zum eigentlichen Gründungsmythos der Zweiten Republik. Österreichs Bekenntnis zur immerwährenden Neutralität, das allerdings erst einige Monate später abgegeben wurde, hatte sich gewissermaßen als jene „Zauberformel" erwiesen, die dann das Ende der „Besatzungszeit" ermöglichte. Staatsvertrag und Neutralität entwickelten sich überdies zu wesentlichen Faktoren für den österreichischen Nationswerdungsprozess – dies umso mehr, als die Bildung der Provisorischen Regierung kurz nach Kriegsende keine vergleichbare Funktion erfüllte. Das Frühjahr 1945 wurde zudem mehrheitlich nicht mit der Befreiung vom nationalsozialistischen Regime assoziiert, sondern mit der militärischen Niederlage und dem Beginn einer als widerrechtlich empfundenen „Okkupation" durch die Alliierten.

Während sich Österreich auf eine eng an die „freie Welt" gebundene Neutralität festlegte, hatte sich Westdeutschland für den Eintritt in die NATO entschieden. Kanzler Konrad Adenauer sah sich mit diesem Votum für die Westintegration der Bundesrepublik und gegen die Neutralität des eigenen Landes dem Vorwurf ausgesetzt, mögliche Chancen der deutschen Einheit verbaut zu haben. Bis heute werden Fragen bezüglich einer realistischen Alternative zum Adenauer-Kurs, das Problem des tatsächlichen deutschen Handlungsspielraums für eine Verhinderung der Teilung sowie die Bonität diesbezüglicher sowjetischer Angebote und ihres Ablaufdatums kontroversiell und durchaus emotionell diskutiert. In diesem Zusammenhang kommt überdies dem Beispiel

Österreich als vermeintlichem oder aber tatsächlichem „Modellfall" eine besondere Bedeutung zu. Die Einschätzung, wonach die österreichische Entscheidung pro Neutralität im Windschatten der militärischen Einbindung der Bundesrepublik in die westliche Allianz erfolgte, scheint nach Auffassung der Kritiker der „Modellfalltheorie" Letztere aufzuheben. (Pape 304) Andere wiederum attestieren der österreichischen Lösung prinzipielle Tauglichkeit auch für die Beilegung der deutschen Frage und formulieren unzweideutig: „Die Politik der Westintegration Adenauers der 1950er-Jahre und seiner Nachfolger hatte die Schaffung der Einheit verhindert bzw. die Aussicht ihrer Erreichung auf Jahrzehnte verzögert. Völlig alternativlos, unfähig das Österreich-Beispiel in seiner Bedeutung zu begreifen und nachzudenken über die vielleicht auch nur theoretische Möglichkeit, dass die Sowjetunion von sich aus und freiwillig dazu bereit sein würde, ein Gebiet zu räumen", führte der Kanzler Westdeutschlands „seine Politik in eine Sackgasse, bis sie 1961 an der Mauer in Berlin zum Stehen kam". (Gehler, Außenpolitik 522f.) Aktuelle Forschungen zur Problematik scheinen jedoch den Verdacht, wonach Stalins Neutralitätsangebot nicht ernst gemeint war, zu bestätigen. Da aber Moskau auf eine etwaige Verhandlungsbereitschaft des Westens in dieser Hinsicht nicht vorbereitet gewesen war, sei immer noch zu fragen, ob und wie sich die sowjetische Deutschlandpolitik beeinflussen hätte lassen können.

Das bereits in den 1950er-Jahren umstrittene österreichische Beispiel erlangte 1990 vor dem Hintergrund der sich abzeichnenden deutschen Einigung ungeahnte Aktualität. Die Neutralität erschien manchen gewissermaßen als Beschleuniger für die angestrebte Wiedervereinigung der beiden deutschen Staaten. Einer Umfrage in der BRD zufolge, die 1989, im Wendejahr, durchgeführt worden war, sprachen sich 60 Prozent der Deutschen für die Neutralität ihres Landes aus. Die Befragten hielten damals die Verwirklichung der Vereinigung mit dem Osten allerdings erst in zehn Jahren für wahrscheinlich. Während bundesdeutsche

Politiker die Neutralität strikt ablehnten, signalisierten ihre Kollegen aus der DDR durchaus Bereitschaft, sich mit einem derartigen Szenario anzufreunden. (Rathkolb, Deutsches Unbehagen 85) Freilich erschienen in Anbetracht der rasanten Entwicklungen, die schon im Herbst 1990 in die Wiedervereinigung mündeten, solche Debatten bald als Schnee von gestern. Die historischen Parallelen zu den Entwicklungen im Jahrzehnt nach 1945 waren andererseits nicht ganz von der Hand zu weisen. Sie ließen sich gewissermaßen auch in Hinblick auf die jeweiligen Reaktionen Bonns auf das „Schreckgespenst" Neutralität erkennen.

In der bundesdeutschen Hauptstadt war die Begeisterung über Staatsvertrag und Neutralität, die der Nachbar im Süden 1955 bejubelte, – euphemistisch ausgedrückt – enden wollend gewesen. Diese Reaktion ließ sich freilich nicht nur mit der unerwünschten Wirkung des österreichischen Beispiels auf die öffentliche Diskussion über Adenauers Politik in Deutschland erklären. Auch die Beurteilung der Neutralität als mögliche sukzessive Selbstauslieferung Österreichs an die UdSSR spielte eine Rolle. Der deutsche Kanzler zeigte sich überdies besorgt über die eventuelle Entstehung eines „Neutralitätsgürtels" in Europa. Intern kommentierte er daher den Abschluss des Staatsvertrags einigermaßen negativ. Es fielen auch deftige Bemerkungen. So empörte sich Adenauer als Reaktion auf den in Österreich akklamierten Staatsvertrag über die „ganze österreichische Schweinerei". (zit. nach Stourzh, Um Einheit und Freiheit 526)

Für Verärgerung sorgte schließlich auch die im Vertrag festgelegte Lösung der Frage des deutschen Eigentums in Österreich, die zuungunsten Deutschlands ausgefallen war. Deutsche Vermögenswerte bildeten im Übrigen Jahrzehnte hindurch einen wesentlichen Bestandteil der österreichischen verstaatlichten Industrie. In Bonn fühlte man sich jedenfalls hintergangen, die Emotionen gingen hoch. Den Protest, den der Bonner diplomatische Vertreter noch am Abend vor der Unterzeichnung des Vertrages bei Bundeskanzler Raab und Außenminister Figl hatte einlegen wollen, nahmen die beiden Herren allerdings gar nicht zur Kenntnis. In Anbetracht des bevorstehenden freudigen Ereignisses angeblich etwas angeheitert oder zumindest angeheitert scheinend, interpretierten sie die Visite des konsternierten Deutschen vielmehr als Geste mitfühlender Freude. (Pape 318)

Dem war nicht so. Die deutsch-österreichischen Beziehungen erreichten nach diesem Abend einen absoluten Tiefpunkt. Offizielle Glückwünsche der BRD an die Adresse Österreichs aus Anlass der Staatsvertragsunterzeichnung blieben aus, eine weitere Zuspitzung des Konflikts zwischen Bonn und Wien folgte. Angedroht wurden auch entsprechende Propagandamaßnahmen gegen den österreichischen Fremdenverkehr. Doch schon 1957 und nach der von deutscher Seite erfolgten Klärung der Hintergründe, die zwei Jahre zuvor zur Enteignung deutscher Vermögenswerte in der Alpenrepublik geführt hatten, konnten die bestehenden deutsch-österreichischen Differenzen in dieser Frage beigelegt werden. (Pape 13)

Weitere Irritationen ergaben sich jedoch auch in Zusammenhang mit der sogenannten Wiedergutmachung. Für deren Finanzierung nahm Österreich, das seiner Selbstdefinition als Opfer des NS-Regimes treu blieb, nicht zuletzt deutsche Finanztöpfe in Anspruch. Nichtsdestoweniger begannen sich nach 1955, als das beiderseitige Verhältnis von tiefgreifenden Gegensätzen geprägt war, die Beziehungen sukzessive zu entkrampfen.

Zudem hatte sich die BRD bereits zum wichtigsten Handelspartner für Österreich entwickelt. Die Vorstellung der Westalliierten, wonach sich die „österreichische Wirtschaft weg von Deutschland und hin zu den ehemaligen Ländern der Monarchie verlagern würde, erwies sich einmal mehr als Illusion". (Stiefel 255) Die Bedeutung Österreichs als Handelspartner für die BRD folgte aber ebenfalls den historischen Traditionen. Sie war für Deutschland weit geringer als umgekehrt. Während die Alpenrepublik 1970 fast ein Viertel ihres Exports in den Nachbarstaat schickte, belief sich das deutsche Exportvolumen für Österreich auf nur 4,5 Prozent der Gesamtausfuhren. Ab den 1970er-Jahren vollzog sich indessen auch in Hinblick auf die Währungspolitik eine weitgehende Angleichung. So war der österreichische Schilling so gut wie fix an die deutsche Mark gebunden. Dieses enge Verhältnis zwischen den beiden Staaten fand auch auf politischer Ebene seine Entsprechung. Verkörpert wurde es nicht zuletzt durch die Freundschaft der beiden Kanzler Willy Brandt und Bruno Kreisky.

ÖSTERREICHISCHER PHÖNIX AUS DEUTSCHER ASCHE?

„Alle Schönheit und aller Schrecken der Geschichte ist unfassbar für Logiker, fassbar nur für Freunde des Widerspruchs und der reinen, einfachen Hauptsätze. Die Österreicher sind Deutsche. Die Österreicher sind keine Deutschen. Die Österreicher sind Österreicher. Diese Sätze sind geordnet in aufsteigender Reihenfolge der Wichtigkeit." (Nenning 82)

Nach 1945 galt die Überzeugung, wonach der im dritten Satz beschriebene Zustand nur durch den in vorheriger Aussage formulierten zu erreichen sei. Einer 1956, also im Jahr nach der Staatsvertragsunterzeichnung durchgeführten Umfrage zufolge betrachteten sich immer noch 46 Prozent der Österreicher als „Gruppe des deutschen Volkes", aber bereits 49 Prozent als Angehörige eines „eigenen, österreichischen Volkes". Die Untersuchung zeigte, „wie sehr der Begriff des im unabhängigen Staatsverband integrierten Volkes gegenüber dem früher in Österreich dominanten sprachlich-ethnischen Volksbegriff im Vordringen war". (Stourzh, Vom Reich zur Republik 102) Diese Entwicklung ließ sich nicht zuletzt als Ergebnis einer mit der Zäsur von 1945 einhergehenden scharfen Abgrenzung von Deutschland werten. Allerdings konnte bei alldem das wachsende Österreich- nicht unbedingt mit einem Nationsbewusstsein gleichgesetzt werden.

Stand die SPÖ dem Konzept einer österreichischen Nation in der Anfangsphase der Zweiten Republik eher skeptisch gegenüber, kamen damals die wesentlichen Impulse von Kommunisten und Konservativen. Sie mündeten in eine grundsätzliche Negation jedweder deutsch-österreichischer Gemeinsamkeiten. Schon im „Ständestaat" hatte man die Besonderheiten österreichischer Wesensmerkmale unter anderem auf Basis klimatheoretischer Überlegungen begründet und darüber hinaus rassisch-anthropologische Argumente angeführt. (Suppanz, Der „österreichische Mensch" 185 und Pape 72) Jetzt gab man auch zu bedenken, dass eine Sprachgemeinschaft nicht unbedingt eine Kulturgemeinschaft schaffe. Schon Ende 1945 hatte Leopold Figl betont, dass Österreich „kein zweiter deutscher Staat sei" und kein „Ableger einer anderen Nationalität". (zit. nach Pape 71) War der „österreichische Mensch" des „Ständestaates" der „bessere Deutsche" und wollte sich vor allem vom „preußischen" abheben, präsentierte er sich nun geradezu als Antithese seines deutschen Pendants im Allgemeinen. Das bereits vorhandene Repertoire der „typischen" Eigenschaften des „österreichischen Menschen" wurde dahingehend modifiziert. Der „homo austriacus" vereinte jede Menge positive Wesenszüge in sich und lieferte ein Gegenbild zum „hässlichen Deutschen". Künstlerische Fähigkeiten, Friedfertigkeit und Toleranz wurden dem „österreichischen Menschen" ebenso bescheinigt wie die einzigartige Fähigkeit, sich in die Seelen fremder Völker hineinzudenken. Hier kam das Erbe der Habsburgermonarchie ins Spiel, deren Geschichte – soweit dies möglich erschien – als nicht nur nicht-deutsch, sondern vor allem anti-deutsch dargestellt wurde. Der Verweis auf das habsburgische Vielvölkerreich diente auch als „kulturell-politischer Gegenentwurf zur Gegenwart" und sollte überdies die „besondere Befähigung Österreichs im Rahmen seiner Neutralitätspolitik" zum Ausdruck bringen. (Suppanz, Der lange Weg 239) Die im Schulunterricht reflektierten Geschichtsbilder von den Babenbergern bis zu den Habsburgern wurden freilich „immer nur auf die Grenzen des Kleinstaates nach 1945 projiziert". (Rathkolb, Die paradoxe Republik 46)

Die konstruierte Idylle des Zusammenlebens in der Donaumonarchie verlagerte sich nicht zuletzt auf die Kinoleinwand, wo die „gute alte Zeit" heraufbeschworen wurde. Die daraus resultierende Kollision mit den Aufgaben eines zu verankernden Demokratie- und Republikbewusstseins empfand man nicht als störend. Das galt auch für andere Ungereimtheiten. Der früher in der historischen Darstellung ebenso wie im Umfeld der Selbstdefinition aufrecht erhaltene Hegemonialanspruch der „missionarischen" deutschen Österreicher wurde sukzessive durch die Betonung der nationalen Vielfalt des Habsburgerreiches und der daraus resultierenden „Monarchiemischung" ersetzt. Letztere, als geglückte Einschmelzung verschiedener, im Habsburgerreich zusammenströmender Einflüsse charakterisiert, entwickelte sich geradezu zum Synonym für das Österreichische oder den Österreicher schlechthin. Dieser bekam darüber hinaus einen möglichst weit in die Geschichte zurückreichenden Stammbaum ausgestellt.

Der „Mozartklau"

Vor diesem Hintergrund erlangte nicht nur die Pflege des österreichischen Deutsch besondere Bedeutung, sondern auch das Bemühen, Kunst-, Literatur- und Musikgeschichte mit den Merkmalen nationaler Eigenständigkeit auszustatten. Im Schulunterricht übertrumpften ein Grillparzer oder ein Nestroy bald ihre deutschen Dichterkollegen. Besonders gelegen kamen jene Schriftsteller, deren Werk dem Habsburgerreich eine gute Nachrede ermöglichte und/oder den Österreich-Patriotismus beförderte. Für die Wirkung nach außen und im Sinne der Identitätsstiftung nach innen erwies sich aber vor allem die Selbstpräsentation als Musikland prägend, wenngleich die Vereinnahmung von Komponisten wie Mozart oder gar Beethoven das deutsche Nachbarland irritierte. Dort dachte man in den Kategorien einer deutschen Kulturnation und sah daher keine Veranlassung einer „Umetikettierung" oder eines Nebeneinanders zweier Zuordnungen. Diese Einstellung wiederum stößt umgekehrt in Österreich bis heute auf weitgehende Ablehnung und ebensolches Unverständnis, obwohl man sich auf der Suche nach den „großen" Söhnen und Töchtern des Landes selbst immer wieder am Reservoir anderer

Länder vergreift. Da aber mit dem Verweis auf Alt-Österreich ein großer geografischer Raum abgesteckt ist, erübrigt sich diesbezügliche Schüchternheit oder Zurückhaltung. Im Falle des berühmen Salzburgers lagen beziehungsweise liegen die Dinge aber etwas anders. Für die Österreicher gab es ein Jahr nach der Staatsvertragsunterzeichnung freilich ohnehin nichts daran zu rütteln: Mozart war – da konnte dessen Vater noch so sehr Augsburger gewesen sein oder das Erzbistum Salzburg zur Zeit der Geburt des Musikgenies selbstständiges Fürstentum – ein Österreicher. Was 1956 im hierzulande groß begangenen Mozart-Jahr die Deutschen verdutzte, verärgerte 2003 die Österreicher. Als das ZDF in der Sendung „Die besten Deutschen" auch Mozart zur Wahl stellte, gingen die Wogen hoch. Als Reaktion auf die heftigen Proteste aus der Alpenrepublik schrieb die „Bild-Zeitung" in bewährter Manier des Erregungsjournalismus: „Geigen die noch richtig? Österreicher wollen unseren Mozart klauen." (Stieg 109)

Den Vorwurf des Diebstahls formulierten hierzulande manche auch in Zusammenhang mit der deutschen Hymne, deren Musik aus der Feder Joseph Haydns stammt. Sein „Deutschlandlied" unterlegte August Heinrich Hoffmann von Fallersleben schon 1841 mit der Melodie des berühmten Komponisten und hievte damit auch die Wechselbeziehungen zwischen gesamtdeutschem Selbstverständnis und einem dem „Haus Österreich" geltenden Patriotismus auf eine neue Stufe. Die genaueren Hintergründe des „Hymnenklaus", die weitere Geschichte des „Deutschlandliedes" bis zum NS-Regime und der lange Zeit vorherrschende „schizophrene Zustand im Symbolhaushalt der Republik" blieben ausgeblendet. (Stieg 107) Die neue, 1947 eingeführte österreichische Bundeshymne hatte es jedenfalls nicht leicht, akzeptiert zu werden. Dass ihre Melodie Wolfgang Amadeus Mozart – im Übrigen fälschlicherweise – zugeschrieben wurde, änderte nichts daran.

Das Bekenntnis zur österreichischen Nation ist ein gefestigtes. Umfrageergebnisse bestätigen das. Trotzdem oder gerade deswegen reagieren Herr und Frau Österreicher empfindlich, wenn heimische oder für heimisch erklärte Errungenschaften anscheinend streitig gemacht werden. Dasselbe gilt für die nachbarliche Eingemeindung von Österreichern. So rufen diesbezügliche „Übergriffe" aus Deutschland vor allem dann, wenn es um die „Säulenheiligen" des österreichischen Selbstverständnisses geht, große Empörung hervor. Berufen sich die einen in diesem Zusammenhang auf die gemeinsame deutsche Kulturnation oder übersehen schlichtweg die Existenz eines unabhängigen österreichischen Staates, verwehren sich andere gegen eine unzulässige Gleichmacherei oder eine Demontage ureigensten österreichischen „Eigentums". Auch der Verdacht eines Mangels an Respekt gegenüber der österreichischen Nation beziehungsweise der österreichischen Eigenständigkeit steht im Raum. Umgekehrt wird an die Jahrzehnte hindurch gepflogene Leugnung von Österreichs Rolle in der deutschen Geschichte erinnert, die sich wiederum zur Abstützung der Opferthese eignete und in weiterer Konsequenz künstliche Trennlinien mit Blick auf Kultur und Geschichte einzog.

Zwei Staaten, viele Meinungen

So oder ähnlich ließen sich aus deutscher Sicht auch die Voraussetzungen für die vorherrschende österreichische Haltung vor dem Hintergrund der sogenannten Erdmann-Debatte in den 1980er-Jahren umschreiben. Ganz so einfach lagen die Dinge aber nicht. Immerhin schien die österreichische Nation als solche infrage gestellt und mit ihr das gesamte österreichische Selbstverständnis, das sich nun unter der Planierraupe einer quasi großdeutschen Reformulierung wähnte. Die damals ausgetragene Auseinandersetzung um den Platz Österreichs in der deutschen Geschichte sorgte jedenfalls auch außerhalb der Historikerzunft für Aufsehen. Die Vorstellung, neben BRD und DDR als dritter deutscher Staat zu gelten, schien vielen in Österreich unannehmbar. Der Kölner Historiker Karl Dietrich Erdmann, „den viele als Nestor der deutschen Zeitgeschichte verehrten", vertrat eine andere Meinung. (Benz 309) Er verfolgte die „Spur Österreichs in der deutschen Geschichte", widmete sich dabei auch der deutschen Geschichte seit der Teilung und stellte davon ausgehend die Frage, ob man es mit drei Staaten, zwei Nationen und einem Volk zu tun hätte. Sein Ansatz, Österreich auf Grundlage von Überlegungen zu den Voraussetzungen einer Staats- beziehungsweise Kulturnation auch in eine Darstellung deutscher Geschichte nach dem Zweiten Weltkrieg miteinzubeziehen, rief teilweise erbosten Widerspruch unter der österreichischen Kollegenschaft hervor. Letztere monierte unter anderem Erdmanns „wenig präzise Begriffsnutzung" in Zusammenhang mit der Frage der Kulturnation. (Elvert 465) Weiter verschärft wurde der Konflikt im Zuge der Diskussion um „die Einbindung Österreichs in ein Museum der deutschen Geschichte und die Einbeziehung der österreichischen Geschichte in eine (gesamt-) deutsche". (Malina 99) Der Großteil der hiesigen Historiker lehnte eine Beteiligung ab, die im deutschen Museum in Berlin freigehaltene Nische für die österreichische Geschichte sollte leer bleiben. Die „Spur Österreichs in der deutschen Geschichte" endete darüber hinaus für viele 1866, für einige noch viel früher. Die Frage, wie deutsch Österreich sei, wurde darüber hinaus als „ewiggestrig" bezeichnet. Mit diesem Befund ließ sich aber auch das Problem einer Beschäftigung mit jenen Epochen umschiffen, die vor die gelungene, wenngleich an „Eigenheiten" reiche, österreichische Nationswerdung zurückreichten. Sachliche Argumente wurden mit emotionellen verquickt, wobei das heimische Unbehagen, als Ergebnis von Erdmanns Thesen österreichische Geschichte womöglich als im Grunde durchgängig und in Wahrheit deutsche serviert zu bekommen, nicht nur auf die selbstverordnete Amnesie hartnäckiger Vertreter der Opferthese zurückzuführen ist. Nichtsdestoweniger erschien diese Haltung vom Standpunkt mancher deutscher Beobachter aus als nicht nachvollziehbar, Produkt einer Realitätsverweigerung oder gar als Ausdruck latenter Germanophobie.

Davon abgesehen widmete man sich etwa zur selben Zeit in Deutschland vornehmlich der „eigenen" Historikerkontroverse, die sich mit der Frage nach der Vergleichbarkeit totalitärer Systeme beziehungsweise von deren Verbrechen beschäftigte. Obwohl die Erdmann-Debatte in der BRD relativ wenig beachtet wurde, setzte sie wichtige Denk- beziehungsweise Nachdenkprozesse in Gang und verwies auf die Notwendigkeit einer weiteren Auseinandersetzung mit dem Thema. Der österreichische Historiker Gerald Stourzh meinte: „Die Überlappungen, Berührungen, zeitweise Fusionen der neueren und neuesten österreichischen und deutschen Geschichte sind mannigfaltig; studieren wir sie, erkennen wir sie, verdrängen wir sie nicht. Tun wir dies als gute Nachbarn, und subsumieren wir nicht eine unter der anderen." (Stourzh, Vom Reich zur Republik/Kontroversen 308f.) Tatsächlich erschienen seitdem zahlreiche Geschichtswerke, die das beiderseitige Verhältnis ausleuchteten. Ein Konsens in der Beurteilung desselben, den deutsche und österreichische Historiker gleichermaßen „absegnen", wurde dabei freilich nicht immer erreicht. Manche Streitfragen von damals stehen auch heute noch zur Debatte. Anders erscheint lediglich der Umgang mit Differenzen. Man ist bei immer noch vorhandener Emotionalität tendenziell gelassener, und da Bissigkeiten zum akademischen Betrieb gehören, ist es auch nicht unbedingt vonnöten, ihnen einen explizit österreichischen oder explizit deutschen Stempel aufzudrücken.

In jedem Fall spielte die Waldheim-Affäre 1986 in die Erdmann-Debatte ebenso hinein wie eine Aussage von FPÖ-Chef Jörg Haider im Gedenkjahr 1988, als er die österreichische Nation als „ideologische Missgeburt" bezeichnete. Die einhellig ablehnenden Stellungnahmen zu diesem Befund blieben nicht ohne Konsequenzen. Die FPÖ setzte fürderhin auf einen dezidiert österreichnationalen Kurs, ohne sich vollständig von deutschnationalen Traditionen zu verabschieden oder sich eindeutig vom ganz rechten Rand zu distanzieren. Haider hatte indessen keineswegs an Popularität eingebüßt. Der „Missgeburts-Sager" verschreckte die FPÖ-Wähler keineswegs. Haiders „Heimat-Politik" fand in weiterer Folge vor allem in Kärnten Anklang. Die rechts der Mitte angesiedelte Politik verweist freilich auch nach dem Tod des späteren BZÖ-Chefs und Kärntner Landeshauptmanns immer wieder auf die manchmal verschwimmenden Grenzen zwischen Österreich-Patriotismus und Österreich-Chauvinismus.

ENTGRENZUNG

Eindeutig fielen indes Befragungen im Vorfeld der 1990 vollzogenen deutschen Einigung aus. Nur sechs Prozent der Österreicher plädierten für einen Anschluss an das neue, größere Deutschland. (Gehler, Außenpolitik 522)

Aus heutiger Sicht erscheint es freilich abwegig, dass eine derartige Frage überhaupt gestellt wurde. Nichtsdestoweniger regten sich vor 20 Jahren angesichts der Wiedervereinigung von West- und Ostdeutschland nicht nur Ängste vor einem starken deutschen Gesamtstaat. Auch die Vorstellung von einem womöglich vorhandenen deutschen Appetit auf die „Heimholung" des 1945 abhanden gekommenen Österreich mischte sich in das Bedrohungsszenario. Wenngleich echte Anschlussängste die Ausnahme blieben, beunruhigte die Vision von einem nach Zusammenschluss mit der DDR noch größeren Nachbarstaat dennoch. Die Alpenrepublik war mit derlei Bedenken nicht allein geblieben. Nicht zuletzt die Franzosen verwiesen auf historische Erfahrungen mit einem deutschen Großstaat und sahen einer Vereinigung von BRD und DDR mit Sorge entgegen. Davon abgesehen ging es auch um das Bestreben, bestehende Kräfteverhältnisse innerhalb der Europäischen Gemeinschaft abzusichern. Diese spielte darüber hinaus auch im Kalkül österreichischer Politik eine herausragende Rolle, denn im Juli 1989 überreichte Außenminister Alois Mock das Beitrittsansuchen an die EG. Frankreich zeigte sich auch in diesem Zusammenhang zurückhaltend, da es eine Stärkung der „deutschen Stimme" befürchtete. Unterstützung für Österreich, das aufgrund seiner Neutralität ohnedies keine einfachen

Voraussetzungen für den Beitritt mitbrachte, war allerdings von Seiten der BRD bekundet worden. Doch die sich überstürzenden Ereignisse des Wendejahres ließen mit einem Mal vieles in einem anderen Licht erscheinen. Österreich sah sich nun vor der Aufgabe, Interpretationen, wonach der EG-Beitritt gleichsam ein getarnter Anschluss an ein womöglich bald vereintes BRD-DDR-Deutschland sein könnte, zurückweisen zu müssen. Ausländische Beobachter stuften Österreich als dritten deutschen Staat ein. Dass ausgerechnet der international geächtete Bundespräsident Kurt Waldheim solche Darstellungen zurückwies, verlieh diesbezüglichen Entgegnungen nicht unbedingt Nachdruck. So betrachtet, erschien eine allzu exponierte Solidarität mit dem um die Einheit ringenden Nachbarn also wenig ratsam. Dessen immer konkreter werdende Anstrengungen in Richtung Wiedervereinigung beobachtete indes eine Reihe von Staaten mit wachsender Skepsis. Die Existenzsicherung der bereits stark ins Trudeln gekommenen DDR gewann vor diesem Hintergrund an Attraktivität.

Die Massenflucht von DDR-Bürgern via Ungarn, wo im Juni 1989 der „Eiserne Vorhang" durchlässig geworden war, war von der Alpenrepublik indes aktiv unterstützt worden. Die hiesigen Behörden stellten Tausenden DDR-Flüchtlingen, die sich nach Passieren der ungarisch-österreichischen Grenze auf den Weg in die BRD machten, ein Durchreisevisum aus. Die Alpenrepublik war angesichts der schwer abzuschätzenden Reaktionen Ostberlins auf das an den Tag gelegte unbürokratische Entgegenkommen gegenüber den ostdeutschen Flüchtlingen durchaus ein Risiko eingegangen. Andererseits schien gerade Österreich Sympathien für eine reformierte DDR zu hegen. Dass der österreichische Kanzler Franz Vranitzky im November 1989 einen eintägigen Arbeitsbesuch bei DDR-Ministerpräsident Modrow absolvierte, beurteilten dann auch manche eher als Signal wider die Vereinigung und mehr für ein Weiterbestehen Ostdeutschlands. Ob bei alldem die eher distanzierten Beziehungen zwischen Vranitzky und dem deutschen Bundeskanzler Helmut Kohl, die von manchen als „Nicht-Verhältnis" bezeichnet wurden, eine Rolle gespielt haben, sei dahingestellt. (Korte 225) Kohl hatte im Übrigen noch vor der Wiedervereinigung von künftigen „offenen Grenzen" zur ČSSR und Polen ebenso wie zu Ungarn gesprochen. Während der „Spiegel" in diesem Zusammenhang lediglich „eklatante Schwächen in Geographie" vermutete, nährten Kohls Aussagen in Österreich Befürchtungen nach einer anschwellenden deutschen „Großmachtarroganz".

Indessen blieb die österreichische Regierungspolitik in Sachen deutscher Einheit neutralitätskonform. Die anfängliche Zurückhaltung wich schließlich einer positiven Haltung gegenüber der Wiedervereinigung. Nichtsdestoweniger kommentierten Teile der österreichischen Presse etwa den Fall der Berliner Mauer im November 1989 kritisch. Dennoch verfolgte schließlich auch die österreichische Bevölkerung die deutsch-deutsche Einigung vorwiegend mit Sympathie. 87 Prozent der Befragten gaben an, ihr „eher positiv" gegenüberzustehen. Skepsis äußerten viele aber in Hinblick auf eine befürchtete noch stärkere Durchdringung der österreichischen Wirtschaft mit deutschem Kapital. Wie sich später zeigen sollte, wuchs der bereits seit etwa zwei Jahrzehnten steigende deutsche Anteil an ausländischen Direktinvestitionen tatsächlich weiter an und erreichte 1992 38 Prozent. Im Vergleich dazu ist er 2008 um neun Prozent zurückgegangen und liegt nunmehr bei 29 Prozent.

Die österreichischen Reaktionen auf die deutsche Einheit spiegelten ungeachtet der hauptsächlich zustimmenden Stellungnahmen eine große Bandbreite unterschiedlicher Positionen wider. Sie reichten „von euphorisch und überschwänglich bis ängstlich und besorgt, dümmlich, einfallslos, abwegig und selbstentlarvend". (Gehler, Außenpolitik 520) Keineswegs von allen begrüßt wurde die aus Anlass der Wiedervereinigung feierliche Schmückung des Wiener Rathauses, das mit einer deutschen und einer österreichischen Fahne beflaggt wurde und den Nachbarn in Form eines Transparents zum historischen Ereignis gratulierte. Manche

269

fanden den solidarischen Jubel wohl übertrieben. Jetzt, meinte Peter Pilz von den Grünen, habe er wirklich Angst vor einem Anschluss. Jörg Haider hingegen verlegte sich angesichts der Entwicklungen im Nachbarland auf gewohnt provokante Bemerkungen. Die Wiedervereinigung sei eine Chance für Österreich: „Denn Deutschland ist zwar reich und groß, aber kulturlos. Die Kultur kommt aus Österreich." (zit. nach Gehler, Außenpolitik 521)

AM ENDE DER GEMÜTLICHKEIT?

Das vereinte Deutschland schaffte es, Bedenken wider seine Existenz auszuräumen. Die Sorge vor einer Rückkehr des „hässlichen Deutschen" erwies sich als unbegründet. „Denkt man an Deutschland in der Nacht", ist man, so der österreichische Journalist Georg Hoffmann-Ostenhof 20 Jahre nach der Wende, „keineswegs um den Schlaf gebracht". (Profil, 5.10.2009) Im Gegenteil. Im Vergleich zu Österreich wird den Nachbarn eine größere demokratische Reife attestiert. Nach den deutschen Bundestagswahlen im September 2009 schienen sich Vergleiche mit der politischen Situation in Österreich aufzudrängen: „In Deutschland gibt es keine Rechtsaußenpartei im Parlament, dafür aber eine (starke) liberale." Und mit Blick auf die Gedenkfeiern anlässlich des ersten Todestages des 2008 bei einem Verkehrsunfall ums Leben gekommenen Landeshauptmanns von Kärnten hieß es in der heimischen Presse: „In Deutschland widmet man tödlich verunglückten Alko-Rasern keinen irrationalen Totenkult." (Kurier, 11.10.2009) Schließlich wird auch auf den Umstand hingewiesen, dass als Ergebnis der Wahlen 2009 erneut Angela Merkel die deutsche Regierung anführt. In Österreich, wo Merkel bezeichnender- und absurderweise bisweilen mit der Habsburgerin Maria Theresia verglichen wird, dürfte es noch sehr lange dauern, bis eine Frau an der Spitze der Regierung stehen wird.

Schon vor zwei Jahrzehnten begann sich die österreichische Sichtweise auf Deutschland massiv zu verändern. Damit einher ging auch eine internationale Neubewertung der BRD. Mit

Imageproblemen schlug sich nun eher die Alpenrepublik herum, die seit der Waldheim-Affäre ihre „Darling"-Rolle auf dem internationalen Parkett verloren hatte. Manche wollten in diesem Zusammenhang eine gewisse Schadenfreude beim deutschen Nachbarn bemerkt haben. Dessen ungeachtet analysierte man in Österreich die Lage zum Teil sehr nüchtern. 1990 schrieb die Journalistin Barbara Coudenhove-Kalergi: „Der österreichische Bundespräsident Waldheim, den niemand sehen will, und der deutsche Bundespräsident Weizsäcker, den die ganze Welt schätzt, sind eindrucksvolle Chiffren für die veränderte Situation." (Coudenhove-Kalergi 58)

Das bilaterale Verhältnis gestaltete sich indessen bis auf altbekannte Rivalitäten, die auf dem Rasen eines Fußballfeldes, beim Tennisspiel oder im Rahmen umstrittener TV-Produktionen ausgetragen wurden, im Wesentlichen eng und freundschaftlich. Einigermaßen unverändert blieben auch die wechselseitigen Klischees, wenngleich auch hier das seit der Waldheim-Debatte wiedererlangte österreichische Gedächtnis Stoff für zusätzliche Spielarten lieferte. Der „österreichische Mensch" wurde in den deutschen Medien – mehr als dies früher üblich gewesen war – nicht nur als angenehmer, sondern auch als hinterlistiger und intriganter, ja verlogener Zeitgenosse dargestellt. Einen Anlass, um solche Stereotypen auszubreiten, lieferte 1997 unter anderem eine verbale Entgleisung des damaligen Vizekanzlers und Außenministers Wolfgang Schüssel. Dieser hatte angeblich den deutschen Bundesbankpräsidenten als „richtige Sau" bezeichnet. „Die eher betuliche deutsche Wochenzeitung ‚Die Zeit' nahm sich des im schimpfenden Minister personifizierten österreichischen Nationalcharakters an und reproduzierte in einer Glosse die gängigen Klischees vom raunzenden, perfiden, verlogenen Barbaren südöstlich der deutschen Grenze: In Deutschland gelte die Kommunikationsregel, dass man meine, was man sage, aber im ‚Reich des Hintersinns' ziele Rede ‚nicht auf Transparenz, sondern auf kunstvolle Verdeckungen'." (Benz 304)

Wurden und werden solche Spitzen als mehr oder weniger akzeptierte Begleiterscheinungen des „ganz normalen" deutsch-österreichischen Verhältnisses identifiziert, gab es im Jahr 2000 erheblich mehr Gründe für Missstimmung. Damals ahndete die EU die Bildung einer Regierungskoalition von ÖVP und FPÖ mit Sanktionen, die unter anderem auf die Unterbindung offizieller bilateraler Kontakte auf politischer Ebene seitens der Regierungen der Mitgliedstaaten hinausliefen. Obwohl diese beispiellosen Maßnahmen der EU nicht zuletzt aufgrund der Sorge eines Vordringens rechtsradikalen Gedankenguts in ganz Europa zustande kamen und im Falle Österreichs vor allem der rechtspopulistischen FPÖ galten, stand nun das ganze Land unter Generalverdacht. Der SPÖ wurde gleichzeitig vorgeworfen, sich hinter den Kulissen für ein scharfes Auftreten der EU gegen die schwarz-blaue Regierung stark gemacht zu haben.

Dass sich bei der Verhängung der rechtlich höchst fragwürdigen Sanktionen vor allem die rot-grüne Regierung unter Bundeskanzler Gerhard Schröder hervortat, verärgerte in Österreich indessen besonders. Eine teilweise aggressive deutsche Presseberichterstattung tat ein Übriges. TV- und Printmedien erklärten den Fall zur „causa prima" und ergingen sich mitunter in kontraproduktiven Dämonisierungen Jörg Haiders, welcher der Regierung gar nicht angehörte. Manche verglichen den FPÖ-Chef gar mit Hitler.

Obwohl weite Teile der österreichischen Bevölkerung die Partnerschaft von ÖVP und FPÖ ablehnten und die schwarz-blaue Regierung vom damaligen Bundespräsidenten Thomas Klestil mit unvergessen steinerner Miene angelobt worden war, musste die Ächtung Österreichs selbst Gegner der neuen Koalition vor den Kopf stoßen. Allerdings regte sich bald auch EU-intern Widerspruch gegen die Behandlung der Alpenrepublik. Außerdem waren die Sanktionen in Hinblick auf ihre Konsequenzen auch für andere Mitgliedstaaten kaum durchdacht worden. Einige machten sich mit gutem Recht Sorgen über die Folgen für die Situation im eigenen Land. Immerhin war ein Präzedenzfall geschaffen worden. Einen Notausstieg aus dem allmählich als Debakel erkennbaren Vorstoß gegen ein vermeintlich nach ganz rechts abdriftendes Österreich ermöglichte der sogenannte Weisenbericht, der auf Veranlassung der Europäischen Union die politisch-rechtlichen Zustände in Österreich seit der Angelobung der Regierung prüfte. Empfohlen wurde in weiterer Folge die Aufhebung der „Strafmaßnahmen". Diese hat EU-Kommissionspräsident Barroso im September 2009 als Fehler bezeichnet. Eine Infragestellung der Sanktionen gegen Österreich seitens der rot-grünen Regierung war nach Vorlage des „Weisenberichts" im September 2000 allerdings nicht erfolgt. Umso weniger hielt daher der deutsche Außenminister Joschka Fischer eine von CDU/CSU eingeforderte Entschuldigung gegenüber Österreich für notwendig.

EIN DENKMAL

Seit 2000 haben Österreich und Deutschland den mitunter steinigen Weg der Versöhnung beschritten. Zu Ende gegangen wurde er wohl noch nicht. Drei Jahre nach Verhängung der Sanktionen beschrieb Österreichs Botschafter in Berlin die bilateralen Beziehungen als „nüchterner" im Vergleich zu früher. Zwei weitere Jahre vergingen, und Österreichs Einstellung zu der Affäre sah so aus: „Reden wir nicht mehr darüber." (Die Presse, 17.3.2005) Alles ist also vergeben und vergessen. Aber sind die Wunden von damals wirklich verheilt? Eine 2005 organisierte Ausstellung über die ambivalenten Beziehungen zwischen Österreich und Deutschland, die den Titel „Verfreundete Nachbarn" trug, machte unter anderem auf immer noch bestehende Probleme aufmerksam. Darüber hinaus scheint fraglich, ob vollständige Harmonie im beiderseitigen Verhältnis überhaupt zu erreichen ist. Konflikte sind beispielsweise in Zusammenhang mit Österreichs Haltung gegenüber der steigenden Zahl von sogenannten Numerus-Clausus-Flüchtlingen aus Deutschland zu beobachten. Im Nachbarland Deutschland verweist man in diesem Zusammenhang auf fragwürdige Regelungen. So werden Studiosi aus Südtirol gegenüber ihren deutschen Kollegen bei der Vergabe von Studienplätzen angeblich bevorzugt. Schon 2005 hatte Brüssel eine Klage gegen Österreich angestrengt, um Diskriminierungen vorzubeugen. Eine seit 2007 geltende Quotenregelung, die vor allem das Medizinstudium betrifft, läuft 2012 aus. Es bleibt abzuwarten, wie das Problem dann gehandhabt wird.

Dabei ist es gerade die jüngere Generation in beiden Ländern, die unvoreingenommener aufeinander zugeht, als es früher üblich war. Ist es „europäische Reife" oder schlicht Gleichgültigkeit gegenüber der spezifischen österreichisch-deutschen Vergangenheit, der wir diese Entwicklung zu verdanken haben? Auf fortschreitenden Emotionsschwund lässt jedenfalls die Reaktion auf ein 2009 errichtetes „Piefke-Denkmal" im unweit von Wien gelegenen niederösterreichischen Gänserndorf schließen. Das Rauschen im österreichischen Blätterwald, das dem Ereignis folgte, fiel ungewöhnlich leise aus. Was heute höchstens im Rang einer Kuriosität steht, hätte noch vor 20 oder zehn Jahren mit Sicherheit einen Sturm der Entrüstung ausgelöst. Immerhin hatte 1866 Kapellmeister Johann Gottfried Piefke in Gänserndorf aus Anlass des preußischen Sieges über Österreich seinen Königgrätzer Marsch ertönen lassen. Eine vom preußischen König angedachte Siegesparade in Wien konnte Otto von Bismarck seinem Monarchen gerade noch ausreden und den Österreichern eine zweite Demütigung ersparen. Seitdem sind viele Jahre ins Land gezogen. So viele, dass etwa die „Piefke-Saga" im TV eher Assoziationen mit dem niederösterreichischen Denkmal hervorruft als die Schlacht von Königgrätz. Nur so lassen sich deutsche Äußerungen, wonach man angesichts des Piefke-Denkmals nicht beleidigt sei, erklären. Die etwas eigentümliche Stahl-Konstruktion in Gänserndorf, die einer überdimensionierten Dusche gleicht, soll überdies – dem Ansinnen der Künstler entsprechend – „dekorativ" rosten.

Heute blickt man also gelassener auf eine „rostende" Vergangenheit. Offenbar auch deswegen, weil die im 19. Jahrhundert geschlagene Schlacht von Königgrätz im 21. Jahrhundert kaum noch jemanden zu interessieren scheint. Es bleibt jedenfalls abzuwarten, ob das skurrilerweise von einem gebürtigen Bayern initiierte Piefke-Denkmal Fans finden wird – und vor allem welche.

Vielleicht ist es aber auch ein Beispiel dafür, dass die Hassliebe zwischen Österreich und Deutschland nicht kleiner geworden ist, aber möglicherweise etwas weniger „notorisch".

Verwendete und weiterführende Literatur

HERMANN

Arens, Peter: Kampf um Germanien. Die Schlacht im Teutoburger Wald. Frankfurt am Main 2008.

Ausbüttel, Frank: Germanische Herrscher. Von Arminius bis Theoderich. Darmstadt 2007.

Bendikowski, Tillmann: Der Tag, an dem Deutschland entstand. Geschichte der Varusschlacht. München 2008.

Burgdorf, Wolfgang: „Reichsnationalismus" gegen „Territorialnationalismus": Phasen der Intensivierung des nationalen Bewusstseins in Deutschland seit dem Siebenjährigen Krieg, in: Langewiesche, Dieter/Schmidt, Georg (Hg.): Föderative Nation. Deutschlandkonzepte von der Reformation bis zum Ersten Weltkrieg. München 2000, 157–190.

Demandt, Alexander: Über die Deutschen. Eine kleine Kulturgeschichte. Berlin 2007.

Dreyer, Boris: Arminius und der Untergang des Varus. Warum die Germanen keine Römer wurden. Stuttgart 2009.

Ehrismann, Otfrid: Nibelungenlied. Epoche – Werk – Wirkung. München 2002.

Engelbrecht, Günther (Hg.): Ein Jahrhundert Hermannsdenkmal. 1875–1975. Detmold 1975.

Essen, Gesa von: Hermannsschlacht. Germanen- und Römerbilder in der Literatur des 18. und 19. Jahrhunderts. Göttingen 1998.

Haider, Markus: Deutsche Reichsgründung und österreichisches Selbstverständnis in politischer Sprache, in: Amann, Klaus/Wagner, Karl (Hg.): Literatur und Nation. Die Gründung des Deutschen Reiches 1871 in der deutschsprachigen Literatur. Wien/Köln/Weimar 1996, 207–231.

Hohoff, Curt: Heinrich von Kleist. Hamburg 2002.

Ley, Michael: Apokalypse und Moderne. Aufsätze zu politischen Religionen. Wien 1997.

Märin, Ralf-Peter: Die Varusschlacht: Rom und die Germanen. Frankfurt am Main 2008.

Moosbauer, Günther: Die Varusschlacht. München 2009.

Müller-Guttenbrunn, Adam: Kleists Hermannsschlacht – Ein Gedicht aus Österreich. Wien 1898.

Münkler, Herfried: Die Deutschen und ihre Mythen. Berlin 2009.

Pantle, Christian: Die Varus-Schlacht. Der germanische Freiheitskrieg. Berlin 2009.

Sommer, Michael: Die Arminiusschlacht. Spurensuche im Teutoburger Wald. Stuttgart 2007.

Stauf von der Mark, Ottokar: Armin. Ein deutsches Heldenleben. Graz 1909.

Stöver, Hans Dieter: Der Sieg über Varus. Die Germanen gegen die Weltmacht Rom. München 2009.

Wiegels, Rainer/Woesler, Winfried (Hg.): Arminius und die Varusschlacht: Geschichte, Mythos, Literatur. Paderborn/Wien u. a. 1995.

Wiegrefe, Klaus/Pieper, Dietmar (Hg.): Die Erfindung der Deutschen. Wie wir wurden, was wir sind. München 2008.

Wolfram, Herwig: Die 101 wichtigsten Fragen – Germanen. München 2008.

Wolters, Reinhard: Die Schlacht im Teutoburger Wald. Arminius, Varus und das römische Germanien. München 2008.

DAS HEILIGE RÖMISCHE REICH

Beller, Steven: Geschichte Österreichs. Wien/Köln/Weimar 2007.

Bloch, Marc: Die Feudalgesellschaft. Frankfurt am Main 1982.

Brauneder, Wilhelm/Höbelt, Lothar (Hg.): Sacrum Imperium. Das Reich und Österreich 996–1806. Wien/München/Berlin 1996.

Bruckmüller, Ernst/Urbanitsch, Peter (Hg.): Menschen – Mythen – Meilensteine. 996–1996. Ostarrichi – Österreich. Österreichische Länderausstellung. Horn 1996.

Clark, Christopher: Preußen. Aufstieg und Niedergang. 1600–1947. München 2007.

Demandt, Alexander: Über die Deutschen. Eine kleine Kulturgeschichte. Berlin 2007.

Dickmann, Felix: Der Westfälische Frieden. Münster 1998.

Erbe, Michael: Die Habsburger 1493–1918. Eine Dynastie im Reich und in Europa. Stuttgart 2000.

Externbrink, Sven: Friedrich der Große, Maria Theresia und das Alte Reich. Deutschlandbild und Diplomatie Frankreichs im Siebenjährigen Krieg. Berlin 2006.

Gotthard, Axel: Das Alte Reich 1495–1806. Darmstadt 2003.

Haug-Moritz, Gabriele: Kaisertum und Parität. Reichspolitik und Konfessionen nach dem Westfälischen Frieden, in: Zeitschrift für historische Forschung 19 (1992), 445–482.

Klueting, Harm: Das Reich und Österreich 1648–1740. Münster 1999.

Kronenbitter, Günther: Maria Theresia (1717–1780), in: Förster, Stig/Pöhlmann, Markus/Walter, Dierk (Hg.): Kriegsherren der Weltgeschichte. 22 historische Portraits. München 2006, 168–186.

Liebmann, Edgar: Die Rezeptionsgeschichte des Alten Reichs im 19. und 20. Jahrhundert, in: Wendehorst, Stephan/Westphal, Siegrid: Lesebuch Altes Reich, Bd. 1. München 2006, 8–12.

Kuprian, Hermann J. W. (Hg.): Ostarrichi – Österreich. 1000 Jahre – 1000 Welten. Innsbrucker Historikergespräche 1996. Innsbruck/Wien 1997.

Lechner, Karl: Die Babenberger. Markgrafen und Herzoge von Österreich 976–1246. Wien/Köln/Weimar 1996.

Mazohl-Wallnig, Brigitte: Zeitenwende 1806. Das Heilige Römische Reich und die Geburt des modernen Europa. Wien/Köln/Weimar 2005.

Pöhlmann, Markus: Kriegsgeschichte und Geschichtspolitik: Der Erste Weltkrieg. Die amtliche deutsche Militärgeschichtsschreibung 1914–1956. Paderborn/München/Wien/Zürich 2002.

Press, Volker: Kriege und Krisen. Deutschland 1600–1715. München 1991.

Scheutz, Martin/Strohmeyer, Arno (Hg.): Was heißt „österreichische" Geschichte?
Probleme, Perspektiven und Räume der Neuzeitforschung. Wiener Schriften zur
Geschichte der Neuzeit, Bd. 6. Innsbruck 2008.

Schmidt, Georg: Geschichte des Alten Reiches. Staat und Nation in der Frühen
Neuzeit 1495–1806. München 1999.

Schilling, Heinz: Aufbruch und Krise. Deutschland 1517–1648. Das Reich und die
Deutschen. Berlin 1998.

Schindling, Anton/Ziegler, Walter (Hg.): Die Kaiser der Neuzeit 1519–1918. Heiliges
Römisches Reich, Österreich, Deutschland. München 1990.

Showalter, Dennis: Friedrich II. (1712–1786), in: Förster, Stig/Pöhlmann, Markus/
Walter, Dierk (Hg.): Kriegsherren der Weltgeschichte. 22 historische Portraits.
München 2006, 147–167.

Stollberg-Rilinger, Barbara: Das Heilige Römische Reich Deutscher Nation. Vom
Ende des Mittelalters bis 1806. München 2006.

Vocelka, Karl: Geschichte Österreichs. Kultur – Gesellschaft – Politik. Graz/Wien/
Köln 2000.

Wiegrefe, Klaus/Pieper, Dietmar (Hg.): Die Erfindung der Deutschen. Wie wir
wurden, was wir sind. München 2008.

Wüst, Wolfgang (Hg.): Reichskreis und Territorium: Die Herrschaft über der
Herrschaft? Supranationale Tendenzen in Politik, Kultur, Wirtschaft und
Gesellschaft. Ein Vergleich süddeutscher Reichskreise. Stuttgart 2000.

VON AUSTERLITZ NACH KÖNIGGRÄTZ

Allinson, Mark: Germany and Austria 1814–2000. Modern History for Modern
Languages. London 2002.

Becker, Josef/Hillgruber, Andreas (Hg.): Die Deutsche Frage im 19. und 20.
Jahrhundert. Referate und Diskussionsbeiträge eines Augsburger Symposions vom
23. bis 25. September 1981. München 1983.

Bismarck, Otto von: Aus seinen Schriften, Briefen, Reden und Gesprächen. Auswahl
und Nachwort von Hanno Helbling. Zürich 1976.

Burgdorf, Wolfgang: Ein Weltbild verliert seine Welt. Der Untergang des Alten
Reiches und die Generation 1806. München 2006.

Breuilly, John: Austria, Prussia and Germany 1806–1871. London 2002.

Clark, Christopher: Preußen. Aufstieg und Niedergang 1600–1947. München 2007.

Craig, Gordon A.: Königgrätz 1866. Eine Schlacht macht Weltgeschichte. Wien 1997.

Dann, O.: Nation und Nationalismus in Deutschland 1770–1990. München 1993.

Fischer, Holger (Hg.): Die Ungarische Revolution 1848/49. Vergleichende Aspekte der
Revolutionen in Ungarn und Deutschland. Hamburg 1999.

Höbelt, Lothar: 1848. Österreich und die deutsche Revolution. Wien/München 1998.

Jansen, Christian/Borggräfe, Henning: Nation – Nationalität – Nationalismus.
Frankfurt am Main 2007.

Langewiesche, Dieter: Reich, Nation, Föderation. Deutschland und Europa. München 2008.

Lutz, Heinrich: Zwischen Habsburg und Preußen. Deutschland 1815–1866. Berlin 1985.

Lutz, Heinrich/Rumpler, Helmut (Hg.): Österreich und die deutsche Frage im 19. und 20. Jahrhundert. Probleme der politisch-staatlichen und soziokulturellen Differenzierung im deutschen Mitteleuropa. Wien 1982.

Müller, Jürgen: Deutscher Bund und deutsche Nation 1848–1866. Göttingen 2005.

Nipperdey, Thomas: Deutsche Geschichte 1800–1866. Bürgerwelt und starker Staat. München 1983.

Osterhammel, Jürgen: Die Verwandlung der Welt. Eine Geschichte des 19. Jahrhunderts. München 2009.

Rumpler, Helmut (Hg.): Deutscher Bund und deutsche Frage 1815–1866. Europäische Ordnung, deutsche Politik und gesellschaftlicher Wandel im Zeitalter der bürgerlich-nationalen Emanzipation. Wien/München 1990.

Siemann, W.: Vom Staatenbund zum Nationalstaat. Deutschland 1806–1871. München 1995.

Showalter, Dennis: The Wars of German Unification. London 2004.

Ullrich, Volker: Das erhabene Ungeheuer. Napoleon und andere historische Reportagen. München 2008.

Ullrich, Volker: Otto von Bismarck. Hamburg 1998.

ENTZWEIT UND VERBUNDEN

Afflerbach, Holger: Der Dreibund. Europäische Großmacht- und Allianzpolitik vor dem Ersten Weltkrieg. Wien/Köln/Weimar 2002.

Angelow, Jürgen: Kalkül und Prestige. Der Zweibund am Vorabend des Ersten Weltkriegs. Köln/Wien/Weimar 2000.

Bauer, Kurt: „Heil Deutschösterreich!" Das deutschnationale Lager am Beginn der Ersten Republik, in: Konrad, Helmut/Maderthaner, Wolfgang (Hg.): Das Werden der Ersten Republik, Bd. 1: … der Rest ist Österreich. Wien 2008, 261–280.

Broucek, Peter: Militärischer Widerstand. Studien zur österreichischen Staatsgesinnung und NS-Abwehr. Wien/Köln/Weimar 2008.

Bruckmüller, Ernst: Die Entwicklung des Österreichbewußtseins, in: Kriechbaumer, Robert (Hg.): Österreichische Nationalgeschichte nach 1945. Die Spiegel der Erinnerung: Die Sicht von innen. Bd. 1. Wien/Köln/Weimar 1998, 369–396.

Clark, Christopher: Preußen. Aufstieg und Niedergang. 1600–1947. München 2007.

Gruner, Wolf D.: Die Grundlagen der Beziehungen im langen 19. Jahrhundert: Vom deutschen Mitteleuropa des Alten Reiches zum Ende des deutschen Kaiserreiches und der Österreichisch-Ungarischen Doppelmonarchie 1804–1918/19, in: Gehler, Michael (Hg.): Verschiedene europäische Wege im Vergleich. Österreich und die Bundesrepublik Deutschland 1945/49 bis zur Gegenwart. Innsbruck/Wien/Bozen 2007, 21–59.

Haas, Hanns: Österreich im „gesamtdeutschen Schicksalszusammenhang"?,
in: Botz, Gerhard/Sprengnagel, Gerald (Hg.): Kontroversen um Österreichs
Zeitgeschichte. Verdrängte Vergangenheit, Österreich-Identität, Waldheim und
die Historiker. Frankfurt/New York 2008, 194–215.

Haider, Markus: Deutsche Reichsgründung und österreichisches Selbstverständnis
in politischer Sprache, in: Amann, Klaus/Wagner, Karl (Hg.): Literatur und
Nation. Die Gründung des Deutschen Reiches 1871 in der deutschsprachigen
Literatur. Wien/Köln/Weimar 1996, 207–231.

Hamann, Brigitte: Kronprinz Rudolf. Ein Leben. München 2009.

Hamann, Brigitte: Hitlers Wien. Lehrjahre eines Diktators. München 2008.

Hamann, Brigitte: Die Habsburger und die deutsche Frage im 19. Jahrhundert, in:
Lutz, Heinrich/Rumpler, Helmut (Hg.): Österreich und die deutsche Frage im 19.
und 20. Jahrhundert. München 1982, 212–230.

Hanisch, Ernst: Der lange Schatten des Staates. Österreichische
Gesellschaftsgeschichte im 20. Jahrhundert. Wien 2005.

Höbelt, Lothar: Österreich-Ungarn und das Deutsche Reich als Zweibundpartner, in:
Lutz, Heinrich/Rumpler, Helmut (Hg.): Österreich und die deutsche Frage im 19.
und 20. Jahrhundert. München 1982, 256–281.

Höbelt, Lothar: Kornblume und Kaiseradler: Die deutsch-freiheitlichen Parteien
Altösterreichs. Wien 1993.

Höbelt, Lothar: Franz Joseph I. Der Kaiser und sein Reich. Eine politische
Geschichte. Wien/Köln/Weimar 2009.

Kronenbitter, Günther: Undramatisch. Zur militärischen Zusammenarbeit zwischen
Deutschland und Österreich-Ungarn vor dem Ersten Weltkrieg, in: Schmidt,
Rainer F. (Hg.): Deutschland und Europa. Außenpolitische Grundlinien zwischen
Reichsgründung und Erstem Weltkrieg. Stuttgart 2004, 144–153.

Mommsen, Wolfgang. Der autoritäre Nationalstaat. Verfassung, Gesellschaft und
Kultur des deutschen Kaiserreiches. Frankfurt am Main 1990.

Mommsen, Wolfgang: Österreich-Ungarn aus der Sicht des deutschen Kaiserreiches, in:
Rumpler, Helmut (Hg.): Innere Staatsbildung und gesellschaftliche Modernisierung
in Österreich und Deutschland 1867/71 bis 1914. Wien/München 1991, 205–220.

Pantenburg, Isabel F.: Im Schatten des Zweibundes. Probleme österreichisch-
ungarischer Bündnispolitik 1897–1908. Wien/Köln/Weimar 1996.

Pulzer, Peter: Die Entstehung des politischen Antisemitismus in Deutschland und
Österreich 1867–1914. Göttingen 2004.

Rumpler, Helmut: Eine Chance für Mitteleuropa. Bürgerliche Emanzipation und
Staatsverfall in der Habsburgermonarchie. Wien 2005.

Rumpler, Helmut: Das Deutsche Reich aus der Sicht Österreich-Ungarns,
in: Rumpler, Helmut (Hg.): Innere Staatsbildung und gesellschaftliche
Modernisierung in Österreich und Deutschland 1867/71 bis 1914. Wien/München
1991, 221–233.

Sutter, Berthold: Goluchowski's Versuche einer Alternativpolitik zum Zweibund, in: Rumpler, Helmut (Hg.): Innere Staatsbildung und gesellschaftliche Modernisierung in Österreich und Deutschland 1867/71 bis 1914. Wien/München 1991, 145–194.

Tobisch, Manfred: Das Deutschlandbild der Diplomatie Österreich-Ungarns von 1908 bis 1914. Frankfurt am Main 1994.

Ullrich, Volker: Das erhabene Ungeheuer. Napoleon und andere historische Reportagen. München 2008.

Whiteside, Andrew G.: Georg Ritter von Schönerer. Alldeutschland und sein Prophet. Graz/Wien/Köln 1981.

FRONTGEMEINSCHAFT

Afflerbach, Holger: Der Dreibund. Wien/Köln/Weimar 2002.

Clark, Christopher: Preußen. Aufstieg und Niedergang. 1600–1947. München 2007.

Cramon, A. von: Deutschlands Schicksalsbund mit Österreich-Ungarn von Conrad von Hötzendorf zu Kaiser Karl. Berlin 1932.

Fellner, Fritz: Die Historiographie zur österreichisch-deutschen Problematik als Spiegel der nationalpolitischen Diskussion, in: Lutz, Heinrich/Rumpler, Helmut (Hg.): Österreich und die deutsche Frage im 19. und 20. Jahrhundert. München 1982, 33–59.

Gehler, Michael/Schmidt, Rainer F./Brandt, Harm-Hinrich/Steininger, Rolf (Hg.): Ungleiche Partner? Österreich und Deutschland in ihrer gegenseitigen Wahrnehmung. Historische Analysen und Vergleiche aus dem 19. und 20. Jahrhundert. Stuttgart 1996.

Gonda, Imre: Verfall der Kaiserreiche in Mitteleuropa. Der Zweibund in den letzten Kriegsjahren (1916–1918). Budapest 1977.

Hanisch, Ernst: Im Zeichen von Otto Bauer. Deutschösterreichs Außenpolitik in den Jahren 1918 bis 1919, in: Konrad, Helmut/Maderthaner, Wolfgang: Das Werden der Ersten Republik, Band 1, Wien 2008.

Heiß, Gernot: Perspektivenwechsel – Geschichtsinterpretationen seit 1815, in: Deutschland – Österreich. Verfreundete Nachbarn. Begleitband zur Ausstellung im Haus der Geschichte der Bundesrepublik Deutschland. Bonn/Leipzig/Wien 2006, 30–37.

Hofmannsthal, Hugo von: Gesammelte Werke, Reden und Aufsätze (1914–1924), Frankfurt am Main 1979.

Jerábek, Rudolf: Die österreichische Weltkriegsforschung, in: Michalka, Wolfgang: Der Erste Weltkrieg. Wirkung, Wahrnehmung, Analyse. München 1994, 953–971.

Kronenbitter, Günther: Bundesgenossen? Zur militärpolitischen Kooperation zwischen Berlin und Wien 1912 bis 1914, in: Bernecker, Walther L./Dotterweich, Volker (Hg.): Deutschland in den internationalen Beziehungen des 19. und 20. Jahrhunderts. Festschrift für Josef Becker zum 65. Geburtstag. München 1996, 143–168.

Kronenbitter, Günther: Krieg im Frieden. Die Führung der k.u.k. Armee und die Großmachtpolitik Österreich-Ungarns 1906–1914. München 2003.

Lahme, Rainer: Die Entwicklung des Zweibundes von Caprivi bis Bethmann, in: Rumpler, Helmut/Niederkorn, Paul (Hg.): Der „Zweibund" 1879. Das deutsch-österreichisch-ungarische Bündnis und die europäische Diplomatie. Wien 1996, 195–220.

Mommsen, Wolfgang J.: Das Deutsche Reich und Österreich-Ungarn im Ersten Weltkrieg: Die Herabdrückung Österreich-Ungarns zum Vasallen der deutschen Politik, in: Rumpler, Helmut/Niederkorn, Paul (Hg.): Der „Zweibund" 1879. Das deutsch-österreichisch-ungarische Bündnis und die europäische Diplomatie. Wien 1996, 383–407.

Morgenbrod, Birgitt: Wien-Berlin und die „deutsche Kulturnation", in: Rumpler, Helmut/Niederkorn, Paul (Hg.): Der „Zweibund" 1879. Das deutsch-österreichisch-ungarische Bündnis und die europäische Diplomatie. Wien 1996, 327–343.

Moritz, Verena/Leidinger, Hannes: Die Nacht des Kirpitschnikow. Eine andere Geschichte des Ersten Weltkriegs. Wien 2006.

Pöhlmann, Markus: Kriegsgeschichte und Geschichtspolitik: Der Erste Weltkrieg. Die amtliche deutsche Militärgeschichtsschreibung 1914–1956. Paderborn/München/Wien/Zürich 2002.

Pyta, Wolfram: Hindenburg. Herrschaft zwischen Hohenzollern und Hitler. Berlin 2009.

Rauchensteiner, Manfried: Der Tod des Doppeladlers. Österreich-Ungarn und der Erste Weltkrieg. Graz/Wien/Köln 1993.

Rauchensteiner, Manfried: „Nibelungentreue" – Das Deutsche Reich und Österreich-Ungarn 1914 bis 1918, in: Deutschland – Österreich. Verfreundete Nachbarn. Begleitband zur Ausstellung im Haus der Geschichte der Bundesrepublik Deutschland. Bonn/Leipzig/Wien 2006, 38–43.

Rauchensteiner, Manfried: Die k.u.k Armee im Zweibund, in: Rumpler, Helmut/Niederkorn, Paul (Hg.): Der „Zweibund" 1879. Das deutsch-österreichisch-ungarische Bündnis und die europäische Diplomatie. Wien 1996, 245–260.

Schmitz, Martin: Verrat am Waffenbruder? Die Siedlice-Kontroverse im Spannungsfeld von Kriegsgeschichte und Geschichtspolitik, in: Militärgeschichtliche Zeitschrift, Nr. 67 (2008), Heft 2, 385–408.

Shanafelt, Gary W.: The Secret Enemy: Austria-Hungary and the German Alliance, 1914–1919. New York 1985.

Zweig, Stefan: Tagebücher. Frankfurt am Main 1984.

DIE DUNKELSTEN KAPITEL

Benz, Wolfgang: Aus deutscher Perspektive: Österreich im 20. Jahrhundert, in: Rathkolb, Oliver (Hg.): Außenansichten. Europäische (Be)Wertungen zur Geschichte Österreichs im 20. Jahrhundert. Innsbruck/Wien/München/Bozen 2003, 303–316.

Berger, Peter: Kurze Geschichte Österreichs im 20. Jahrhundert. Wien 2008.

Binder, Dieter A./Bruckmüller, Ernst: Essay über Österreich. Grundfragen von Identität und Geschichte 1918–2000. München 2005.

Botz, Gerhard: Das Schlüsseljahr 1938, in: Deutschland – Österreich. Verfreundete Nachbarn. Begleitband zur Ausstellung im Haus der Geschichte der Bundesrepublik Deutschland. Bonn/Leipzig/Wien 2006, 62–75.

Botz, Gerhard: „Anschluss". Machtübernahme und „Volksabstimmung" 1938, in: Miloslavic, Hrvoje (Hg.): Die Ostmark-Wochenschau. Ein Propagandamedium des Nationalsozialismus. Wien 2008, 13–45.

Botz, Gerhard: Nationalsozialismus in Wien. Machtübernahme, Herrschaftssicherung, Radikalisierung 1938/39. Wien 2008.

Fellner, Fritz: Geschichtsschreibung und nationale Identität. Probleme und Leistungen der österreichischen Geschichtswissenschaft. Wien/Köln/Weimar 2002.

Forster, David: „Wiedergutmachung" und Vermögensfragen – Österreich und die Bundesrepublik Deutschland im Vergleich, in: Gehler, Michael (Hg.): Verschiedene europäische Wege im Vergleich. Österreich und die Bundesrepublik Deutschland 1945/49 bis zur Gegenwart. Innsbruck/Wien/Bozen 2007, 404–415.

Haas, Hanns: Staats- und Landesbewußtsein in der Ersten Republik, in: Tálos, Emmerich/Dachs, Herbert/Hanisch, Ernst/Staudinger, Anton: Handbuch des politischen Systems Österreichs. Erste Republik 1918–1933. Wien 1995, 472–487.

Goebbels, Joseph: Die Tagebücher von Joseph Goebbels, Bd. 4. München 2008.

Hanisch, Ernst: Der lange Schatten des Staates. Österreichische Gesellschaftsgeschichte im 20. Jahrhundert. Wien 2005.

Hanisch, Ernst: Im Zeichen von Otto Bauer. Deutschösterreichs Außenpolitik in den Jahren 1918 bis 1919, in: Konrad, Helmut/Maderthaner, Wolfgang (Hg.): Das Werden der Ersten Republik, Bd. 1: … der Rest ist Österreich. Wien 2008, 207–222.

Heß, Jürgen C.: „Das ganze Deutschland soll es sein" – Die republikanischen Parteien und die Deutsche Frage in der Weimarer Republik, in: Becker, Josef/Hillgruber, Andreas (Hg.): Die Deutsche Frage im 19. und 20. Jahrhundert. München 1983, 277–318.

Hillgruber, Andreas: Das Anschlussproblem (1918-1945) – Aus deutscher Sicht, in: Kann, Robert A./Prinz, Friedrich E. (Hg.): Deutschland und Österreich. Ein bilaterales Geschichtsbuch. Wien/München 1980, 161–178.

Jagschitz, Gerhard: Von der „Bewegung" zum Apparat. Zur Phänomenologie der NSDAP 1938 bis 1945, in: Tálos, Emmerich/Hanisch, Ernst/Neugebauer, Wolfgang/Sieder, Reinhard (Hg.): NS-Herrschaft in Österreich. Ein Handbuch. Wien 2000, 88–122.

Kaiser, Wolfram: „Warum lernen Sie nicht aus der Geschichte?" Deutschland und die Sanktionen der EU-14 gegen Österreich, in: Gehler, Michael (Hg.): Verschiedene europäische Wege im Vergleich. Österreich und die Bundesrepublik Deutschland 1945/49 bis zur Gegenwart. Innsbruck/Wien/Bozen 2007, 531–547.

Keller, Fritz: Wie „ostmärkische Leckermäuler" den Eintopf verdauen lernten, in: Zeitgeschichte, 34. Jg., Sept./Okt. 2007, Heft 5, 292–309.

Konrad, Helmut: Österreichs Verhältnis zu Deutschland 1945–1955, in: Deutschland – Österreich. Verfreundete Nachbarn. Begleitband zur Ausstellung im Haus der Geschichte der Bundesrepublik Deutschland. Bonn/Leipzig/Wien 2006, 78–89.

Konrad, Helmut (Hg.): Sozialdemokratie und „Anschluß". Wien/München/ Zürich 1978.

Korte, Karl-Rudolf: Blick aus Deutschland – Nach dem Ende des Kalten Krieges, in: Deutschland – Österreich. Verfreundete Nachbarn. Begleitband zur Ausstellung im Haus der Geschichte der Bundesrepublik Deutschland. Bonn/Leipzig/Wien 2006, 222–229.

Liebhart, Karin: Politisches Gedächtnis und Erinnerungskultur – Die Bundesrepublik Deutschland und Österreich im Vergleich, in: Gehler, Michael (Hg.): Verschiedene europäische Wege im Vergleich. Österreich und die Bundesrepublik Deutschland 1945/49 bis zur Gegenwart. Innsbruck/Wien/Bozen 2007, 468–489.

Manoschek, Walter/Safrian, Hans: Österreicher in der Wehrmacht, in: Tálos, Emmerich/Hanisch, Ernst/Neugebauer, Wolfgang/Sieder, Reinhard (Hg.): NS-Herrschaft in Österreich. Ein Handbuch. Wien 2000, 123–158.

Möller, Horst: Österreich und seine Nachbarn. Deutschland (1919–1955), in: Koch, Klaus/Rauscher, Walter/Suppan, Arnold/Vyslonzil, Elisabeth (Hg.): Von Saint-Germain zum Belvedere. Österreich und Europa 1919–1955. München 2007, 158–171.

Nasko, Siegfried: Ein „deutschösterreichischer" Staatsmann? Karl Renners Haltung zur Anschlußidee 1918–1938, in: Gehler, Michael/Schmidt, Rainer F./Brandt, Harm-Hinrich/Steininger, Rolf (Hg.): Ungleiche Partner? Österreich und Deutschland in ihrer gegenseitigen Wahrnehmung. Historische Analysen und Vergleiche aus dem 19. und 20. Jahrhundert. Stuttgart 1996, 415–424.

Pape, Matthias: Ungleiche Brüder. Österreich und Deutschland 1945–1965. Köln/ Weimar/Wien 2000.

Rumpler, Helmut: Österreich vom „Staat wider Willen" zur österreichischen Nation (1919–1955), in: Becker, Josef/Hillgruber, Andreas (Hg.): Die Deutsche Frage im 19. und 20. Jahrhundert. München 1983, 239–268.

Ruthner, Clemens: K.u.k. Kolonialismus als Befund, Befindlichkeit und Metapher. Versuch einer weitere Klärung, in: Feichtinger, Johannes/Prutsch, Ursula/ Csáky, Moritz (Hg.): Habsburg postcolonial. Machtstrukturen und kollektives Gedächtnis. Innsbruck u.a. 2003, 111–128.

Saage, Richard: Die deutsche Frage. Die Erste Republik im Spannungsfeld zwischen österreichischer und deutscher Identität, in: Konrad, Helmut/Maderthaner, Wolfgang (Hg.): Das Werden der Ersten Republik, Bd. 1: … der Rest ist Österreich. Wien 2008, 65–82.

Steininger, Rolf: Deutschland – der große Nachbar, in: Karner, Stefan/Mikoletzky, Lorenz (Hg.): Österreich. 90 Jahre Republik. Beitragsband der Ausstellung im Parlament. Innsbruck/Wien/Bozen 2008, 513–526.

Stourzh, Gerald: Vom Reich zur Republik. Studien zum Österreichbewußtsein im 20. Jahrhundert. Wien 1990.

Suppanz, Werner: Der lange Weg in die Moderne: Narrative der Habsburgermonarchie in der österreichischen Geschichtswissenschaft seit 1918, in: Hadler, Frank/Mesenhöller, Mathias (Hg.): Vergangene Größe und Ohnmacht in Ostmitteleuropa: Repräsentationen imperialer Erfahrung in der Historiographie seit 1918. Leipzig 2007, 223–244.

Tálos, Emmerich: Das austrofaschistische Herrschaftssystem, in: Tálos, Emmerich/Neugebauer, Wolfgang (Hg.): Austrofaschismus. Politik – Ökonomie – Kultur 1933–1938. Bd. 1, Wien 2005, 394–420.

Tálos, Emmerich/Fink, Marcel: Arbeitslosigkeit: eine Geißel, die nicht verschwindet, in: Karner, Stefan/Mikoletzky, Lorenz (Hg.): Österreich. 90 Jahre Republik. Beitragsband der Ausstellung im Parlament. Innsbruck/Wien/Bozen 2008, 229–240.

Tálos, Emmerich/Dachs, Herbert/Hanisch, Ernst/Staudinger, Anton: Handbuch des politischen Systems Österreichs. Erste Republik 1918–1933. Wien 1995.

Urbanitsch, Peter: Europa um 1000, in: Bruckmüller, Ernst/Urbanitsch, Peter (Hg.): Menschen – Mythen – Meilensteine. Ostarrichi – Österreich. Horn 1996, 19–28.

Verfassung und Sozialdemokratie. Reden der Abgeordneten Dr. Robert Danneberg und Karl Leuthner in der Konstituierenden Nationalversammlung am 29. und 30. September 1920. Wien 1920.

Zöllner, Erich: Der Österreichbegriff. Formen und Wandlungen in der Geschichte. Wien 1988.

GEISTESSTRÖMUNGEN

Althaus, Horst: Hegel und die heroischen Jahre der Philosophie. Eine Biographie. München 1992.

Bruckmüller, Ernst/Urbanitsch, Peter (Hg.): Menschen – Mythen – Meilensteine. 996–1996 Ostarrichi – Österreich. Österreichische Länderausstellung. Horn 1996.

Clark, Christopher: Preußen. Aufstieg und Niedergang 1600–1947. München 2007.

Demandt, Alexander: Über die Deutschen. Eine kleine Kulturgeschichte. Berlin 2007.

Fuchs, Albert: Geistige Strömungen in Österreich 1867–1918. Wien 1996.

Geier, Manfred: Der Wiener Kreis. Reinbek bei Hamburg 1995.

Höbelt, Lothar: Franz Joseph I. Der Kaiser und sein Reich. Eine politische Geschichte. Wien/Köln/Weimar 2009.

Johnston, William M.: Österreichische Kultur- und Geistesgeschichte. Gesellschaft und Ideen im Donauraum 1848 bis 1938. Wien/Köln/Weimar 2006.

Kann, Robert A./Prinz, Friedrich E. (Hg.): Deutschland und Österreich. Ein bilaterales Geschichtsbuch. Wien/München 1980.

Kühn, Manfred: Kant. Eine Biographie. München 2003.

Krockow, Christian von: Preußen. Eine Bilanz. Stuttgart 1993.

Leeb, Rudolf: Staatsmacht und Seelenheil. Gegenreformation und
Geheimprotestantismus in der Habsburgermonarchie. Wien u. a. 2007.
Leppin, Volker: Martin Luther. Darmstadt 2006.
Nyíri, J. C. (Hg.): Von Bolzano zu Wittgenstein. Zur Tradition der österreichischen
Philosophie. Wien 1986.
O'Hear, Anthony (Hg.): German Philosophy since Kant. Cambridge 1999.
Pfleger, Peter: Gab es einen Kulturkampf in Österreich? Diss. Innsbruck 1997.
Schneider, Peter: Sigmund Freud. München 2003.
Stadler, Friedrich (Hg.): Stationen. Der Philosoph und Physiker Moritz Schlick,
zum 125. Geburtstag. Wien u. a. 2009.
Stix, Gottfried/Zeman, Herbert (Hg.): Die gesuchte Mitte. Skizzen zur
österreichischen Literatur- und Geistesgeschichte. Wien u. a. 2006.
Weiß, Dieter J.: Katholische Reform und Gegenreformation. Darmstadt 2005.
Wiegrefe, Klaus/Pieper, Dietmar (Hg.): Die Erfindung der Deutschen. Wie wir
wurden, was wir sind. München 2008.

TRENNENDE GEMEINSAMKEITEN

Ammon, Ulrich: Die deutsche Sprache in Deutschland, Österreich und der Schweiz.
Das Problem der nationalen Varietäten. Berlin/New York 1995.
Brusatti, Alois: 100 Jahre österreichischer Fremdenverkehr. Historische Entwicklung
1884-1984. Wien 1984.
Coudenhove-Kalergi, Barbara: Die österreichische Doppelseele, in: Rathkolb, Oliver/
Schmid, Georg/Heiß, Gernot (Hg.): Österreich und Deutschlands Größe. Ein
schlampiges Verhältnis. Salzburg 1990, 56-61.
Gauss, Karl-Markus: Moderne Zeiten oder Vom Appetit darauf, verschlungen zu
werden, in: Rathkolb, Oliver/Schmid, Georg/Heiß, Gernot (Hg.): Österreich und
Deutschlands Größe. Ein schlampiges Verhältnis. Salzburg 1990, 68-74.
Hackl, Wolfgang. Der Gast als Bedrohung. Reimmichls Kampf gegen den
Fremdenverkehr, in: Holzner, Johann/Putzer, Oskar/Siller, Max (Hg.): Literatur
und Sprachkultur in Tirol. Innsbruck 1997, 359-379.
Kaiser, Irmtraud: Bundesdeutsch aus österreichischer Sicht. Eine Untersuchung zu
Spracheinstellungen, Wahrnehmungen und Stereotypen. Mannheim 2006.
Koch-Hillebrecht, Manfred: Die Deutschen sind schrecklich. Geschichte eines
europäischen Feindbildes. Berlin 2008.
Male, Eva: Wenn uns die Fälle davonschwimmen ... Sprachspaltereien. Wien 2007.
Mappes-Niedieck, Norbert: Österreich für Deutsche. Einblicke in ein fremdes Land.
Berlin 2001.
Matzner-Holzer, Gabriele: Verfreundete Nachbarn. Österreich-Deutschland. Ein
Verhältnis. Wien 2005.
Müller-Salget, Klaus: Die Realität der Satire der Satire der Realität. Bemerkungen eines
Zugereisten zu Felix Mitterers „Piefke-Saga" in: Holzner, Johann/Putzer, Oskar/
Siller, Max (Hg.): Literatur und Sprachkultur in Tirol. Innsbruck 1997, 511-532.

Muhr, Rudolf/Schrodt, Richard/Wiesinger, Peter (Hg.): Österreichs Deutsch. Linguistische, sozialpsychologische und sprachpolitische Aspekte einer nationalen Variante des Deutschen. Wien 1995.

Nenning, Günther: Angstlust vor Deutschland, in: Wickert, Ulrich (Hg.): Angst vor Deutschland. Die neue Rolle der Bundesrepublik in Europa und der Welt. München 1992. 79–87.

Österreichisches Wörterbuch, 39., neu bearbeitete Auflage. Wien 2003.

Otruba, Gustav: A. Hitler's „Tausend-Mark-Sperre" und die Folgen für Österreichs Fremdenverkehr (1933–1938). Linz 1983.

Pollak, Wolfgang: Was halten die Österreicher von ihrem Deutsch? Eine sprachpolitische und soziosemiotische Analyse der sprachlichen Identität der Österreicher. Wien 1992.

Riedl, Joachim: Der ewige Piefke, in: Die Zeit, Nr. 35, 23.8.2007.

Reifenstein, Ingo: Deutsch in Österreich vom 18. bis ins 20. Jahrhundert. Das problematische Verhältnis von Sprache und Nation, in: Langewiesche, Dieter/Schmidt, Georg (Hg.): Föderative Nation. Deutschlandkonzepte von der Reformation bis zum Ersten Weltkrieg. München 2000, 293–305.

Sandgruber, Roman: Ökonomie und Politik. Österreichische Wirtschaftsgeschichte vom Mittelalter bis zur Gegenwart. Wien 2005.

Scherb, Margit: „... die ausgesprochen guten Beziehungen zur Bundesrepublik Deutschland mit sorgfältiger Zurückhaltung zu pflegen." Die Beziehungen zwischen Österreich und der Bundesrepublik Deutschland seit 1945, in: Scherb, Margit/Morawetz, Inge (Hg.): In deutscher Hand? Österreich und sein grosser Nachbar. Wien 1990, 1–26.

Schmid, Georg: Rekrutierung und Reproduktion an der Universität oder Die Lust an der Unterwerfung, in: Rathkolb, Oliver/Schmid, Georg/Heiß, Gernot (Hg.): Österreich und Deutschlands Größe. Ein schlampiges Verhältnis. Salzburg 1990, 192–201.

Sedlaczek, Robert: Das österreichische Deutsch. Wie wir uns von unserem großen Nachbarn unterscheiden. Ein illustriertes Handbuch. Wien 2005.

Spode, Hasso: Wie die Deutschen „Reiseweltmeister" wurden. Eine Einführung in die Tourismusgeschichte. Erfurt 2003.

Stiefel, Dieter: Das „Big Brother Problem". Wirtschaft Österreich – BRD nach 1945, in: Gehler, Michael (Hg.): Verschiedene europäische Wege im Vergleich. Österreich und die Bundesrepublik Deutschland 1945/49 bis zur Gegenwart. Innsbruck/Wien/Bozen 2007, 252–261.

Veigl, Hans (Hg.): Bombenstimmung. Das Wiener Werkel. Kabarett im Dritten Reich. Wien 1994.

Washietl, Engelbert: Österreich und die Deutschen. Wien 1987.

Wiegrefe, Klaus/Pieper, Dietmar (Hg.): Die Erfindung der Deutschen. Wie wir wurden, was wir sind. München 2008.

KINOWELTEN

Altendorf, Guido: Diskursive Strategien zum Anschluss im nationalsozialistischen Spielfilm, Vortrag anlässlich des Symposiums „Zeit Zone '38" am 11.3.2008. Unveröffentlichtes Manuskript. Wien 2008.

Brandlmeier, Thomas: Und wieder Caligari … Deutsche Nachkriegsfilme 1946–1951, in: Jung, Uli (Hg.): Der deutsche Film. Aspekte seiner Geschichte von den Anfängen bis zur Gegenwart. Trier 1993, 139–166.

Brecht, Christoph: Ohne Aussichten. Gedächtnispolitische Strategien im österreichischen Film zwischen 1945–1955, in: Moser, Karin (Hg.): Besetzte Bilder. Film, Kultur und Propaganda in Österreich 1945–1955. Wien 2005, 157–201.

Buchschwenter, Robert: Ruf der Berge – Echo des Fremdenverkehrs. Der Heimatfilm: Ein österreichischer Konjunkturritt, in: Beckermann, Ruth/Blümlinger, Christa (Hg.), Ohne Untertitel. Fragmente einer Geschichte des österreichischen Kinos. Wien 1996, 259–283.

Büttner, Elisabeth/Dewald, Christian: Anschluß an Morgen. Eine Geschichte des österreichischen Films von 1945 bis zur Gegenwart. Salzburg 1997.

Fritz, Walter: Im Kino erlebe ich die Welt. 100 Jahre Kino und Film in Österreich. Wien 1996.

Grafe, Frieda: Wiener Beiträge zu einer wahren Geschichte des Kinos, in: Cargnelli, Christian/Omasta, Michael (Hg.): Aufbruch ins Ungewisse. Österreichische Filmschaffende in der Emigration vor 1945. Wien 1993, 227–243.

Heiss, Gernot: Betrachtungen eines Unpolitischen, in: Loacker, Armin (Hg.), Willi Forst. Ein Filmstil aus Wien. Wien 2003, 112–131.

Loacker, Armin: Anschluß im ¾-Takt. Filmproduktion und Filmpolitik in Österreich 1930–1938. Trier 1999.

Moritz, Verena/Moser, Karin/Leidinger, Hannes: Kampfzone Kino. Film in Österreich 1918–1938. Wien 2008.

Moser, Karin: Zwischen Aufarbeitung, Distanzierung und Verdrängung. Nationalsozialismus im österreichischen Nachkriegsfilm der Jahre 1945–1955, in: Stern, Frank/Köhne, Julia B./Moser, Karin /Ballhausen, Thomas/Eichinger, Barbara (Hg.), Filmische Gedächtnisse. Geschichte – Archiv – Riss. Wien 2007, 113–135.

Msn.com: http://oscars.de.msn.com/oscar_galerie.aspx?cp-documentid=7348414, 1.9.2009.

Schmid, Georg: Der österreichische Film existiert nicht, in: Beckermann, Ruth/ Blümlinger, Christa (Hg.): Ohne Untertitel. Fragmente einer Geschichte des österreichischen Kinos. Wien 1996, 157–171.

Steiner, Gertraud: Die Heimatmacher. Kino in Österreich 1946–1966. Wien 1987.

Stirken, Angela: Sissi – ein österreichisches Nationaldenkmal, in: Deutschland – Österreich. Verfreundete Nachbarn. Begleitband zur Ausstellung im Haus der Geschichte der Bundesrepublik Deutschland. Bonn/Leipzig/Wien 2006, 140–143.

TELE-VISIONEN

DiePresse.com: http://diepresse.com/home/kultur/medien/465841/index.
    do?from=suche.intern.portal, 30.3.2009.
Fabris, Hans Heinz: Medienkolonie – na und?, in: Scherb, Margit/Morawetz, Inge
    (Hg.)– In deutscher Hand? Österreich und sein großer Nachbar. Wien 1990,
    113–129.
Faulstich, Werner: Fernsehgeschichte als Erfolgsgeschichte. Die Sendungen mit den
    höchsten Einschaltquoten, in: Faulstich, Werner (Hg.), Vom „Autor" zum Nutzer:
    Handlungsrollen im Fernsehen, München 1994, 217–236.
Fidler, Harald: Österreichs Medienwelt von A bis Z. Wien 2008.
Goebbels, Joseph: Die Tagebücher, Teil I, Band 2. München 1987.
Jörg, Sabine: Unterhaltung im Fernsehen: Show-Master im Urteil der Zuschauer.
    München/New York/London/Paris 1984.
Luger, Kurt/Zielinski, Siegfried: Die Peripherie zum Zentrum machen. Eine
    programmatische Einleitung mit Vorschlägen zu einer nachhaltigen Audiovisions-
    politik, in: Luger, Kurt/Zielinski, Siegfried (Hg.): Europäische Audiovisionen. Film
    und Fernsehen im Umbruch. Wien/St. Johann im Pongau 1994, 11–22.
Obermüller, Peter A.: Musikantenstadl. Analyse von Ablauf und Akzeptanz einer
    ORF-Unterhaltungssendung. Dipl., Salzburg 1992.
ORF.at: http://kundendienst.orf.at/aktuelles/fernsehpreis.html, 17.9.2009,
    http://orf.at/?href=http%3A%2F%2Forf.at%2Fticker%2F342566.html, 27.9.2009.
Pungerscheg, Bettina: Musikantenstadl. Überlegungen zu einer der erfolgreichsten
    Sendungen des ORF, in: Maske und Kothurn, Heft 3–4 (1986), 171–178.
Russo, Manfred: Die Sprache im österreichischen Fernsehen, in: Diem, Peter (Hg.),
    Berichte zur österreichischen Medienforschung. Wien 1980, 9–45.
Steinmaurer, Thomas: Österreichs Mediensystem. Ein Überblick, in: Steinmaurer,
    Thomas: Konzentriert und verflochten. Österreichs Mediensystem im Überblick.
    Mit Beiträgen von Elfriede Scheipl und Andreas Ungerböck. Innsbruck 2002, 11–69.
Wehn, Karin: Humor im Internet, in: Klingler, Walter/Roters, Gunnar/Gerhards,
    Maria (Hg): Humor in den Medien, Baden-Baden 2003, 115–129.
Zenker, Helmut: Just a Lonely Boy, in: Patzak, Peter (Hg.), Peter Patzak Filme. Wien
    1983, 126–128.

ERSATZSCHLACHTEN

Eichler, Christian: Lexikon der Fußballmythen, Frankfurt am Main 2000.
Horak, Roman/Maderthaner, Wolfgang: Fußball Fieber Österreich 1, Eine
    Kulturgeschichte des österreichischen Fußballs, DVD-Booklet, Wien 2008.
John, Michael: „Wenn ich einen Deutschen sehe, werde ich zum lebendigen
    Rasenmäher." Deutsche und Österreicher im Fußballsport. Zur Genese einer
    Erzfeindschaft, in: Rathkolb, Oliver/Schmid, Georg/Heiß, Gernot (Hg.),
    Österreich und Deutschlands Größe, Salzburg 1990, 143–153.

Steinlechner, Joachim: I werd' narrisch! Österreichs Fußballk(r)ampf gegen den „großen Bruder" Deutschland – zwischen Mythos und Skandal, Wien/Berlin 2008.

Urbanek, Gerhard: Österreichs Deutschland-Komplex. Paradoxien in der österreichisch-deutschen Fußballmythologie, Diss. Wien 2009.

Schmidt-Dengler, Wendelin/Weber, Andreas (Hg.): „Als ich einmal Harreither in der Dusche interviewte." 11 Texte zum österreichischen Fußball. Salzburg/Wien 2008.

SELBSTFINDUNGEN

Bailer, Brigitte: „Ideologische Missgeburt" und „ordentliche Beschäftigungspolitik". Rechtspopulistische Skandale, in: Gehler, Michael/Sickinger, Hubert (Hg.): Politische Affären und Skandale in Österreich. Innsbruck/Wien/Bozen 2007, 666–678.

Benz, Wolfgang: Aus deutscher Perspektive: Österreich im 20. Jahrhundert, in: Rathkolb, Oliver (Hg.): Außenansichten. Europäische (Be)Wertungen zur Geschichte Österreichs im 20. Jahrhundert. Innsbruck/Wien/München/Bozen 2003, 303–316.

Conze, Eckart: Die Suche nach Sicherheit. Eine Geschichte der Bundesrepublik Deutschland von 1949 bis zur Gegenwart. München 2009.

Coudenhove-Kalergi, Barbara: Die österreichische Doppelseele, in: Rathkolb, Oliver/ Schmid, Georg/Heiß, Gernot (Hg.): Österreich und Deutschlands Größe. Ein schlampiges Verhältnis. Salzburg 1990, 56–61.

Ebert, Michael: Bonn – Wien. Die deutsch-österreichischen Beziehungen von 1945 bis 1961 aus westdeutscher Perspektive unter besonderer Berücksichtigung der Österreichpolitik des Auswärtigen Amtes. Berlin 2003.

Elvert, Jürgen: Erdmann-Debatte und Historikerstreit. Zwei Historikerkontroversen im Vergleich, in: Gehler, Michael (Hg.): Verschiedene europäische Wege im Vergleich. Österreich und die Bundesrepublik Deutschland 1945/49 bis zur Gegenwart. Innsbruck/Wien/Bozen 2007, 454–467.

Erdmann, Karl Dietrich: Die Spur Österreichs in der deutschen Geschichte. Drei Staaten, zwei Nationen, ein Volk? Zürich 1989.

Gehler, Michael: Blick aus Österreich – Nach dem Ende des Kalten Krieges, in: Deutschland – Österreich. Verfreundete Nachbarn. Begleitband zur Ausstellung im Haus der Geschichte der Bundesrepublik Deutschland. Bonn/Leipzig/Wien 2006, 212–219.

Gehler, Michael: Österreich, die Bundesrepublik und die Deutsche Frage 1945/49– 1955, in: Gehler, Michael/Schmidt, Rainer F./Brandt, Harm-Hinrich/Steininger, Rolf (Hg.): Ungleiche Partner? Österreich und Deutschland in ihrer gegenseitigen Wahrnehmung. Historische Analysen und Vergleiche aus dem 19. und 20. Jahrhundert. Stuttgart 1996, 535–580.

Gehler, Michael: Eine Außenpolitik der Anpassung an veränderte Verhältnisse: Österreich und die Vereinigung Bundesrepublik Deutschland – DDR 1989/90, in: Gehler, Michael (Hg.): Verschiedene europäische Wege im Vergleich. Österreich und die Bundesrepublik Deutschland 1945/49 bis zur Gegenwart. Innsbruck/ Wien/Bozen 2007, 493–529.

Konrad, Helmut: Österreichs Verhältnis zu Deutschland 1945–1955, in: Deutschland – Österreich. Verfreundete Nachbarn. Begleitband zur Ausstellung im Haus der Geschichte der Bundesrepublik Deutschland. Bonn/Leipzig/Wien 2006, 78–89.

Korte, Karl-Rudolf: Blick aus Deutschland – Nach dem Ende des Kalten Krieges, Deutschland – Österreich. Verfreundete Nachbarn. Begleitband zur Ausstellung im Haus der Geschichte der Bundesrepublik Deutschland. Bonn/Leipzig/Wien 2006, 222–229.

Laufer, Jochen: Rezension von: Ruggenthaler, Peter (Hg.): Stalins großer Bluff. Die Geschichte der Stalin-Note in Dokumenten der sowjetischen Führung. München 2007, in: sehepunkte 9 (2009), Nr. 9, URL: http://www.sehepunkte. de/2009/09/15559.html (23.9.2009).

Malina, Peter: Von Historikern und ihren Geschichten. Der nationale Ort Österreichs in der österreichischen und deutschen Diskussion, in: Rathkolb, Oliver/Schmid, Georg/Heiß, Gernot (Hg.): Österreich und Deutschlands Größe. Ein schlampiges Verhältnis. Salzburg 1990, 93–109.

Nenning, Günther: Angstlust vor Deutschland, in: Wickert, Ulrich (Hg.): Angst vor Deutschland. Die neue Rolle der Bundesrepublik in Europa und der Welt. München 1992, 79–87.

Oberlander, Margit: Die „Verpreußung" Österreichs nach dem „Anschluß". Konflikte zwischen Altreichdeutschen und Ostmärkern von 1938–1945. Diplomarbeit Wien 1986.

Pape, Matthias: Ungleiche Brüder. Österreich und Deutschland 1945–1965. Köln/ Weimar/Wien 2000.

Rathkolb, Oliver: Die paradoxe Republik. Österreich 1945 bis 2005. Wien 2005.

Rathkolb, Oliver: Deutsches Unbehagen an der Neutralität Österreichs 1955 und 1990. Ein „unhistorischer" Vergleich mit verblüffenden Parallelen, in: Rathkolb, Oliver/Schmid, Georg/Heiß, Gernot (Hg.): Österreich und Deutschlands Größe. Ein schlampiges Verhältnis. Salzburg 1990, 85–92.

Ruggenthaler, Peter (Hg.): Stalins großer Bluff. Die Geschichte der Stalin-Note in Dokumenten der sowjetischen Führung. München 2007.

Scherb, Margit: „… die ausgesprochen guten Beziehungen zur Bundesrepublik Deutschland mit sorgfältiger Zurückhaltung zu pflegen". Die Beziehungen zwischen Österreich und der Bundesrepublik Deutschland seit 1945, in: Scherb, Margit/Morawetz, Inge (Hg.): In deutscher Hand? Österreich und sein grosser Nachbar. Wien 1990, 1–26.

Stiefel, Dieter: Das „Big Brother Problem". Wirtschaft Österreich – BRD nach 1945, in: Gehler, Michael (Hg.): Verschiedene europäische Wege im Vergleich. Österreich und die Bundesrepublik Deutschland 1945/49 bis zur Gegenwart. Innsbruck/Wien/Bozen 2007, 252–261.

Stieg, Gerald: Kulturelles Fundament der österreichischen Identität, in: Deutschland – Österreich. Verfreundete Nachbarn. Begleitband zur Ausstellung im Haus der Geschichte der Bundesrepublik Deutschland. Bonn/Leipzig/Wien 2006, 106–115.

Stourzh, Gerald: Vom Reich zur Republik. Studien zum Österreichbewußtsein im 20. Jahrhundert. Wien 1990.

Stourzh, Gerald, Vom Reich zur Republik, in: Botz, Gerhard/Sprengnagel, Gerald (Hg.): Kontroversen um Österreichs Zeitgeschichte. Verdrängte Vergangenheit, Österreich-Identität, Waldheim und die Historiker. Frankfurt/New York 2008, 287–324.

Stourzh, Gerald: Um Einheit und Freiheit. Staatsvertrag, Neutralität und das Ende der Ost-West-Besetzung Österreichs 1945–1955. Wien/Köln/Graz 1998.

Suppanz, Werner: Der lange Weg in die Moderne: Narrative der Habsburgermonarchie in der österreichischen Geschichtswissenschaft seit 1918, in: Hadler, Frank/Mesenhöller, Mathias (Hg.): Vergangene Größe und Ohnmacht in Ostmitteleuropa: Repräsentationen imperialer Erfahrung in der Historiographie seit 1918. Leipzig 2007, 223–244.

Suppanz, Werner: Der „österreichische Mensch". Ein Topos des „Ständestaates" und der frühen Zweiten Republik, in: multiple choice. Studien, Skizzen und Reflexionen zur Zeitgeschichte. Graz 1998, 183–209.

Urban, Waltraut: Österreichisch-deutsche Wirtschaftsbeziehungen. Zwischen Westintegration und Ostöffnung. Wien 1995.

Um ein inflationäres Aufkommen von Anführungszeichen zu vermeiden, wurden insbesondere im Abschnitt „Die dunkelsten Kapitel" der an und für sich unter Anführungszeichen zu stellende Terminus „Anschluss" sowie alle diesbezüglichen Komposita – bis auf die erste Nennung – ohne selbige gesetzt.

Personenregister

Adenauer, Konrad 140, 256–258
Albrecht, Erzherzog von Österreich
    71, 73
Alexander I., russ. Zar 54
Alexander, Peter 208, 218
Andrássy, Gyula 81f.
Antel, Franz 205
Araktschejew, Alexander 59
Arens, Peter 19
Arminius (Hermann) 17–24, 28, 30f.
Artmann, H. C. 167
Augustus, röm. Kaiser 23

Baader, Andreas 31
Bach, Vivi 219
Backus, Gus 208
Badeni, Kasimir Graf 90f.
Bahr, Hermann 113
Ballack, Michael 249
Barroso, José Manuel 273
Barth, Mario 230
Bauer, Otto 124, 126
Bäumler, Hans-Jürgen 208
Bauwens, Peco 242
Beethoven, Ludwig van 139, 262
Benedek, Ludwig von 53, 72f.
Benz, Wolfgang 141, 254, 265, 271
Berchtold, Leopold Graf 107
Berger, Peter 134, 136f.
Bernadotte, Jean-Baptiste 54
Bismarck, Otto von 66–70, 73, 79f., 82f.,
    86–89, 94, 127, 274
Blome, Graf Gustav von 70
Boettcher, Grit 226
Bolzano, Bernhard 161
Borg, Andy 221
Bormann, Martin 240
Botz, Gerhard 122, 135f., 138
Brandauer, Klaus Maria 211
Brandt, Willy 260
Breitenecker, Markus 234
Bruck, Karl Ludwig von 67

Brüning, Heinrich 129
Brunner, Otto 45f.
Bülow, Bernhard von 102
Bürckel, Josef 137
Burgdorf, Wolfgang 55

Calvin, Johann 147
Christian IX., dän. König 69
Coudenhove-Kalergi, Barbara 187, 271
Cramon, August von 113

Dall, Karl 226
Danneberg, Robert 122
Demandt, Alexander 20, 153, 160
Dollfuß, Engelbert 124–127, 130, 171
Dorfer, Alfred 227f.

Elisabeth, österr. Kaiserin 73, 205f.
Elstner, Frank 219
Emo, E. W. 195
Engels, Friedrich 31, 64
Erdmann, Karl Dietrich 264–266

Falkenhayn, Erich von 108
Feddersen, Helga 226
Felix, Fürst zu Schwarzenberg 62f.
Figl, Leopold 258, 261
Finger, Edi 243f.
Fischer, Joschka 273
Forst, Willi 193, 202
Frankenfeld, Peter 219, 226
Franz Ferdinand, Erzherzog von
    Österreich-Este 102
Franz I. (Franz Stephan von
    Lothringen), röm.-dt. Kaiser 52
Franz II./I., röm.-dt. u. österr. Kaiser
    54f., 57, 160
Franz Joseph I., österr. Kaiser 62f.,
    65–70, 73, 75, 78f., 84, 88, 103f., 112, 205
Freud, Sigmund 118, 159f.
Friedrich II. der Große, preuß. König 10,
    49–52, 77, 104, 148, 150f., 153

Friedrich III., dt. Kaiser 69, 73, 88
Friedrich Wilhelm IV., preuß. König 61–63
Fritsch, Willy 202
Fröhlich, Peter 218
Fuchsberger, Joachim (Blacky) 219f.

Glaise von Horstenau, Edmund 50
Goebbels, Joseph 12, 30, 137, 197
Goethe, Johann Wolfgang von 154, 163
Göring, Hermann 130f.
Gottschalk, Thomas 220f.
Gottsched, Johann Christoph 184
Graf, Martin 141
Grafe, Frieda 191
Grillparzer, Franz 262
Grissemann, Christoph 218, 229, 245
Gutenberg, Johannes 146
Gutwell, Anita 206

Hader, Josef 216
Haid, Hans 222
Haider, Jörg 229, 266f., 270, 272
Haider, Sylvia 224
Hallervorden, Didi 226
Halsmann, Philipp 170
Haneke, Michael 210–213
Hanisch, Ernst 85, 101, 128, 133–137
Harnik, Martin 248f.
Hartl, Karl 202
Häupl, Michael 245
Hausner, Jessica 210
Haydn, Joseph 26, 263
Hegel, Georg Wilhelm Friedrich 154f., 160
Heiduschka, Veit 212
Herbst, Eduard 90
Hermann siehe Arminius
Herr, Trude 208
Herzig, Eva 224
Hickersberger, Josef 248
Hindenburg, Paul von 108, 110, 129
Hinterseer, Hansi 222

Hitler, Adolf 11, 30, 92, 106, 116, 124, 130, 132–134, 136–139, 142, 172, 240, 254, 272
Hofer, Andreas 26, 56
Hoffmann von Fallersleben, Heinrich 263
Hoffmann-Ostenhof, Georg 270
Hofmannsthal, Hugo von 114
Hölderlin, Friedrich 158
Holst, Maria 202
Hörbiger, Paul 195, 202
Hötzendorf, Franz Conrad von 94, 107
Humboldt, Wilhelm von 154, 167
Hurdes, Felix 186

Johann, Erzherzog von Österreich 62, 205
Johnston, William M. 158f.
Joseph II., röm.-dt. Kaiser 27, 51f., 148
Juhnke, Harald 226

Kant, Immanuel 153, 160f.
Karl der Große 42
Karl I., öst. Kaiser 104, 112f., 201
Karl VI., röm.-dt. Kaiser 49
Karl von Lothringen, Kardinal 51
Kleist, Heinrich von 27–29, 31
Klestil, Thomas 272
Klocke, Piet 226
Kloiber, Herbert 231
Klopstock, Friedrich Gottlieb 27
Kohl, Helmut 268f.
Kozich, Thomas 240
Krankl, Hans 235, 243–245, 249
Kreisky, Bruno 260
Kronenbitter, Günther 51, 95, 99
Krones, Therese 194
Kuh, Anton 183
Kulenkampff, Hans-Joachim 219f.
Kuzorra, Ernst 240

Lang, Fritz 190f.
Lanner, Josef 194
Lanske, Eugen 198
Lembke, Robert 219

Lenz, Rudolf 206
Leo III., Papst 42
Lhotsky, Alphons 36, 39
Lingen, Theo 189, 202
Löwinger, Paul 208
Lubitsch, Ernst 192
Ludendorff, Erich Friedrich Wilhelm 108
Lueger, Karl 29, 92, 159
Luther, Martin 21, 22, 145f., 151, 184

Mach, Ernst 161
Marbod, König der Markomannen 23f., 28f.
Maria Theresia 10, 49–52, 78, 104, 148,
    184, 270
Marie Valerie, Erzherzogin von
    Österreich 79
Marischka, Ernst 205
Marx, Karl 31, 64, 155, 160
Marzahn, Cindy aus 230
Matz, Hannerl 205
May, Joe 190
May, Mia 190
Mayer, Carl 190
Meinhof, Ulrike 31
Meisel, Heribert 241
Merkel, Angela 19, 270
Metternich, Klemens Wenzel Graf 57f., 60f.
Minichmayr, Birgit 210
Mitterer, Felix 174f.
Mittermeier, Michael 229f.
Mock, Alois 267
Modrow, Hans 268
Moik, Karl 221f.
Moltke, Helmuth von 53, 72f.
Moser, Hans 189, 193, 202
Mozart, Wolfgang Amadeus 262f.
Müller-Guttenbrunn, Adam 28f.
Münkler, Herfried 19, 31
Murat, Joachim 54
Murnberger, Wolfgang 210
Mussolini, Benito 132
Muster, Thomas 236

Napoleon I., franz. Kaiser 21, 54–56, 60, 153
Nebel, Carmen 222
Nenning, Günther 180, 260
Nerval, Gérard de 158
Nestroy, Johann 262
Neufeld, Max 197
Neurath, Otto 161
Nietzsche, Friedrich 158

Ophüls, Max 192
Oswald, Richard 191
Otto I., röm.-dt. Kaiser 42
Otto III., röm.-dt. Kaiser 36, 38, 42

Pabst, G. W. 191
Palfrader, Robert 215, 227
Panizza, Oskar 158
Pape, Matthias 120, 129, 131, 140, 256f.,
    259, 261
Papen, Franz von 132
Paulus, Wolfram 210
Peymann, Claus 31, 186f.
Philipp, Gunther 208
Piefke, Johann Gottfried 175, 253, 274
Pilz, Peter 270
Pilzer, Oskar 199
Pocher, Oliver 230
Prack, Rudolf 206

Raab, Julius 258
Radowitz, Joseph von 63
Reisch, Walter 191, 197
Renner, Karl 36, 120, 127, 254
Rosenfeld, Fritz 190
Rosenthal, Hans 219
Rudolf, Kronprinz von Österreich-
    Ungarn 79, 85, 88, 93
Rummenigge, Karl-Heinz 245
Ruzowitzky, Stefan 210f.

Sailer, Toni 208
Schautzer, Max 218

Schell, Maximilian 211
Schiller, Friedrich 154, 163, 184
Schirach, Baldur von 137, 239f.
Schleyer, Erich 218
Schlick, Moritz 161f.
Schmid, Georg 177, 203
Schmidt, Harald 230
Schneider, Romy 205
Schnitzler, Arthur 192
Schönerer, Georg Ritter von 26, 85f., 88–92
Schönherr, Dietmar 219
Schröder, Atze 230
Schröder, Gerhard 272
Schulz, Gerhard 239
Schumann, Robert 258
Schuschnigg, Kurt 132–134
Schüssel, Wolfgang 271
Schweighofer, Martin 211
Seeger, Robert 246
Seidl, Ulrich 210
Seipel, Ignaz 120, 123
Silbereisen, Florian 222
Sophie von Bayern, Friederike 78
Spielmann, Götz 210
Stalin, Josef 257
Stankovski, Ernst 218
Staribacher, Josef 174
Stein, Franz 92
Steinwendner, Kurt 207
Stermann, Dirk 215, 218, 229, 245
Sternberg, Josef 192
Stich, Michael 236
Stiefel, Dieter 179, 259
Stifter, Adalbert 217
Stolpe, Manfred 151
Stourzh, Gerald 119, 258, 260, 266
Strauß, Johann (Vater) 194
Stroheim, Erich von 192
Szepan, Fritz 239

Taaffe, Eduard Graf 89
Tacitus 18, 21

Tálos, Emmerich 125
Thoma, Ludwig 111
Thusnelda 23
Toscanini, Arturo 172
Turrini, Peter 173

Ucicky, Gustav 191
Ulmer, Edgar G. 191

Varus, Publius Quinctilius 18f., 23, 25, 108
Verlaine, Paul 158
Vogts, Berti 243f.
Voltaire 150
Vranitzky, Franz 140, 268

Waalkes, Otto 226
Waldbrunn, Ernst 220
Waldheim, Kurt 139, 268, 271
Waltz, Christoph 210
Weingartner, Wendelin 175
Weizsäcker, Richard von 271
Wendl, Ingrid 219
Werner, Oskar 211
Widrich, Virgil 210
Wilder, Billy 191, 211
Wilhelm I., dt. Kaiser 22, 25f., 65–68, 72f., 80, 85
Wilhem II., dt. Kaiser 11, 75, 88f., 94, 102–104, 108, 112f.
Winter, Ernst Karl 28
Wittgenstein, Ludwig 161
Wolf, Karl Hermann 26, 91f., 102
Wolfram, Herwig 19f., 24, 32

Xander, Brigitte 219

Zeiler, Gerhard 231
Zenker, Helmut 225
Ziemann, Sonja 206
Zimmermann, Herbert 242
Zinnemann, Fred 191
Zweig, Stefan 107

Bildnachweis

Michael Pammesberger (S. 8), picturedesk.com/Panthermedia/a1pix (S. 16), picturedesk.com/Anonym/Imagno (S. 34), picturedesk.com/Süddeutsche Zeitung Photo (S. 52), picturedesk.com/Keystone France/Keystone/eyedea (S. 74), picturedesk.com/Interfoto (S. 96), picturedesk.com/ullstein bild (S. 116), picturedesk.com/Interfoto (S. 144), Residenz Verlag (S. 164), Filmarchiv Austria (S. 188), picturedesk.com/Ali Schafler/First Look (S. 214), picturedesk.com/dpa (S. 234), picturedesk.com/Robert Newald (S. 252)

Wolfgang Teuschl

WIENER DIALEKT LEXIKON
ISBN 978 3 7017 1464 3

*Ein Muss für Wienerinnen und Wiener,
„Zuagraaste", „Piefkes" und andere
Wienfans*

Wolfgang Teuschl hat für sein Wiener Dialekt-Lexikon rund 5600 Stichwör-
ter und mehr als 3000 Redewendungen zusammengetragen und ins Hochdeutsche übersetzt. Viele Begriffe sind wohl auch eingefleischten Wienerinnen und Wienern heute nicht mehr vertraut – Wolfgang Teuschl rettet sie
vor dem Vergessenwerden. Die Vielzahl an mundartlichen Redewendungen
in diesem Lexikon und die amüsanten Übertragungen ins Hochdeutsche
sind einzigartig. Vor allem aber ist dieses Buch eine höchst unterhaltsame
Lektüre; wer es einmal aufschlägt, wird sich darin festlesen und aus dem
Staunen und Schmunzeln nicht mehr herauskommen.

H.C. Artmann / Astrid Wintersberger

WÖRTERBUCH ÖSTERREICHISCH – DEUTSCH
ISBN 978 3 7017 0963 2

Österreichisch ist Deutsch und doch nicht Deutsch, weil es eben Österreichisch ist. Die daraus resultierenden Unklarheiten beseitigt dieses Wörterbuch mit allem gebotenen Witz.

Paul Schulmeister

WENDE-ZEITEN
Eine Revolution im Rückblick
ISBN 978 3 7017 3144 2

Die faszinierende Bilanz eines Zeitzeugen

Der Fall der Berliner Mauer bedeutete eine Zeitenwende: Der ideologische, politische und militärische Ost-West-Konflikt ging unblutig zu Ende. Der Eiserne Vorhang war gefallen, Demokratie und Dialog, Gewaltverzicht und Menschenrechte hatten gesiegt.

Als Fernsehjournalist beobachtete Paul Schulmeister über viele Jahre den Gärungsprozess in den Gesellschaften des „Ostblocks". Aus persönlichem Erleben schildert er nun den Weg zur Wende: von der Unterzeichnung der KSZE-Charta 1975 in Helsinki über die historische Polen-Reise von Papst Johannes Paul II. bis zu den großen Friedensdemonstrationen in Berlin und Leipzig.

In aktuellen Interviews u.a. mit Helmut Kohl, Hans-Dietrich Genscher und Horst Teltschik sowie Joachim Gauck und Richard Schröder spürt er der Dynamik der damaligen Ereignisse nach. In seiner klugen Analyse zeigt er, was vom mutigen Kampf für Freiheit und Demokratie geblieben ist.

Gelungene und informative Zugänge
Falter

Deshalb ist dieses Buch außerordentlich wichtig: ein Buch gegen Geschichtsverdrängung und -vergessenheit.
Quart

Verena Moritz | Hannes Leidinger |
Gerhard Jagschitz

IM ZENTRUM DER MACHT
Die vielen Gesichter des
Geheimdienstchefs Maximilian Ronge

ISBN 978 3 7017 3038 4

*Drei anerkannte Zeithistoriker auf den
Spuren des wichtigsten österreichischen
Geheimdienstmannes, von der Redl-Affäre
bis zum Kalten Krieg*

Maximilian Ronge war der letzte k. u. k. Geheimdienstchef. Er spielte in der Monarchie und der Republik mit: Er nutzte seine Agentennetzwerke gegen „Verräter aller Art", gegen „abtrünnige" Nationen, gegen Sozialisten und Bolschewiken. Bis 1938 gab es in Österreich keinen Spion, der an ihm vorbeikam. Aber auch nach seiner Haft im KZ Dachau machte Ronge weiter. Nach dem Krieg baute er gemeinsam mit den Amerikanern im besetzten Österreich einen neuen Geheimdienst auf.

Das sind nur einige der unglaublichen Stationen im Leben dieses Verwandlungskünstlers, der seinem Kaiser im Grunde immer treu blieb. Das Historikerduo Moritz/Leidinger deckte dank akribischer Archivforschung seine Arbeit hinter den Kulissen auf. Denn zu Ronges absoluter Stärke gehörten nicht nur seine ausgeklügelten Methoden der Spionage und Intrige, sondern vor allem die Kunst, seine eigenen Spuren zu verwischen. Gerhard Jagschitz, Enkel Maximilian Ronges, lieferte einen privaten Einblick. Eine packende Biografie – spannender kann Geschichte nicht sein!

In diesem jungen Forschungsgebiet bezeichnen die Autoren ihre Auseinandersetzung mit der Karriere des Maximilian Ronge bescheiden als einen »Anfang« – man könnte getrost von einem Meilenstein sprechen.
Die Presse

Ein zeitgeschichtlicher Thriller
Kronen-Zeitung